中国轻工业"十四五"规划立项教材

高等院校家具专业研究生教材

现代家具
生产与运作管理

熊先青◇主编

李荣荣　刘　祎　朱兆龙◇副主编

吴智慧◇主审

中国轻工业出版社

图书在版编目（CIP）数据

现代家具生产与运作管理 / 熊先青主编. —北京：
中国轻工业出版社，2024.1
ISBN 978-7-5184-4642-1

Ⅰ.①现… Ⅱ.①熊… Ⅲ.①家具工业—工业企业管
理—生产管理—研究　Ⅳ.①F407.886.2

中国国家版本馆CIP数据核字（2023）第221104号

责任编辑：陈　萍　　责任终审：李建华　　整体设计：锋尚设计
策划编辑：陈　萍　　责任校对：晋　洁　　责任监印：张　可

出版发行：中国轻工业出版社（北京鲁谷东街5号，邮编：100040）
印　　刷：三河市国英印务有限公司
经　　销：各地新华书店
版　　次：2024年1月第1版第1次印刷
开　　本：787×1092　1/16　印张：20
字　　数：450千字
书　　号：ISBN 978-7-5184-4642-1　定价：68.00元
邮购电话：010-85119873
发行电话：010-85119832　010-85119912
网　　址：http://www.chlip.com.cn
Email：club@chlip.com.cn
如发现图书残缺请与我社邮购联系调换
230875J7X101ZBW

前　言

《教育部、国家发展改革委、财政部关于深化研究生教育改革的意见》（教研〔2013〕1号）和《教育部、人力资源和社会保障部关于深入推进专业学位研究生培养模式改革的意见》（教研〔2013〕3号）等文件明确提出："构建符合专业学位特点的课程体系，改革教学内容和方式，加强案例教学，探索不同形式的实践教学"。2015年，教育部发布《教育部关于加强专业学位研究生案例教学和联合培养基地建设的意见》（教研〔2015〕1号），指出"深化专业学位研究生改革"工作的重要任务就是进一步提高专业学位研究生教育质量，要在实践教学环节有限的情况下，加强案例教学，精心选择教学案例内容是提高工程硕士研究生工程实践能力的重要途径。因此，构建教学案例库并将案例库汇编成教材不仅是保障教学改革成功实施的关键环节，更是提高专业学位研究生教育质量的一种手段。

自高校开设家具设计与工程专业后，家具设计与工程专业已为中国家居行业输送了一大批专业人才，但至今为止，国内还没有一本适合于专业教学、自学和培训的系统性家具生产与运作管理方面的正式教材和教学参考书。如何将信息化时代的家具企业生产运作与管理技术应用到研究生教育教学体系中，培养具备与时俱进和前瞻性眼光的高级人才，满足家具行业智能制造转型对人才的需求，已迫在眉睫。为此，南京林业大学自2018年起，从中国家居行业需要和教学要求出发，通过南京林业大学专业学位研究生课程案例建设项目（2019、2020、2022年）、南京林业大学2021年研究生一流课程培育项目、南京林业大学专业学位研究生课程教学高水平案例培育项目（2023年）、2022年江苏省研究生优质教学资源（研究生优秀教学案例）（苏教研函〔2022〕27号）、"十四五"国家重点研发计划项目"基于数字化协同的林木产品智能制造关键技术"（2023YFD2201500）和2022年度高等教育科学研究规划课题"基于'四维四融合'的家具制造类课程群建设与实践"（22NL0403）等项目支持，积极筹备编写了本教材。

本教材以"现代家具生产与运作"为对象，以"原理—模式—技术"为路线，课程的核心内容是通过现代家具企业生产管理中的具体案例，阐述家具生产与运作的基本原理、技术体系及典型模式等。本教材集专业性、知识性、技术性、实用性、科学性和系统性于一体，注重理论和案例相结合，文理通达、内容丰富、图文并茂、切合实际。

本教材适合家具设计与工程、材料与化工（家具设计与工程）、机械（家居设计与工程）等相关专业研究生的教学，同时也可为现代家具企业进行生产与管理提供参考和借鉴。全书共6章，具体为：第1章绪论；第2章现代家具生产与运作战略；第3章现代家具生产与运作系统；第4章现代家具生产与运作管理；第5章现代家具企业生产与现场管理；第6章现代家具企业改进与维护管理。同时，每章均配有案例，以充分论证课程的理论内容。

本书由南京林业大学熊先青任主编，负责把关全书的布局、方向，并进行内容指导、统稿等工作；南京林业大学李荣荣、刘祎、朱兆龙任副主编，分别负责撰写书稿的主要章节；南京林业大学张美、符思捷、宛瑞莹、岳心怡等参与资料收集与编写，南京林业大学2020级、2021级、2022级家具设计与工程专业部分研究生参与了案例整理工作；全书由南京林业大学吴智慧审定。在本书的编写过程中，编者们参考了国内外生产与运作管理、智能制造等方面文献资料，引用了相关企业的具体案例资料，在此向相关作者及单位表示感谢。

熊先青

2023年8月15日

目 录

3 第3章
现代家具生产与运作系统

4 第4章
现代家具生产与运作管理

5 第5章
现代家具企业生产与现场管理

6 第6章
现代家具企业改进与维护管理

第1章

绪论

1

学习目标 ▶

　　了解中国家具产业现状；了解"新需求""新技术"给家具制造模式带来的挑战以及现代家具生产与运作管理系统的构成和类型。

　　我国家具产业在世界上有着广泛的影响，家具与建筑室内装修紧密结合，正逐步向着"大家居"方向延伸与拓展。2016年，《政府工作报告》提出"个性化定制"与"柔性化生产"，提升消费品品质，并鼓励企业开展个性化定制、柔性化生产，同时要求培育精益求精的工匠精神，增品种、提品质、创品牌。《政府工作报告》在深入推进"中国制造+互联网"的同时，也促进了制造业升级，为传统制造业提供了一种全新的思维模式、商业模式和制造模式。通过信息化管理与服务的商业模式创新实现个性化定制，已成为传统产业转型升级和经济发展的动力。

1.1
中国家具产业现状

1.1.1 中国家具产业发展现状

改革开放40多年以来，中国家具产业发生了巨大的变化。20世纪80—90年代初，从手工向工业化转变；到了90年代，由于同质化竞争加剧，小批量多品种模式开始出现；进入21世纪以来，由于市场发生变化，个性化产品占据愈发重要的地位；2004年以来，国外一些先进制造技术传到国内，国内家具企业开始注重大规模个性化定制和信息技术在家具车间的应用。2014年以来，随着"互联网+"在各个行业的应用，中国相应提出了"中国制造2025战略"，家具制造行业开始向智能制造转变，中国家具产业总体发展历程如图1-1所示。

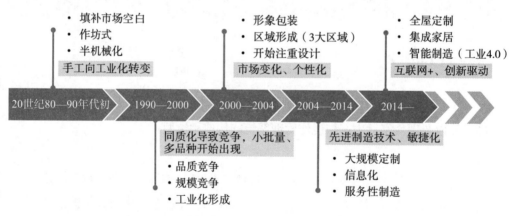

图1-1　改革开放40多年中国家具产业发展历程

中国家具产业链和特色区域逐渐形成。产业链通常称为工业链，基于微观角度的产业链即企业的供应链，是与相关产业形成联盟，结成相应的辅助合作关系；基于价值网络观念，即采购材料，将其通过相应步骤逐渐转化为产品，从而进行销售的功能网络链条；基于区域经济发展角度，是将企业的技术以及资金进行结合，依据企业之间的关联程度形成的产业链条。家具产业处于林业产业链的中下游，如图1-2所示。家具产业在林业产业链中起到引领和增值的作用。

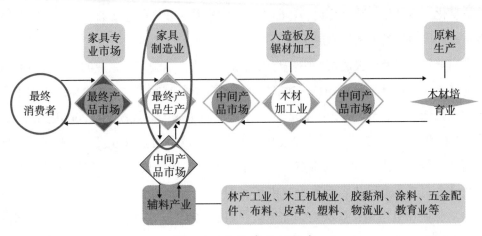

图1-2 林业产业链构成

我国家具生产中心占世界家具产值的37%，是家具生产和出口大国。中国家具产业呈集群式分布，目前已经形成了5大家具产业区+1个中部产业区，以华东（长江三角洲）地区、华南（珠江三角洲）地区为主。2009年9月23日，国务院通过了《促进中部地区崛起规划》，中部地区包括山西、河南、湖北、湖南、安徽、江西6省，由此促进了华中地区产业发展。此外，华北（环渤海湾）地区、东北地区、西部（陕西、四川等）地区也在奋力追赶。截至2021年，中国家具产业已经形成了近53个特色区域，在此背景下，家居产业链更应该发挥"多翼齐飞"模式，建立自己的研发团队，发展企业间联合作用。

2018年，木制品行业产值约2.2万亿元，人造板和木家具规模最大，其次是竹材加工、红木、木门、地板等。2022年，我国家具营业收入8106亿元，占轻工行业第四位。当前，家具行业发展呈现新的变化；生产方式上，产品发展速度从高速转向中高速，产品发展速度从中低端转向中高端，企业从劳动密集型转向知识密集型；技术水平上，互联网、大数据、智能制造成为新动力，生产模式由传统制造模式转向智能制造、数字化、信息化模式，中小企业数量不断减少，规模化企业数量不断增多，上市企业不断增多，新技术和新模式不断被引进到家具行业中；产业发展上，从单一产品转向大家居、生产服务型企业，产业融合跨界发展企业增多，企业的服务意识不断增强；"一带一路"建设带来了许多新的发展机遇，涌现出新产业集群（如淮海经济区和广西北部湾）。

家具行业占林业总产值近15%，其中木家具起到主导作用，占到家具品类的75%。木家具发展呈现的明显趋势有：整木家居即整木定制、整木家装新模式正在逐渐形成；木家具设计价值日益显现，出现大量个性化设计元素，如东方文化；木家具产业链的快速融合，如原材料、设备、木材流通等协同发展；木家具智能制造步伐加快，如工业化、信息化、标准化、数字化设备不断应用；木家具企业环保意识日益增强，如免漆、油改水等环保性材料不断研发应用。

定制家具行业处于快速发展中。与成品家具相比，定制家具企业的平均营业收入水平显著高于成品家具企业。2015—2021年，平均年增长15%左右，2021年的中国市场规模年均复合增长率达到13.92%。2022年，全国定制家居产业规模突破2600亿元，未来5年将达3000亿元。当前，"定制"已经成为家居产品消费的主流方式，行业集中度低，呈现出"大行业、小企业"的特点，小型企业难以实现大规模个性化设计、柔性化生产，并且人力成本高、生产效率低、供货周期长且产品质量不稳定。广东是中国定制家具的发源地和集中地，其次是华北地区、东北地区、华东地区和四川省。不同品类的家具定制化渗透率不同，定制橱柜最高，大约是56%，定制衣柜是28%，定制木门是30%，整体约24%，如图1-3所示。

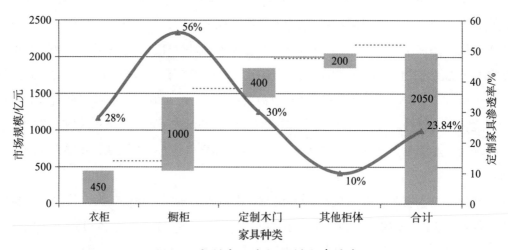

图1-3　定制家具市场规模和渗透率

如今，国内板式定制基本成熟，实木定制（整木定制）步伐在快速推进。目前，共有9大上市定制家居企业，其中2017年共上市5家。2021年，9大上市企业的市场占有率约为10.35%，定制家居需要抢占更大的市场份额来实现长期稳步发展，同时线下开店进行渠道布局和建厂来扩大产能。2022年，9大定制家居企业营收情况见表1-1，欧派在2018年破百亿，2021年营收达到200亿元，位居行业龙头地位。同时，越来越多的区域性龙头和特色定制企业开始做大做强。

表1-1　9大定制家居企业营收情况

公司名称	2022年前3季度				2021年				2020年				2019年			
	营收/亿元	同比增长/%	净利润/亿元	同比增长/%	营收/亿元	同比增长/%	净利润/亿元	同比增长/%	营收/亿元	同比增长/%	净利润/亿元	同比增长/%	营收/亿元	同比增长/%	净利润/亿元	同比增长/%
欧派家居股份有限公司	162.69	12.96	19.9	-5.82	204.4	38.68	26.66	29.23	147.4	8.91	20.6	12.13	135.3	17.59	18.39	17.02
索菲亚家居股份有限公司	79.34	9.53	8.03	-5.35	104.1	24.59	1.23	-89.72	83.53	8.67	11.9	10.66	76.86	5.13	10.77	12.34
尚品宅配（中国）有限公司	37.6	-27.18	-0.3	-134.16	73.1	12.22	0.897	-11.54	65.13	-10.29	1.01	-80.9	72.6	9.3	5.28	10.8
志邦家居股份有限公司	35.17	5.86	3.15	4.95	51.53	34.17	5.06	27.84	38.40	29.65	3.95	20.04	29.6	21.8	3.29	20.7
广东金牌厨柜集团有限公司	24.89	12.13	1.65	4.06	34.48	30.61	3.38	15.49	26.40	24.20	2.93	20.7	21.3	24.9	2.42	15.4
好莱客家居股份有限公司	21.21	-12.65	3.81	62.83	33.71	54.4	0.6531	-76.35	21.83	-1.88	2.76	-24.3	22.3	4.3	3.65	-4.6
深圳市皮阿诺家居股份有限公司	9.81	-25.55	1.11	-34.23	18.24	22.1	-7.29	-420.05	14.94	1.51	1.99	12.40	14.7	32.5	1.75	23.3
我乐家居股份有限公司	11.72	-5.59	0.94	-7.89	17.25	8.92	-1.62	-173.73	15.84	18.93	2.20	42.56	13.3	23.1	1.54	51.2
广东顶固集团股份有限公司	7.55	-14.8	0.444	-38.97	12.98	48.82	-0.8483	-490.18	8.72	-6.17	0.22	-72.1	9.3	11.9	0.78	1.8

1.1.2　中国家具产业发展面临的形势

当前，家具产业由家具产品延伸到家居用品和环境，其内涵演变为家具+室内装饰，包括家具、家装、家电、家纺、家饰、灯具、厨具、卫具，可以概括为5个"家"和3个"具"。家具产业向外融合为"大家居"环境，指代家庭居室的各类装饰或陈设物品及环境，还包括地理位置。就家具+室内装饰方面，"大家居"向集成（整体）家居转变。企业方面，家具与木业、建材等密不可分，特别是在全屋定制愈发盛行的情况下，对于家具企业来说，重要的是在"大家居"大范畴中找到适合自身的经营定位、商业模式和制造模式。

随着市场竞争的加剧，为能够在顾客需要的时候，以适宜的价格提供让顾客满意的质量和环境效能的产品与服务，家具企业由家具产品制造商转向家居系统解决方案服务商，愈发关注TQCSE，即最短上市时间（Time）、最优产品质量（Quality）、最低产品成本（Cost）、最佳营销服务（Service）、最适宜环境特性（Environment）。

德国工业4.0与"中国制造2025"存在相同点，也存在不同点。共同点在于德国工业4.0的实质是通过"信息化+自动化"实现智能制造，"中国制造2025"的实质是"工业化+信息化"，是智能制造的另一种模式；它们之间的区别在于德国工业4.0侧重技术与模式，"中国制造2025"侧重产业和政策，是中长期规划。中国智能制造量化指标是运营成本、生产周期、不良品率，旨在到2025年降低50%。当前，两化（工业化和信息化）融合、智能制造已成为全国示范项目。

中国智能制造的关键技术是数字化设计与制造，核心是数字化、网络化和智能化，数字化转型是智能制造的基础和关键，目标是实现个性化、柔性化、高质量、低能耗的制造。家具产业智能制造四大支撑如图1-4所示。当前中国家具智能制造转型升级存在三大瓶颈：信息技术落后，即设计软件影响设计效率和客户体验，"信息孤岛"严重影响效率；智能装备缺乏，即国外进口设备垄断了国内市场；智能产线落后，即"制造孤岛"影响生产效率。

随着新技术的快速发展，如3D打印技术、虚拟现实技术VR、5G通信技术、人工智能AI、工业4.0（智能制造）的不断发展及在各行各业的应用，家具行业也积极应对此变化。使用物联网（物品的互联网）和务联网（服务的互联网）把制造业物理设备单元和传感器、终端系统、智能控制系统、通信设施等连接组合起来，实现人与人、人与机器、机器与机器、制造与服务之间的互联互通，呈现用户全过程、全流程参与，衍生"个人定制""众包设计"等新业态，实现家具行业的智能制造，如图1-4和图1-5所示。智能生产过程涉及的主要环节如图1-6所示。

图1-4　中国家具产业智能制造新形式

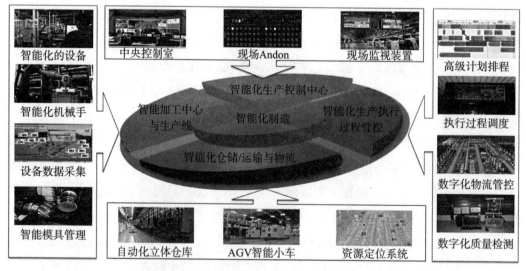

图1-5　家居产业智能制造四大支撑

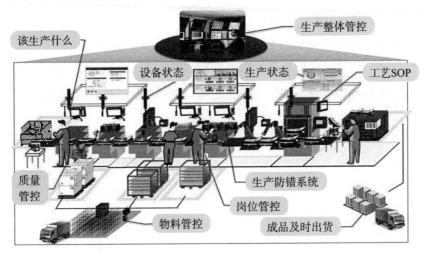

图1-6　智能生产过程涉及的主要环节

当前家具产业两大主题是智能生产和智能服务，智能工厂是基于赛博物理系统（CPS），平台是通过物联网和务联网将智能电网、智能移动、智能物流、智能建筑、智能产品等与智能工厂（智能车间、智能制造过程等）互相连接和集成，实现对供应链、制造资源、生产设施、生产系统及过程、营销及售后等的管控。智能服务是智能工厂体系中的一项重要内容。

数字化转型已经成为所有企业应对挑战的主要战略，家具企业应该形成共识，即工业4.0、两化融合、个性化定制、柔性化生产、数字化转型与智能制造是家居产业创新驱动的主旋律，且已成为传统产业转型升级和经济发展的动力。数字化转型关键技术如图1-7所示，由以设计为中心的数字化设计技术、以控制为中心的数字化制造技术、以

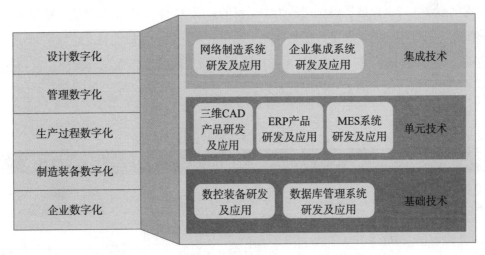

图1-7　家具企业数字化转型关键

管理为核心的数字化管理技术组成。

家具企业要想实现长期可持续发展，则必须转变思想，树立五大思维，即创新思维、互联网思维、移动互联网思维、工业互联网思维和"互联网+"思维。中国家具企业在设备和技术不断升级的同时，通过信息化、数字化、智能化加强内部精益生产管理，才能逐步实现智能制造。

1.2
中国家具制造模式

1.2.1 制造模式的内涵

制造模式是制造业为提高产品质量、市场竞争力、生产规模和生产速度，以完成特定的生产任务而采取的一种有效生产方式和一定的生产组织形式。制造生产模式具有鲜明的时代性，不同的制造模式会形成不同的生产与运作方式。

农业时代为手工制作模式，其特征是个人手工完成，效率低，难以完成批量生产，能够体现出个性化和灵活性特征；工业时代为大批量生产模式，典型特征是品种单一，能够提供批量生产，以提供廉价产品为主要目的；信息时代盛行柔性制造、精益生产、敏捷制造、大规模定制，典型特征是体现个性化、多样化、敏捷性特点；数字时代强调绿色制造、协同制造、智能制造，注重产品全生命周期管理，强调环境保护及协同制造。不同时代制造模式的主要特征见表1-2。

表1-2　不同时代制造模式的主要特征

经济时代	农业经济时代	工业经济时代	信息经济时代
企业模式	家庭作坊、手工场	专业化车间、工厂	柔性集成、协同制造系统
制造特征	功能集中、作业一体化	功能分解、作业分工	功能集成、作业一体化

续表

经济时代	农业经济时代	工业经济时代	信息经济时代
管理模式	家族式管理、一人管理	分级管理、分部门管理	矩阵式管理、网络管理
技术装备水平	手工工具、手工技艺体系	机器技术体系	机器—信息技术体系
	手工体力劳动	机械化、刚性自动化系统	集成智能化、柔性自动化系统
产品规模	少量、定制、无规格	少品种、大批量、规格化	多品种、小批量、大规模定制
输出内容	产品+服务	产品	产品+服务
市场特征	自产自给、按需定制	卖方主宰	买方主宰
	地区性、封闭性	地域性、局部开放性	全球性、一体化开放性

先进制造生产模式是从传统制造生产模式中发展、深化和逐步创新而来的。当前已经实现并在企业中应用的有大规模定制（MC）、柔性制造（FMS）、成组技术（GT）、绿色制造（GM）、计算机集成制造（CIMS）、精益生产模式（LP）、高效快速重组生产系统（BPR）、虚拟制造模式（VM）、并行工程（CE）和协同制造（HM）等，逐渐开始应用的有生物制造（BM）、网络化制造（NG）和下一代制造系统（NGMS）等。

1.2.2　中国家具制造模式的发展历程

中国家具业经历了改革开放后30年的高速发展，创造了世界的奇迹。当前，中国经济进入新常态，家具行业在从高速发展转向中低速发展的过程中碰到许多新的问题，面临许多压力及挑战，因此必须进行转型升级和创新发展。

如今，中国家具制造业在世界范围内面临着技术进步日新月异、产品需求日趋多变、市场竞争日益激烈等竞争环境。一方面，自动化技术、计算机技术、信息技术、材料技术和管理技术等迅猛发展，形成制造"硬"技术与管理"软"技术的有效结合与综合应用，极大地改变了制造业的制造方式、经营管理模式，提高了制造业的制作能力、管理水平；另一方面，市场需求的变化与竞争的加剧，迫使企业不得不寻求能快速响应市场和适应当代环境的制造方式与生产经营方式。

从木匠打家具到木工上门装修、企业半机械化生产、自动化生产，再到大规模定制集成制造及智能制造，中国家具制造业在不断发展，如图1-8所示。在发展过程中形成了一些非常明显的发展趋势和特点：逐步对多种学科、多种技术进行综合吸收和消化应用；逐步使制造环节、加工过程融为一体，形成制造集成系统；逐步使产品的设计、生产、销售、市场等趋向于衔接紧密化与一体化；逐步使企业的经营方式能够快速响应市场的需求变化。

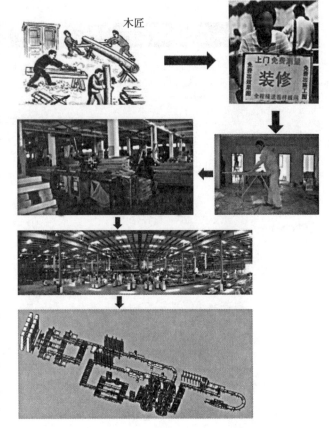

图1-8　中国家具制造模式的发展历程

随着家具与建筑室内装饰装修的密切结合，已经由家具产品延伸到包括家具、家装、家电、家纺、家饰、灯具、厨具、卫具八个方面组成的"大家居"环境的范畴，出现了定制家具、全屋定制家具、集成家居（整体家居）、智能家居等制造模式和商业模式。

（1）定制家具

这是基于大规模定制（Mass Customization，MC），并以规模化、标准化和信息化为基础，满足用户个性化家具需求的一种商业模式。家具企业在大批量生产的基础上，将每个消费者都视为一个单独的细分市场，消费者根据自己想要的家具来设计或提出要求，企业依据消费者的设计要求或订单来制造个人专属家具。大规模定制又称规模化定制或批量化定制，是一种集企业、客户、供应商、员工和环境为一体，在系统思想指导下，用整体优化的观点，充分利用企业已有的各种资源，在标准技术、现代设计方法、信息技术和先进制造技术的支持下，根据客户的个性化需求，以大批量生产的低成本、高质量和高效率提供定制产品和服务的生产方式。简单来说，大规模定制就是根据每个客户的特殊需求以大批量生产的效率提供定制产品的一种生产模式。

（2）全屋定制家具

这是一项集家具设计及定制、安装等服务为一体的家居定制解决方案。家具企业在大规模生产的基础上，根据消费者的要求来设计与制造专属家具。随着房地产蓬勃发展，各种户型、装修风格的居室也层出不穷，这使得大多数家具在设计时相对大众化，很难满足个性要求，因此消费者就有了量身定做的要求。一些家具企业借助于互联网技术手段和平台，吸引消费者，通过网上预约、上门量尺、方案设计、到门店看方案、合同签订（下单）、定制生产、产品配送、上门安装售后等流程，为消费者提供个性化的家具定制化服务。整体衣柜、整体橱柜、整体书柜、酒柜、鞋柜、电视柜、步入式衣帽间、入墙衣柜、整体家具等多种产品均属于全屋定制家具的范畴。全屋定制家具打破了"先装修后买家具"的传统装修理念，是主张"先定家具后装修"模式，既可以合理利用房屋的各种空间，又能够与整个家居环境相匹配。其具有符合现代人生活追求、满足个性化需求、按订单生产、没有库存积压、加速资金流转、降低营销成本、简化装修流程、利于产品设计开发、注重品质与环保等优势。目前，全屋定制家具越来越受消费者认可，已成为众多家具厂商推广产品的重要手段之一，未来10年将是定制类整体家具发展的高峰。

（3）集成家居（整体家居）

这是把整个室内装修作为一种产品经营的服务模式，是以满足家居个性需求为前提，以工厂标准化生产为保障，以专业化服务为核心，集整体家装设计、施工及家居产品研发、生产、材料整合配套、供应成一体的全方位家居服务模式。经营这种模式的企业专业从事家具、衣柜、橱柜、地板、木门、楼梯、木线条等装饰木制品整体系列产品的设计、研究、开发、生产与销售，通过规模化定制、工业化生产、信息化管控、网络化服务，为消费者提供专业化的整体集成家居解决方案，致力于构造舒适、安全、环保、时尚、人性化、个性化的室内家居环境。集成家居作为家装产业化的产物，由家居产品生产企业独立承担和提供设计、生产制作和装修服务等一条龙服务，与传统家装公司的家装模式相比具有独特的优势。总之，集成家居就是对全屋家居产品进行全面配置，根据消费者的个性化要求，量身设计定制家具、衣柜、橱柜、书柜、壁柜、鞋柜、电视柜、地板、木门、楼梯、墙板、踢脚线、木线条等所有家居产品，能使全屋家居产品在产品、选材、装饰、装修和配饰等整体风格上协调统一、浑然一体；能满足客户对整体家居的产品需求和服务需求，具有整体性更强、品质更优、装修更少，更具个性化、更省心省时省钱的鲜明特征；同时，还能避免装修中出现的污染问题，解决了施工现场噪声、粉尘、有害物质的污染问题。

（4）智能家居

该模式以住宅为平台，利用综合布线技术、网络通信技术、安全防范技术、自动控制技术、音视频技术，将与家居生活有关的设施集成，构建高效的住宅设施与家庭日程事务的管理系统，提升家居安全性、便利性、舒适性、艺术性，并实现节能环保的居住环境。该模式通过物联网技术将家中各种各样的家电设备连接到一起，构成功能强大、高度智能化的现代智能家居系统，可以实现家电控制、照明控制、窗帘控制、电话远程控制、室内外遥控、防盗报警、环境监测、暖通控制、红外转发以及可编程定时控制等多种功能和手段，使生活更加舒适、便利和安全。智能家居能够让用户以更方便的手段来管理家庭设备，比如通过触摸屏、手持遥控器、手机、移动终端、互联网来控制家用设备，执行情景操作，使多个设备形成联动；另一方面，智能家居内的各种设备相互间可以联通，不需要用户指挥也能根据不同的状态互动运行，从而给用户带来最大程度的方便、高效、安全与舒适。总之，随着个性化需求的日渐旺盛和"互联网+"技术的不断推行，家居市场个性化定制将会越来越流行，家具大规模定制与先进制造技术将会得到广泛的应用。目前，国内有许多成功的定制家居典型案例，品牌有林氏木业、索菲亚、尚品宅配、金牌橱柜等；概念上有整体衣柜、整体厨房、入墙衣柜、步入式衣帽间、定制衣柜、定制家居等。因此，如何在"家居"大范畴中找到自己企业的经营定位、制造模式和商业模式，是家具企业转型升级和创新驱动发展的首要问题。

1.2.3 中国家具制造模式的变化

在中国，家具行业已经由原来高盈利行业转向了微利行业，如果家具企业适应这种变化，则能够继续发展壮大，反之则被淘汰出局。家具行业属于传统行业，很多企业仍然沿用"推式"生产方式，即根据企业的生产计划，将生产任务下达到开料工序，然后完成产品的加工过程。与之对应的为"拉式"生产方式，所谓拉式生产就是将生产任务下达到组装或包装工序，然后根据零件加工需求反推到第一道工序而进行的生产。

推式生产方式追求的目标是产值，拉式生产方式追求的目标是减少库存、减少浪费、减少缺陷的均衡生产。推式生产的弊端是资金占用量增加，设备、生产周期及人员都不断扩大，而拉式生产的优点是库存量减少、生产周期缩短、劳动效率和效益提高、资金占用量减少。按库存生产（Make to Stock，MTS）属于典型的推式生产方式，又称现货生产或库存生产，是通过成品库存随时满足用户需求，缩短交期，客户不需要等待即可获得产品，产品一般属大众化或自有品牌产品。按订单生产（Make to order, MTO）属于典型的拉式生产方式，又称订货生产或定制生产，根据客户订单需求量和交货期来进行安排和组织生产，其宗旨在于满足个性化需求、降低库存、适时适量生产。

大批量生产属于库存式生产，产品经由制造商、品牌商、经销商再到消费者手中，其典型模型如图1-9所示。大规模定制省去了中间环节，由制造商直接送达消费者，属于定制化生产，其模式如图1-10所示。

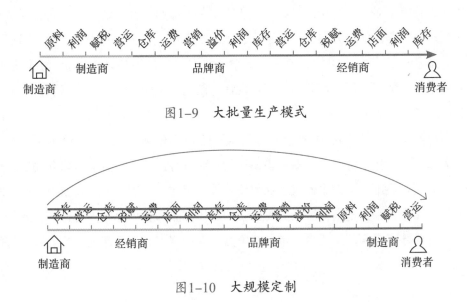

图1-9　大批量生产模式

图1-10　大规模定制

中国家具生产组织管理模式也发生了许多深刻的变化。生产组织上，由以产品为中心转向以零部件为中心组织生产；管理工作上，向制度化、规范化、程序标准化转变；管理方式上，由家族式经验管理向科学管理转变；管理手段上，由手工管理向计算机管理转变；生产方式上，由批量生产向少品种、大批量再向多品种、小批量转变。家具企业要想稳定占据市场，则必须制订科学的生产计划，以减少资金、时间及人力的浪费。

1.2.4　典型现代家具生产模式

中国家具制造模式主要有四种：劳动密集型、劳动密集型+半机械化、机械化、机械化+信息化。劳动密集型的特点是依靠工人高密度生产，属于作坊式家具企业，效率低且精度差；劳动密集型+半机械化的特点是依靠部分机械化和人员生产，具有一定规模和产值，产品质量有一定保证；机械化的特征是使用成套的系列机械设备生产线，产品质量有保证，产品品牌市场效应明显，集中在大型家具企业；机械化+信息化的特点是规模和产值较大，销售渠道明确，产品质量高，整合信息技术机械设备组成生产线，组织生产。

定制模式可以分为定制家具（定制衣柜、橱柜、沙发、软床等）、定制家居、全屋定制家居（整屋定制家居）、集成家居（整体家居）、整木家居（整木定制、整木家装）、智能家具、智能家居。整木定制是将家居所需木制产品组合在一起，为消费者提供整套家居木制产品的整体解决方案，包括家具、木门、木窗、橱柜、衣柜、酒柜、书柜、衣帽间、护墙板、天花板、楼梯、地板、壁炉、装饰柱、各类装修造型套、装饰造型线条、百叶窗等。随着工厂化定制、数字化设计与制造技术的推进，整木家装将是未来家居装修行业的一个重要趋势。

当前已经引入"典型定制+智能制造模式"的企业有尚品宅配、金牌厨柜、索菲亚衣柜、志邦厨柜、我乐等；引入新销售模式的企业有林氏木业、宜家家居和美乐乐等。此外，家具行业还出现了南康模式、沙集模式等新模式，中国家具企业新模式的不断出现，不仅要靠设备和技术来解决，更需要新的运作方法和管理思路进行行之有效的生产和组织，这样才能提高产品质量、市场竞争力、生产规模和生产速度，才能适应各类模式的变化。

1.3
家具生产与运作管理概述

1.3.1 生产与运作管理内涵

要理解生产与运作的内涵需要先了解什么是社会组织，组织是社会分工的结果，企业、学校、商店、车站、酒店、运输公司、银行等都是组织。按照是否追求利润可以分为非营利性组织和营利性组织，营利性组织又可以分为制造类组织和服务类组织。组织的基本职能有战略、生产运作、营销、研发、理财、财务会计、采购、供应、公共关系、设备管理、工业工程、人力资源管理等，其中核心的职能是生产运作、市场营销、财务会计，见表1-3。三项职能相互依存，生产运作职能是组织创造价值的主要环节，是组织竞争力的源泉。

表1-3　组织的核心职能

组织名称	生产/运作	市场营销	财务会计
快餐店	做汉堡包、薯条 保养设备 设计新店面	电视广告 分发宣传品 赞助	向供应商付款 收取现金 支付员工工资
高校	探索真理 传播真理	招生目录 在中学进行宣传	采购、建设 向教职工支付工资 收学费、政府支持
制造企业	设计、生产、物流 原辅材料采购、营销	媒体广告、促销活动 设计比赛、展会	客户收款、向供应商付款、支付员工工资等

一切创造财富的活动都是生产。过去生产仅指物质资料的生产活动，随着服务业的兴起，生产的概念得到延伸和发展，提供劳务的活动都是生产。随着顾客需求不断升级，企业不仅需要满足顾客的基本需求，更重要的是满足顾客的期望需求、未说出的需求及惊喜需求。因此，要从集成观、系统观、服务观、信息观的角度重新认识生产，如图1-11所示。

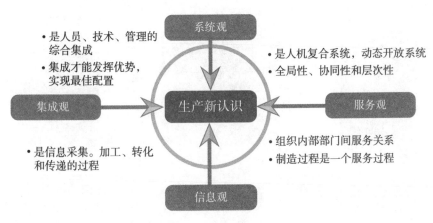

图1-11　生产概念的新认识

生产与运作是指与生产商品或提供服务直接相关的各项活动，基本过程是社会组织将其输入转化、增值为输出的过程，其形式分为物质产品生产和服务性产品生产。生产与运作的特征见表1-4。

表1-4　生产与运作的特征

时期	前工业社会	工业社会	后工业社会
主导产业	农业、采掘业	制造业	服务业
生产特征	以自然方法为主，依靠人力，按照自然时序获取自然产品	以物理和化学方法为主，主要依靠物力，通过分工协作获取非自然产品	以沟通和联系方法为主，依靠交流，通过良性互动获取效率
关键资源	人力与土地	技术与机器	知识与关系

生产运作的本质是"投入—增值转换—产出"的过程，如图1-12所示，包括实物有形的变换（如制造）、位置地点变化（如运输）、所有权的变化（如零售）、时间变化（如仓储）、心理生理变化（如医疗）、信息传递（如电子通信）。制造业的转化内容如图1-13所示。

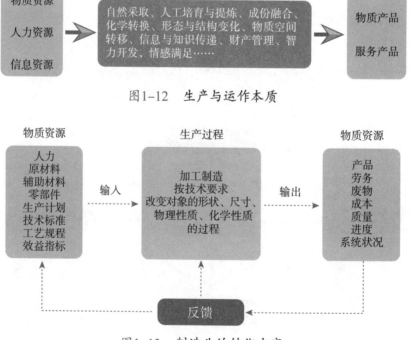

图1-12　生产与运作本质

图1-13　制造业的转化内容

我国在不断深入参与全球价值链分工体系的同时，依托本土市场资源的国内价值链生产分工体系也逐步孕育和发展。实际上，国内价值链的概念是在全球价值链的基础上发展而来的，而全球价值链的概念是基于Porter M的价值链理论发展而来的。企业作为经济运行的主体，对利润追求的本质就是获取价值，而创造和获得价值才能使企业持续经营和发展。价值可分为三种类型：第一类是来自地方产业网络内企业持有的资源，包括技术租金、组织租金、市场租金以及人力资源租金；第二类是来自地方产业网络内部经济行为主体各种正式和非正式联系产生的各类租金；第三类是由地方产业网络所处价值链的内部和外部环境的租金。

Porter M将微观企业不同环节的价值链增值活动划分为主要价值行为（进料后勤、生产、发货后勤、销售以及售后服务）和支持性价值行为（基础设施、人力资源管理、研发设计与采购），这些环节都是为企业创造价值服务，共同构成了企业的价值链。当消费者对产品和服务愿意支付的价格即最终价值超过总成本时，企业就能够获得利润。每个企业自身都拥有一套价值链，企业与企业之间相互关联，从而形成价值链体系。家具企业价值链的增值过程如图1-14所示。其生产运作方式呈现如下特征：是可重构的、能够适应环境不断改变的生产系统；是以信息为主和与批量无关的制造系统；利用信息高速公路，建立全球制造网络；拥有独立自主、模块化、分布式的制造单元；能够充分调动人的积极性并发挥人的创造性。

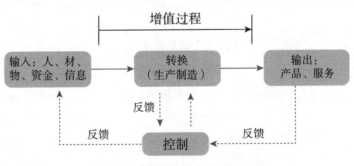

图1-14　企业价值链增值过程

管理在英文中表述为Control或Management，为控制管理或经营。Control是指确定某种基准或限度，并以此为依据的控制行为；Management指制订企业的运营方针、计划，并在有组织的系统的付诸实施过程中进行必要的控制。管理可以分为四个阶段，即计划（P）、实施（D）、确认或检验（C）、措施（A），称为PDCA循环，包括维持（预防）和改善（解决问题）两个方面，通过交替重复这两个过程，管理才得以发展。生产管理是指制造业生产领域的管理，指对生产活动计划、组织和控制。生产管理的目的是在转换过程中实现价值增值。广义上说，生产管理是对生产系统（企业生产活动的全过程）的管理；狭义上说，生产管理是对产品生产过程的管理，生产管理是企业管理重要职能之一（财务、营销、生产）。

运作管理（Operations Management）是将生产管理概念及方法应用在组织中，生产与运作管理（Production and Operations Management）是对生产运作系统的设计、运行、维护评价和改进过程的管理，包括对运营活动进行计划、组织和控制，其核心是实现价值增值。生产与运作管理的任务是针对客户需求优化资源配置，把握转换质量、时间和成本（QDC）关系，满足市场需求。科学管理就是把复杂的事情简单化，把简单的事情可操作化，把可操作的事情度量化、数字化，把可度量、数字化的事情可考评化，把可考评化的事情流程化。

生产与运作管理可以分为五个发展阶段。第一个阶段发生于18世纪70年代，为传统管理阶段；第二个阶段发生于19世纪末，为科学管理阶段；第三个阶段发生于20世纪30年代，为行为科学阶段；第四个阶段发生于20世纪50年代，为管理科学阶段；第五个阶段发生于20世纪70年代，为现代管理阶段。与此同时提出的生产与运作管理方法见表1-5。

表1-5 生产与运作管理方法

时间	应用方法	创始（提倡）人
1776年	劳动分工	亚当·斯密
1790年	零件互换性（标准化）	埃尔·惠特尼
1911年	工作标准化	泰勒
1911年	动作研究：工业心理学的应用	吉尔布雷思夫妇等
1912年	活动进度图	甘特
1913年	流水装配线	福特
1915年	库存优化模型	F. W. 哈尼斯
1930年	工作动机研究（霍桑试验）	梅奥
1935年	统计质量控制	道奇、休哈特等
1940年	网络计划技术	运作研究小组
1947年	线性规划	乔治·丹尼克
1951年	商务计算机	斯佩尼·尤尼瓦克
20世纪50年代	JIT生产	大野耐一
60年代	全面质量管理	费根鲍姆

续表

时间	应用方法	创始（提倡）人
70年代	制造战略	W. 斯金纳
80年代	基于质量、时间、柔性的竞争	日本制造商
90年代	信息化技术	很多人

我国传统制造业生产与运作管理模式的转变主要体现四个特征：管理工作向制度化、规范化、程序化、标准化转变；管理方式由家族式经验管理向科学管理转变；管理手段由手工管理向计算机管理转变；生产方式从少品种、大批量生产方式向多品种、小批量转变。生产与运作管理就是生产与运作系统设计、运行、维护、评价与改进的过程，其管理的对象是成本、质量、交货期、速度、柔性等，其管理内容可以分为四个部分，分别是计划、战略、组织、控制。其中，计划包括生产计划、物资采购计划、生产设备维修及更新改造计划、生产计划准备计划和人员计划；战略包括总体战略、生产运作系统设计（产品或服务的选择和设计、生产运作设施的定点选择、生产运作设施布置、服务交付系统设计和工作设计）；组织包括企业的研究与发展、工作研究与工作设计、企业物流管理、生产运作现场管理、全面质量管理；控制包括生产进度控制、库存控制、生产运作成本控制。

1.3.2 生产与运作系统

生产与运作系统（Production/Operations System）是由人和机器构成、能将一定输入转化为特定输出有机整体。狭义上说，是指企业内部的生产运作系统；广义上说，指由供应商、制造商、分销商组成的系统。一般地，生产运作系统主要有五个要素，即人员、厂房、物料、过程及计划与控制。从价值链的角度描述其系统运行过程，如图1-15所示，从产品制造角度描述其运行过程，如图1-16所示。

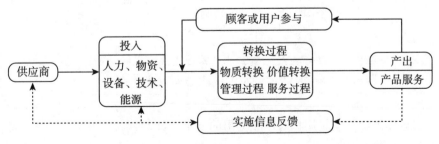

图1-15　生产与运作系统运作过程（价值链角度）

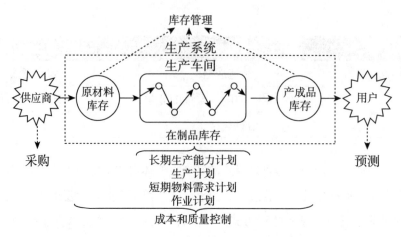

图1-16　生产与运作系统运作过程（产品制造角度）

　　生产与运作系统由结构要素和非结构要素构成。结构要素指的是硬件系统，即技术、设施、能力等物质基础和厂房、设备及各种生产设施的构成和空间布局；非结构要素指的是软件系统，即人员、组织、计划等支持和保证以及规章制度、生产组织方式、计划与控制系统等。其要素之间的关系见表1-6，总的来说，结构要素决定系统结构，非结构要素决定系统运行机制，两类要素间是一个互相影响且需要不断进行动态调整的整体。

表1-6　生产与运作系统组成要素关系

项目		结构要素	非结构要素	关键决策
生产与运作系统结构	内容	运营设施 运营能力 运营技术 系统集成性	人员组织 运营计划 库存控制 质量管理 项目管理	1. 设施选址　2. 设施布置 3. 流程再造　4. 运营能力 5. 技术开发　6. 产品设计 7. 质量管理　8. 库存控制 9. 人员配置　10. 运营计划 11. 自制/外购　12. 可靠性/维护
	特征	·投资大 ·周期长 ·难调整 ·风险大	·投资小 ·周期短 ·易调整 ·风险小	
要素关系		结构要素决定系统结构，非结构要素决定系统运行机制 两类要素必须互相匹配，且要不断进行动态调整		

　　生产与运作系统要满足用户对产品提出的要求，即对款式、质量、价格、数量、服务、交货期、环保与安全等，也要适应对生产系统提出的要求，即创新性要求、质量要

求、柔性要求、成本控制、按期交货、环保与安全等。其中，柔性指的是生产与运作系统在不同产品与过程之间转换的速度，以及在此基础上能够向顾客提供产品范围。

1.3.3 生产与运作管理的类型

从管理的角度，生产与运作管理可以分为制造性生产和服务性生产。制造性生产按照工艺特点可以划分为连续性生产和离散性生产；按照生产组织特点可以分为备货型生产和订货型生产；服务性生产是提供服务，不制造有形产品，可分为服务运作的生产率测定问题、服务运作的质量标准问题、纯服务的即时性（不能通过库存调节供需矛盾）。制造性生产和服务性生产对比见表1-7。

表1-7　制造性生产与服务性生产的对比

序号	项目	制造性生产	服务性生产
1	产出	实体产品	无形劳务
2	生产率测定	易	难
3	顾客参与程度	低	高
4	产出质量评价	易	难

按照工艺特性，生产与运作管理可以分为加工装配型和流程型。加工装配型有汽车制造、机械制造、家具制造等；流程型有石油化工、造纸等。加工装配型生产即离散性，是生产与运作管理研究的重点。

按照组织生产的特点可以分为备货型和订货型。备货型是按"量"组织生产过程，订货型又可分为订货组装型、订货制造型、订货工程型，是按"期"或者"需"组织生产过程。备货型生产和订货型生产对比见表1-8。现代家具企业大多是订货型生产，其生产流程如图1-17所示。

表1-8　备货型生产与订货型生产的对比

项目	备货型（MTS）	订货型（MTO）
产品	标准产品	按用户要求生产，无标准产品，大量的变形产品与新产品

续表

项目	备货型（MTS）	订货型（MTO）
对产品的要求	可以预测	难以预测
价格	事先确定	订货时确定
交货期	不重要，由成品库存随时供应	很重要，订货时决定
设备	多采用专用高效设备	多采用通用设备
人员	专业化人员	多种操作技能人员

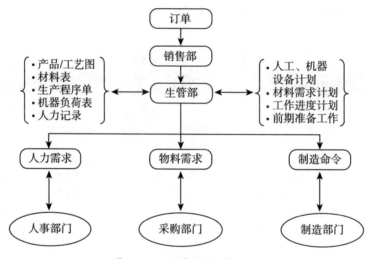

图1-17　订货型生产流程

按照产品的品种、产量和生产的重复性可以分为单件生产、成批生产、大量生产，其对比见表1-9。

表1-9　大量大批、成批、单件小批生产类型的比较

项目	单件小批	成批	大量大批
产品品种	繁多、不稳定	较多，较稳定	少、稳定
产量	单件或少量	较多	大
工作地专业化程度	基本不重复	定期轮番	重复生产
设备	万能通用设备	部分专用设备	多数专用设备

续表

项目	单件小批	成批	大量大批
设备布置	工艺原则机群式布置	混合原则、对象或成组生产单元	对象原则、流水线或自动线
劳动分工	粗	中	细
工人技术水平	多面手	专业操作（多工序）	专业操作
生产效率	较低	中	高
适应性	强	较差	差
成本	较高	中	低

💬 本章思考题

1. 了解中国家具产业的发展现状。

2. 了解定制家具、智能制造的基本情况。

3. 了解产品对生产系统的要求。

4. 了解生产管理的基本问题。

5. 了解生产管理的基本目标与具体任务。

第2章

现代家具生产
与运作战略

2

学习目标 ▶

了解家具企业战略形成的背景及现代家具企业战略的内涵；明确企业经营战略的类型和基本特征；能够针对现代家具企业提出针对性的生产与运作战略。

随着消费特征朝多层次与多样化趋势发展、技术更新迭代速度加快、交易范围扩大、多种关系交错融合，现代家具市场愈加复杂，呈现市场扩大与缩小并存、产品更新快、盟友与竞争对手同时增加、机遇与陷阱距离更近等新特征。因此，企业要想在激烈的市场变化中立足、在机会来临时展示出充足的实力、在危险降临之前能够从容避开，需要制定详尽的现代家具企业生产与运作战略。

2.1
家具企业战略

2.1.1 家具企业战略形成

基于当前消费市场的多层次性及多样化，各种信息技术更新速度加快，交易范围扩大且大量错综复杂关系的融合，给家具市场带来巨大挑战。家具产品所处的市场环境发生了巨大变化，家具产品形成如下特点：寿命周期变短；个性化加强（品种增多）；直接成本比例下降；交货期缩短；服务与质量并重。

决定家具企业竞争力的因素：价格、质量、时间、品种、服务。此外，还需要考虑几个关键因素：家具企业自动化、计算机、信息、材料和管理技术等不断发展，形成制造"硬"技术和管理"软"技术的结合与综合应用，改变了制造业的制造方式、经营管理模式，提高了制造业的制造能力、管理水平；家具市场需求变化与竞争加剧，迫使企业不得不寻求能够快速响应市场和适应环境的制造方式与生产经营方式。其中，价格竞争要求降低产品成本，追求大批量生产方式；质量竞争要求实行全面质量管理（TQM），实现精细化生产；时间竞争对交货期提出更高的要求，要尽可能地缩短加工时间、减少新产品开发周期，因此生产环节要在标准化的基础上实行多品种小批量的生产制造模式；品种竞争对生产系统提出更高要求，如实行计算机集成制造、柔性制造等。家具企业战略要在明确企业定位的基础上，培育并聚合企业独特资源，推动形成成长差异，形成具有核心竞争优势的独特性，如图2-1所示。

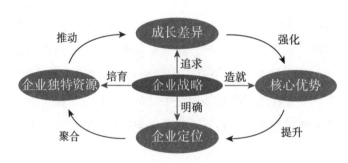

图2-1 家具企业战略定位

2.1.2　企业战略的内涵

关于企业战略的概念有多种解释。伊丹敬之从环境关联的角度，指明有关组织活动的内容和基本方向；波特认为公司为一切活动的终点，实质是将一个公司与环境建立联系；Oster认为战略是一个企业有方向的进化程序；解培才认为企业战略是企业在竞争环境中为实现长期生存与发展而进行的整体性决策。总而言之，企业战略是企业竞争制胜的理论；是企业在竞争环境中，为创造价值而谋划出的一个完整方案；是企业在对抗性环境中，为实现成长目标而设计出的经营模式创新方案；是企业通过确立目标、整合资源、创造价值和赢得顾客的有意识活动，以获取或维持竞争优势的过程，就是企业通过确立目标、整合资源、创造价值和赢得顾客的有意识活动，以获取或维持竞争优势的过程，其以市场为对象、以顾客为核心；以竞争为动力、以资源为基础；以生产为手段、以成长为目的。因此，家具企业制定策略要回答3大核心问题，即：

① 企业现在是什么样的（内部条件、外部环境）？

② 企业将来是什么样的（发展方向、发展目标）？

③ 企业如何实现目标？应选择什么样的竞争策略？

通常家具企业战略都重点涉及3个基本要素，即设计、制造、销售。设计是设计家具产品及其功能，以满足消费者的个性化需求；制造是通过快速响应市场需求和基于大规模的生产系统来实现产品制造；销售是指通过向客户销售明确、有针对性的产品来使企业获利。不同的商业模式决定着设计—生产—销售的顺序。可以说战略管理包括五大过程，其中，需要把环境放在第一位，把设定目标放在前面，把战略实施与控制合并在一起考虑，如图2-2所示。

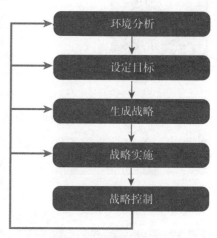

图2-2　战略管理过程

常用的战略分析方法有SWOT分析法，由S（优势）、W（劣势）、O（机会）、T（威胁）四要素构成。以环境为例的SWOT战略分析法见表2-1，在制定战略时还需要考虑家具生命周期对企业战略变化的要求，如在市场进入期，要着力研究开发新产品，扩大市场份额；在企业成长期，要调整价格、提高质量、树立产品形象、提高市场销售能力；在企业成熟期，要进一步降低成本；在企业衰退期，要控制成本。

表2-1　SWOT战略分析

外部环境	潜在外部威胁（T）	潜在外部机会（O）
	市场增长较慢 竞争压力增大 政府政策不利 新竞争者进入 替代品销售额上升 用户议价能力增强 用户偏好逐渐转变	市场一体化 市场增长迅速 可以增加互补产品 有新用户群 有进入新市场的可能性 有能力进入更好的企业集团 在同行业中竞争业绩优良 扩展产品线满足用户需要
内部环境	潜在内部优势（S）	潜在内部劣势（W）
	技术优势 成本优势 竞争优势 特殊能力 产品创新 具有规模经济 良好的财物资源 高素质的管理人员 公认的行业领先者 买主的良好印象 适应力强	竞争劣势 设备老化 战略方向不同 竞争地位恶化 产品线范围太窄 技术开发滞后 营销水平低 管理不善 战略实施的历史记录不佳 资金拮据 成本较高

同时，现代家具企业制定企业战略时还需要考虑到家具生命周期对企业战略变化的要求，针对企业的不同成长阶段指定相对应的企业经营战略和生产运作战略，见表2-2，以促进企业健康、稳定、可持续发展。

表2-2　不同时期对应的企业战略

战略类别	市场进入期	成长期	成熟期	衰退期
企业经营 战略	研究开发新产品 扩大市场份额	调整价格 提高质量 树立产品形象 提高市场销售能力	进一步降低成本	控制成本
生产运作 战略	试生产新产品	增加生产能力 满足市场需求	平稳生产	逐步消减 生产能力

2.1.3 案例分析

2.1.3.1 家具企业视角下的供应链绩效评价指标

案例背景

随着我国家具行业进入大规模定制生产时代,现代家具企业产品种类丰富,工艺材料复杂,在一定程度上增加了供应链管理的难度,于是企业开始利用数字化信息管理进行企业转型并快速发展,为客户提供高效率、高品质、低成本、短周期的定制化产品。绩效评价作为供应链管理体系的末端环节,度量家具企业的经营绩效,通过指标评价数据可以及时发现存在的问题并找出解决办法,以供各环节分支及时做出相应的管理调整,从而形成管理体系的闭环。由此可以发现,供应链绩效衡量和评价在整个供应链的运作和管理中占据重要地位。

供应链管理(Supply Chain Management,SCM)是围绕核心企业,通过改善上下游供应链关系,整合和优化供应链中的信息流、物流、资金流,以获得企业的竞争优势的一种集成管理思想和方法。供应链管理绩效评价作为供应链管理体系中的重要环节,主要是围绕供应链的目标,对供应链整体、核心企业的运营状况以及各环节之间的运营关系所进行的事前、事中和事后分析评价。供应链绩效评价的核心理念是驱动发展,绩效评价服务于供应链体系中的其他分支,动态分析总结运行中所出现的问题,并提出解决方案,供各环节及时修正。

供应链绩效评价体系的优势

供应链管理体系包含采购下单、供应商接单、送货、对账、供应商绩效考核,能够优化整个作业流程,从而实现产业数字转型升级。供应链绩效评价联动各环节,能够促进上下游一体化协同运作,优化供应商、制造商、零售商业务效率,提高家具企业在行业内的竞争优势。

(1)驱动战略发展

如今家具企业供应链管理体系中涉及的上下游环节较多,如何管控上下游环节,是否存在问题,是家具企业的一个管理难题,而优秀的绩效评价指标可以帮助家具企业科学度量出各环节的运营情况,进而权衡其发展方向。同时,这些评价指标也可以给供应商、制造商、经销商甚至企业部门和员工个人一个参考依据,将其注意力聚焦于可以提高绩效的方面。

（2）促进供应链内部各节点的交流

家具企业随着产品的多样化，为满足企业内部更好的生产运作，会选择更专业的供应商来提供多数原材料或者零部件，由此形成较为复杂的供应链管理系统。通过实行供应链绩效评价指标，可以与供应商建立良好的供需关系，解决与供应商的业务处理流程漏洞，与供应商更好地协同作业，并保持长期、稳固的战略伙伴关系。同时绩效评价指标也是筛选掉不良供应商的重要依据，通过供应商的产品质量水平、交货准时性、综合服务能力等指标及时剔除供应链中的不合适供应商，这种度量手段相较于决策者主观判断更加科学客观。

（3）对供应链上各企业起激励作用

任何管理手段的实行，最终目的都是实现产值的提升。有效的供应链绩效指标会带动企业产值的上涨和客户满意度的提升。这在一定程度上可以激励供应商、制造商和销售商进行业务流程上的改善。

实施方案

基于平衡计分法角度建立供应链绩效评价指标体系。平衡计分法是一组综合反映整体业务绩效的总结性指标，是将过去绩效的财务评价和未来绩效的驱动力涉及紧密结合起来，从而对问题产生的原因进行实时分析。供应链绩效评价指标体系框架见表2-3。

表2-3　供应链绩效评价指标体系框架

目标层（A）	准则层（B）	指标层（C）
供应链绩效评价	客户服务角度	订单准时交货率 客户保有率 服务及时率 客户价值
	供应链内部运作角度	供应链有效提前期率 供应链生产时间柔性 供应链目标成本达成比率 供应链运作质量 完美的订单完成水平 供应链收益率
	财务价值角度	总库存成本 现金周转率
	未来发展性角度	新产品的开发周期 新产品的销售比例 流程改进效率

（1）客户服务角度

供应链构建的最初驱动力以及最终服务对象都是客户，因此，客户服务是整个供应链绩效评价指标最关注的方面。家具企业服务的客户最关注的是产品的质量、价格、到货时间、性能与服务等方面。以此制定相应的绩效衡量标准，包括订单准时交货率、客户保有率、服务及时率、客户价值等。例如，在24h之内生产已接订单的能力或准时交货的数量。

（2）供应链内部运作角度

供应链内部运作情况决定了对于客户服务的绩效，包括从企业收到客户订单到向客户发售产品以及提供服务的全部内容。在此过程中，绩效评价指标主要是帮助企业分解并诊断供应链过程中是否存在问题，一旦异常信息在指标中得以体现，企业可以及时做出反应。指标包括：供应链有效提前期率、供应链生产时间柔性、供应链目标成本达成比率、供应链运作质量、完美的订单完成水平。

（3）财务价值角度

财务价值是供应链管理目标的核心，改善供应链管理的最终目标也是降低成本，提高边际收益，资金流动性的降低或者增大都会影响供应链财务价值的效率，包括供应链收益率、总库存成本、现金周转率等。供应链资本收益率是指客户的利润除以在此期间使用的供应链平均资本，该指标反映了使用其资本的增值性；物流成本在家具企业供应链运作中也是比较重要的成本源。现金周转率是联系供应链整个流程的关键指标之一，它可以评价供应链运作过程中现金投入原材料、劳动成本、在制品、完工产品直至收回现金的全过程。

（4）未来发展性角度

随着上游房地产市场调控政策的密集出台，处于产业链下游的家具行业经营也受到了一定的影响，企业之间的竞争越发激烈，这就要求供应链必须不断改进与创新，发掘供应链内部与外部资源，提高现有流程、产品服务和开发新产品的能力。供应链的改进是一个动态的过程，可以从三方面进行：重新设计企业产品及生产流程；改进供应链间信息流的传递，使供应链合作伙伴能够共享决策支持所需的信息；随时注意外部市场的潜在威胁和机遇，及时重新定义核心价值。指标包括新产品的开发周期、新产品的销售比例、流程改进效率等。

实际运用

江苏某家具企业生产的家具有一种零件需要从供应链上的其他企业购进，年需求量为10000件。有3家供应商可以提供该种零件，价格不同，质量也有所不同，基本资料见表2-4。

表2-4 零件供应商基本信息

供应商	单价/（元/件）	合格率/%	提前期/日	提前期的安全期/日	采购批量/件
A	9.5	88	6	2	2500
B	10.00	97	8	3	5000
C	10.50	99	1	1	200

　　如果零件出现缺陷，需要进一步处理才能使用。每个有缺陷的零件处理成本为6元，主要用于返工费用。为了比较分析评价的结果，共分为三个级别评价供应成本和排名：第一级按零件价格排序；第二级按价格+质量水平排序；第三级按价格+质量水平+交货时间排序。首先按第一个级别排序，结果见表2-5。其次，按价格和质量成本的绩效排名。有缺陷零件的处理成本可根据不同供应商的零件质量水平来计算，结果见表2-6。最后，综合考虑价格、质量和交货时间的因素，评价供应商的运作绩效。交货期长短的不同主要会导致库存成本的不同。主要考虑下列因素：交货提前期、提前期的安全期、允许的最小采购批量、考虑缺陷零件增加的安全量（补偿有缺陷零件的额外库存）。最终得到供应商提前期引起的批量引起的总库存，见表2-7。

表2-5 供应商绩效按价格排序结果

供应商	单价	排名
A	9.5	1
B	10.00	2
C	10.50	3

表2-6 供应商绩效按质量成本排序结果

供应商	缺陷率	缺陷数量	缺陷处理成本	质量成本	总成本	排名
A	12%	1200	7200	0.72	10.22	2
B	3%	300	1800	0.18	10.18	1
C	1%	100	600	0.06	10.56	3

表2-7 供应商绩效按提前期引起的库存价值排序

供应商	排序	提前期引起的库存量	批量引起的库存价值	总库存价值	缺陷造成的年费用	实际总库存成本	库存维持费用（25%×库存价值）	单位零件交货期成本	总成本（单价+交货期成本+质量成本）
A	2	3525	4312	15400	1848	17248	4312	0.43	10.65
B	3	4352	7558	29352	881	30233	7558	0.76	10.94
C	1	1948	1050	2998	30	3028	757	0.08	10.64

案例总结

通过对3家供应商运作绩效的综合评价，可得出结论：在价格、质量、交货时间及订货批量方面，供应商C最有优势，最后选择供应商C为合作伙伴。

随着家具企业生产模式复杂化以及产品多元化，各家具企业之间的竞争力越来越大，抢占市场先机成了各企业的共同目标，当下，各家具企业只有建立敏捷的供应链管理体系才能在竞争激烈的市场环境中稳健发展。

2.1.3.2 以美克美家为例分析家具企业服务体系

案例背景

公司成立于1995年，早期以OEM代工为主，2002年联手美国家具零售品牌"伊森艾伦"开启家具零售模式，并推出自有零售品牌"美克美家"。2010年收购美国A.R.T.家具公司，推进多品牌、多渠道以及海外市场发展战略。目前公司已形成国内自营+加盟、海外批发的多渠道模式，完成美克美家、A.R.T.、caracole等多品牌矩阵建设，旗下品牌涵盖6万元～120万元价格带，实现对中端、轻奢、高端、纯高端的多层次覆盖。

公司于2012年实施智能制造（MC+FA）项目，通过与IBM、Apple等国际大公司合作，在制造、信息化、标准化、自动化等技术方面打造智能化体系，完成供应端数字化控制系统的升级智造基石，催生C2M业务模式。

2017年11月1日，美克美家隆重推出"恣在家ZestHome"品牌项目，C2M模式下实木主体家具定制品牌正式亮相。2018年，恣在家天猫旗舰店正式上线。恣在家提倡消费者拒绝大众审美，自己做生活的设计师。通过借助美克美家数字化平台优势，收集、分析了消费者的行为数据，高效指导上游生产、设计、选品等环节，通过互联网和VR技术，以及自动化的生产加工制造能力为消费者提供专属个性的定制化产品和极致的线上体验。消费者直接对接智能工厂，砍掉了中间的一系列流通加价环节，让用户以更低的价格买到高品质、高性价比的产品。为此，美克美家特别建造了强大的智能化工厂，为C2M模式提供制造保障。如图2-3所示为美克美家C2M经营制造的具体情况。

向C2M的转型

自2022年3月1日起，微信、支付宝个人收款码不能用于经营收款，随着国家反垄断系列政策的施行，传统的电商模式、一些平台近乎垄断的状况，迎来了彻底的改变。以往的一些电商平台，主要是以B2C的模式在运营。以商家为主导，消费者始终处于被动

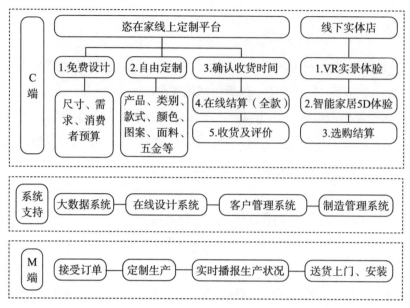

图2-3　美克美家C2M经营制造流程图

地位。在这种模式下，就出现了时代的产物——代理商，但代理商的辐射范围是有限的，所以又衍生了层级代理再分销的模式。各大电商平台就是代理商的聚集地。然而每一层代理的增加都意味着成本增加，所以价格空间也出现了越来越窄的情况，假冒伪劣、以次充好的现象在所难免。美克美家与时下的电商平台不同，采用的是C2M、O2O运营模式，用户占据主导地位。

C2M模式，客户与工厂直接对接，即定制化生产消费。C2M去掉了架在消费者和制造商之间的品牌商、零售商。对于消费者而言，省去了渠道成本和库存成本，消费者可用非常低的价格买到品质上乘的商品，而且还能定制；对于制造商来说，由于价格低、质量好，吸引更多顾客，这也能给他们带去利益。O2O模式，指线上线下电子商务，即线上交易，线下服务，特点是推广效果可查，每笔交易可跟踪。两种商业模式都是以用户消费者的需求为出发点，不但能减少产能损耗、实实在在给用户实惠，更能使厂商与用户之间形成良好的互动。

根据外国学者的研究，C2M模式可以按照研究视角的不同分为C2M商业模式和C2M制造模式。C2M商业模式是指公司自己构建该式，使得多种生产需要的要素能够在各个主体之间交流合作，比如我国"必要城""拼多多"等大型线上交易平台，它们建立了C2M商业模式，通过互联搭桥，一面连接用户，另一面对接各类制造业厂商，实现生产要素的流动配合。C2M制造模式是指在从大规模制造到缩减制造数量提高制造质量，再到满足消费者的精细化制造这样一种制造模式的转变，这种转变需要利用互联网大数据的信息得以实现。如本文研究的美克美家就是这样一种制造模式。C2M式可以说是更加个性化、智能化的大规模定制，这一模式可以将大规模制造和有针对性的个性化定制结合起来，打破"鱼与熊掌不可兼得"的两难格局。

SWOT分析

（1）优势分析

优势分析包括品牌优势、设计优势、服务优势。

美克美家致力于打造具有极度艺术感知的家具品牌，强调将设计完美融入生活方式中，展现多品牌设计中的高品位生活，为消费者打造一站式生活方式的体验。其品牌哲学是"经典家居，为你生活"。美克美家在所有连锁店向消费者提供近26个家具系列，用家具和各种软硬装饰品布置成近百个真实的展示间，使顾客对构建一个家的所有梦想得到一站式的满足。美克美家的品牌和周到的服务环境不仅使其吸引了越来越多的消费者，更是让其成为覆盖中国100多个城市且在全世界有3600多个门店的品牌家居。

美克美家在2018年提出了"开启软装新模式，享受艺术新生活"的理念。公司积极开发产品类型，促进产品更新迭代，为消费者提供多样选择。公司设计资源丰富，组建开发团队观察、研究国内外众多知名家具类品牌的设计，将设计理念与国内现况对接，结合中国消费者的生活和购买方式，细化设计核心，提供具有针对性的个性化服务。

线上定制模式可能会影响消费者对于产品的视觉、触觉等直观感受。因此，美克家居强调体验场景，坚信公司对服务客户最有价值的投资就是进行场景方面的优化。线上销售方面，公司利用VR技术、互动平台等先进科技手段，还原真实门店场景、布展及商品，让消费者感受不同产品带来的视觉体验。线下销售方面，公司打造了独特的居室场景，通过5D全方位让顾客体验家的温馨，增强体验感，从而选择消费者更青睐的产品。

（2）劣势分析

劣势分析包括订单交付周期长、生产具有滞后性；订单量少，品类少；退货问题。

客户满意度很大程度上来源于消费即时获得的满足感，同时过长的交付周期会严重影响品牌力。由于需要消费者提交订单，工厂才能安排生产，消费者需要等待一段时间才能拿到成品，这对于消费者而言，就是延长了收货时间。若是订单周期预计过长，消费者大概率会失去等待的耐心，从而转向其他竞争者。

由于产品是私人订制的，所以存在小批量生产的特点。如果订单数量少，工厂为了保证品牌形象只能开机进行生产，可能导致利润较低，甚至产生亏本的情况。单个制造公司生产的产品类型毕竟有限，消费者也很难在沙发等使用周期长的较大家具产品方面频繁更换，所以对公司利润有所影响。

定制产品能够满足消费者个性化需求，但若消费者收到货物不满意要求退换货物，退回的货物不仅影响二次销售，而且增加了公司的成本，且退还手续也比较烦琐。美克美家需要考虑制定明晰的退换货物说明，规定货物可退换和不可退换的情况，做好售后服务。

（3）机会分析

机会分析包括政府政策支持、家具行业销售模式转变、网格环境逐渐完善。

2015年7月，国务院制定了《关于积极推进"互联网＋"行动的指导意见》，表示国家将全力配合支持互联网与制造业融合，大力发展智能制造和大规模个性化定制，鼓励公司创新商业模式和发展模式。2016年5月发布了《关于深化制造业与互联网融合发展的指导意见》，提出要坚持培育制造业与互联网融合新模式。这为我国制造类公司开展结合互联网模式的定制化生产提供了政策支持和保障。

据统计数据结果显示，近三年来"双11"家居成交过亿元的品牌平均每年就超过43个。其中，索菲亚、顾家家居、欧派家居等品牌均步入亿元行列。此外，以"互联网+"为依托创新电子商务的背景下，定制家居逐渐成为家居行业发展的一种常态。

线上销售模式利用网络优势，拓宽了吸引消费者的渠道；在线下还为顾客提供虚拟体验服务，增强了品牌与客户之间的互动交流。这种线上宣传加线下体验的模式，极大拓宽了客户资源，增强了品牌吸引力，使得线上销售日益火爆。

随着互联网技术的日益发达，更多的消费者愿意选择网购来满足日常需求。第三方服务平台的快速发展，全方位构建起线上消费的关系网，使网购越来越方便，这为C2M交易的顺利完成提供了便利条件。

（4）威胁分析

威胁分析包括C2M模式相对陌生、传统电商的威胁。作为刚起步的电商模式，C2M行业覆盖密度低，用户基础弱，能够得到消费者的信任很重要。相对而言，传统B2C、C2C电商模式发展时间早，信用体系相对成熟，售后服务保障更为完备。

案例总结

美克美家1990年成立，2000年上市。根据产业转型升级理论，经过多年发展，公司现已逐渐步入成长期与成熟期的过渡阶段。此时，公司寻找新的突破来进行差异化竞争。当今社会现代化程度较高，实施创新驱动发展是最重要的突破口。为实现高效的转型升级，传统制造业美克美家采取C2M商业模式，依靠互联网将客户与工厂直接对接起来，利用VR、微信小程序等一系列现代化科技手段满足消费者的定制需求，保持自身竞争优势，这些都符合商业模式理论的要求。

C2M模式是公司在原有成品家居的基础之上，为提升产品定制属性、满足客户个性化追求所实行的策略。而在开启高定业务之后，C2M模式所积累的用户数据以及制造经验，将提供更为扎实的基础支持，促使高定业务能够更为精准地把控消费行为、设计潮流等，有助于提升高定业务客单转化。同时，若C2M模式在公司全品牌矩阵中全面推进，则将直接提升公司消费者专属化服务能力。

除此之外，中国家具企业有必要进一步发展和创新C2M售后服务，针对售后服务的现状、问题及产生原因，结合消费者需求和C2M平台的特征，合理利用C2M平台对各家具企业的售后服务进行改善创新，为消费者提供更系统、全面的服务，以提高企业竞争力。

2.1.3.3　以林氏木业为例分析家具企业营销策略

案例背景

随着经济的不断发展，家具企业如何制定营销模式，在学术界、家居界都被广泛关注。林氏木业已经创立了16年，从一个淘宝贴牌代工品牌，发展成现在全球线下门店已超1000家，覆盖64个国家和地区的高效运行的品牌。它的成功离不开其随时代改变的营销模式和大数据平台。在营销4.0时代和新零售迅猛发展的新时期，林氏木业如何把握机遇、迎接挑战，在信息化、网络化、数字化时代顺利进行企业的升级，是一个值得探讨的问题。对林氏木业的营销策略进行分析，对于家具企业的发展意义重大，有借鉴意义。

林氏木业作为首批在互联网销售家具的品牌，靠着对市场发展方向的"敏锐嗅觉"，2022年"双11"收官，在传统流量趋于见顶的背景下，更考验商家的营销策略。2022年"双11"，林氏木业凭借时尚品牌力加持和全链路数字化赋能，在开门红的基础上，走出成交额双高峰趋势，逆势夺得亮眼成绩。截至11月11日24点，林氏木业旗下品类全面爆发，蝉联天猫住宅家具类目行业成交榜首。

选择林氏木业作为营销策略分析有以下几个原因：①林氏木业作为曾经的淘系品牌如何做到现在的优秀企业，具体销售额如图2-4所示，发展迅速的成功经验值得研究；②林氏木业从创立到现在改变了三个营销策略，如何从众多途径中确定自己的途径值得探讨；③林氏木业营销策略具体模式和理念明确，品牌定位等品牌"符号"，这为其他企业营销模式的演化、升级和创新提供了较好的实践素材。

图2-4 林氏木业2007—2022年销售额

林氏木业营销模式阶段演进及表征

第一阶段：2007—2008年。2007年5月，林氏木业在淘宝开了家具店铺，半年之内总销售额达到400万元。但刚上线的林氏木业淘宝店没有自己的生产线，以贴牌代工的方式寻找货源，店铺并无具体产品，林氏木业负责人在家具厂挑选产品，并将产品图片上传网店，顾客下单后，由厂家直接发货。该时期的林氏木业类似初级的"买手店"，林氏木业负责人凭借对消费者喜好的认知和对家具产品的了解，从佛山的各个家具厂精心挑选家具，放在自己的淘宝店销售。

第二阶段：2009—2012年。"我们之所以能在互联网上快速成长，重要的一点就是专注，专注于互联网营销不动摇，专注于网络目标客户不放弃，在专注中成长，在专注中壮大。"林氏木业负责人如是告诉《广告主》。产品的线上销售价格必须比线下便宜，这样才有驱动线上消费的动力，这种渠道冲突是传统品牌做电子商务一定会面临的问题，他们必须有一个价格取舍。硬广、社区论坛推广都为林氏木业累积人气、树立口碑立下了汗马功劳。如今，林氏木业已成为受消费者欢迎淘品牌、消费者较喜欢的家具品牌。2011年的林佐义已经将未来家具电子商务竞争的重点聚焦在客户体验上，成功营销的关键将取决于对客户的人性化服务及良好购物体验。

随着更多家具企业进入电商领域，林氏木业初期的贴牌代理模式低门槛、易模仿的特征较为明显，难以在业内形成竞争优势。林氏木业开始深入发掘数据的潜力和价值，经过细致的市场调研，认真分析销售数据，确定林氏木业"田园风格"的品牌定位，同时规范品牌设计标准及建立品牌设计团。在这一时期，产品设计新颖、高性价比成为林氏木业吸引消费者的"利器"。在大部分家具企业刚刚"触网"，家具连锁销售企业掌控销售通路的背景下，林氏木业以多样化的产品设计及超低"裸价"吸引了消费者的关注，为企业的品牌塑造奠定了坚实的基础，也为企业收集了初期消费者信息和相关数据。

自2012年起，林氏木业确定全品类、全风格的多品牌运营战略，先后推出卡伊莲、克莎蒂、卡法尼等多个自有品牌，根据消费者数据分析及反馈，在产品外观、功能、使用感受上进行全面升级，增加契合年轻人需求的功能，通过设计打动众多年轻人。林氏木业将25～35岁的年轻人群作为主要目标市场，确定了"年轻人第一次买家具的首选品牌"的品牌定位，致力于打造"最懂"年轻人的消费品牌。同时，逐步调整企业的关注重心，从关注产品到关注消费者，围绕消费者服务、产品及品牌体验采取多样化的营销措施，以用户体验为中心，重塑企业营销模式，可以归纳为以下两点：

①采用O2O模式。具体如图2-5所示，强化服务体验。2014年，林氏木业结束从创立之初实施的纯电商运营模式，在佛山开设第一家线下体验店试水O2O，构建线上线下完整的"体验链条"。同时，利用大数据实现个性化推荐，提供细致的个性化家具搭配方案和优质线下"免费五包"服务。为消费者提供优质购物和产品体验，让消费者与产品"零距离"接触，快速实现潜在消费者到实际消费者的转化。

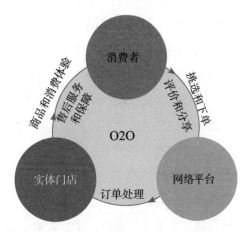

图2-5 O2O模式

②精准捕捉目标受众。凭借多年的互联网消费数据积累，林氏木业秉承"用户至上"的原则，多角度、全方位、多元化、多层次、多渠道地开展营销活动。2014年，林氏木业与《万万没想到》拍摄方跨界合作，拍摄林氏木业品牌微电影，进行了一次颠覆行业的娱乐营销。2015年，林氏木业从消费者的情感出发，开展"梦想7公里"活动，将"梦想"情结引入企业文化当中。2016年，林氏木业在《我是杜拉拉》电视剧中植入品牌和产品信息，并策划"情书男"事件以及打造"职女节"专属IP等。林氏木业在各类社交媒体上制造话题与事件，创建品牌社群，精准捕捉目标受众，鼓励消费者参与互动，通过美拍、小红书、微信等社交平台进行分享和传播。同时，通过视频平台、自媒体等对内容进行二次加工，从而达到相关话题的升华，引起消费者共鸣。将品牌理念和营销活动紧密结合。

以品牌IP塑造为内核的场景营销

2017年5月，林氏木业发布新的品牌logo，提出"家居空间解决方案智造者"的全新品牌定位，将品牌与年轻人对美好生活的追求和憧憬紧密连接，深度打造品牌IP。在家具行业率先提出"场景化体验式消费"的创新思维，采用新零售方式，结合大数据、人工智能等创新技术，打破碎片化情景体验，为消费者打造全方位场景化空间体验，提供整体居家方案，重塑线上线下营销体系，实现人—货—场的互通和互融，将"虚"和"实"有机结合，线上线下双向引流，创造叠加收益。

林氏木业遵循深化内容营销与社群运营，将营销策略从上阶段的娱乐化营销为主逐步转变为更富内涵、更具深度的内容营销，从关注消费者的购买行为升级为关注消费者的生活方式。网站内链接的淘宝、天猫平台，通过店铺微淘、粉丝趴、直播等方式持续输出林氏木业的优质产品信息，潜移默化影响粉丝。网站外打造原创家居内容栏目《壹时半刻》，呈现身边普通人的真实故事、家居空间、生活理念、家居灵感，与消费者进行深度沟通。同时，借助大数据手段，林氏木业在社群运营方面更加精准化，通过大数据筛选，精准定位潜在目标人群并投放信息。林氏木业优质产品信息的输出以及精准目标人群锁定，形成社群裂变式传播，达到良好的传播效果，提升了品牌影响力。

2018年6月，林氏木业全方位打造品牌IP，提出品牌口号"无乐不造"，提出以自我愉悦为前提的生活主张，同时拓展"造乐派对""造乐工场""造乐市集""造乐之王"4个子IP。围绕品牌口号，林氏木业在营销策略上通过"躺乐会"品牌活动、"鲨滩造乐节""全球床欢节"等一系列"组合拳"，展现相关生活场景并采用多样化的消费手段，制造与消费者的强关联。同时，通过天猫和线下门店渠道同步配合进行主题促销，借助流量催生多个产品爆款，实现营销主题、产品包装、促销组合等完美组合。在本阶段，林氏木业对家具产品的营销理念进行更深层次的升华，家具产品不仅提供使用功能，更能营造家居场景、生活氛围，通过氛围的营造体现消费者的生活方式、生活态度、情绪表达。家具产品被赋予一种生命力、衔接力，成为消费者展现生活方式的窗口、诠释生命意义的纽带，实现品牌与消费者在价值观层面的共通和共鸣。林氏木业逐步将品牌从冰冷的"符号"塑造成有血有肉、饱满的鲜活的形象，成为消费者身边的知心"朋友"，重塑家具行业的营销生态环境，建立品牌与用户之间温馨、牢固的关系。

林氏木业可以说是家居行业的"快时尚公司"，类似于服装行业的ZARA，产品迭代速度甚至超过30%的快消行业。2020年上新了4200个SKU，400个系列，实现了350个全新的SKU。不断根据市场对产品进行升级优化，通过大数据分析形成完整的产品开发矩阵，满足消费者的需求。山东是著名实木集散基地，林氏木业在实木板块上也推陈出新，创造了非常多的SKU和爆品，其中有522个全新的SKU，51个新的系列。2020年"双11"营销周期，全新SKU所创造的业绩占总营收的50%。

林氏木业的口号是："别去讨好年轻人，去吸引他们！"从图2-6和图2-7中可以看出林氏木业的性别分布女性占大多数，在年龄分布中26~30岁占46%，这也意味着很好地实现了林氏木业的品牌追求。在视觉端将品牌视觉感知焕新，击中年轻人的审美点，为满足年轻人家居消费个性感、时尚感、体验感的三大核心诉求。林氏家居以时尚、多元、舒适为品牌价值，通过多元共融、体验创新和诗意美学三大全新产品研发策略，还有"全场景、全风格、全品类"的产品布局力，结合"Color（颜色）、Material（材料）、Finishing（表面处理）"（即CMF）的产品研发体系，为年轻人提供多元、时尚的家居生活方式。

"双11"期间，林氏家居通过自研开发多种数字化管理工具，在需求侧的产品开发和供给侧的供应链管理中实现数字化赋能。一方面，基于需求偏好数据分析，确定当前消费者功能需求、风格喜好趋势，结合热门材料，打造出消费者偏爱的新产品，例如针对年轻消费者的数据分析，得出小户型、环保安全、颜值至上的偏好结论，对应打造出以"环保""奶油风""悬浮"元素等备受消费者欢迎的系列产品。另一方面，面对消费大促期间复杂的供应统筹，以数字工具完善供应效率保障，例如针对直播电商

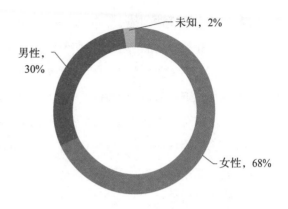

图2-6　林氏木业购买用户性别占比

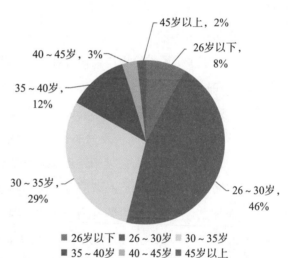

图2-7　林氏木业购买用户年龄分布

产生的订单激增情况，通过产品供应矩阵工具，及时掌握180多个供应商的产能情况，为调配产能快速解决直播订单超卖问题提供可靠的决策依据。

2022年8月10日，林氏木业官宣正式更名为"林氏家居"，并带来全新品牌logo。从"木业"到"家居"，是林氏家居走向全球化的重要一步，品牌将以全品类、全风格、全场景的品质与服务，满足消费者时尚、多元化的生活方式，开启一个迎合时代发展趋势的新纪元。

价值创造视角下营销模式创新的深层次思考

（1）大数据信息网依托互联网

"互联网+"时代下，消费者的线下需求不断被供给侧通过"寻找需求—挖掘需求—

满足需求"的过程迁移到线上，因此互联网用户数量快速增长，且技术发展带来的信息传播效率不断提升，为品牌线上推广及电商发展带来巨大红利。通常线上渠道多元、获客成本较低，且小于用户的理论生命周期价值，这种商业模式下催生了流量经济快速发展。过去都是线下流量仅通过电视、杂志、报纸和海报等传统媒体进行流量分配，互联网崛起导致流量分配方式发生了翻天覆地的变化，所有产业的商业模式和竞争格局也在逐渐改变。当下互联网媒介是新时代社会发展的工具型产物，将无数流量资源自然聚集成规模，同时涌现出具有可开发价值的用户群体，在这种情况下家具企业的网站设计成为了是否吸引顾客的点。

可以通过大数据建立数据库，在设计产品时进行精准定位，时刻掌握流行趋势。可以通过大数据分析用户画像，确定满足产品定位的用户再进行精准推广，节约时间的同时还可以节约成本。

（2）推广多渠道

可以设定多个渠道的推广，通过社交平台来扩大自己的影响范围，例如小红书、微博、知乎和抖音等。提升品牌口碑、社区趋同性和引导性复购率。将潜在客户转换为实体客户，拥有客户资源和购买率。还可以扩大商品展示渠道，让客户从了解到熟知。还可以助于品牌口碑的建立，当商品在市场上活跃了一段时间，以及随着推广力度的增大，那些默默关注你的人会越来越多。但不是每个人都会直接购买，那么这部分的用户就会通过网络来了解你的产品或服务，假如网络评价高，了解后基本就会购买产品。知名度的提高也有作用，尽可能提高知名度。因此，在网络上提高知名度，既能让更多的人知道你的产品或服务，也能在潜移默化中把产品信息映入人们的脑海里。有调查表明，一个事件或者一件商品如果被看到过三次或以上，那么只要涉及这方面的事情，大家就会在第一时间联想到你的商品。

（3）通过游戏等活动让顾客自愿接受

可以通过社交App的社群、红人和广告来吸引用户加入。通过设定一定的奖励来让更多参与者加入活动。通过设定丰厚的奖品让人们自愿接受广告和宣传。该模式的宣传会带来意想不到的红利。尤其对于当下年轻人来说，他们具有丰富的社交圈和社会网，通过游戏等娱乐活动可对企业进行无形宣传，给人留下深刻印象。可以健全服务体系，让顾客从服务中体会到品牌的温度，从而起到自愿种草并且乐意分享给身边的人，起到交叉宣传的作用。家具属于耐用消费品，复购率低且复购周期较长，因此质保等环节也需要做好。可以将质保流程进行宣传，让消费者安心，对企业营销有积极作用。

（4）品牌年轻化

家，对于崇尚个性的年轻消费者而言，更承载了他们向往的全新生活方式，尤其当下懒宅文化盛行，当仁不让地成为了家居消费的主力军。新时代下，年轻消费者更加追求居住空间的个性化、现代感和舒适感。作为具有独立想法的群体，他们对产品设计、外观、品质等方面有着很高的要求。长期以来，林氏木业精于利用大数据，准确预判设计风格与家居趋势。业内惯用"造爆款"来概括林氏木业的这一能力，18～35岁的年轻消费人群占比68%。要基于全渠道年轻化战略视野，其中关键词年轻也是林氏木业的品牌关键词。还要三端式整合年轻化营销。第一是品牌端：聚焦年轻用户心智，传递品牌价值观俘获年轻芳心产生共鸣。第二是视觉端：品牌视觉感知焕新，击中年轻人的审美点。第三是产品端：洞悉年轻人群消费心态，传递品牌价值观，俘获年轻芳心，而不是一味靠价格吸引年轻人。品牌理念和视觉语言需要年轻化，但产品需要严肃化。

案例总结

为了企业更好的发展，必须制定合适的营销策略。以林氏木业为例，分析其2007—2022年的四个营销阶段，从整合营销阶段到以消费者为核心的体验营销，再到以品牌IP塑造为内核的场景营销，到现在的以年轻化为主打的营销阶段，林氏木业用数据说明了营销策略的重要性。

2.2
家具产品设计战略

2.2.1　产品设计战略的内涵

近年来，家居产品体系发生了巨大变化，从单件产品向系统（系列）产品转变，如图2-8所示。产品是家具企业一切技术经济活动的中心，产品设计是家具制造业的灵魂，产品设计体系标准化是帮助企业实现产品设计战略的核心要素。

图2-8　家居产品体系演变

以设计为核心，以材料、工艺、包装、回收为四个关键步骤组成家具产品设计体系。在确定产品设计战略前，首先要制定标准化，了解产品多样化的范围，随着消费者个性化需求不断提高，多样化定制产品逐渐成为主流，其又分为产品内部多样化和外部多样化。产品外部多样化能够为顾客提供丰富的选择，产品内部多样化则会造成产品成本的提高、质量的不稳定和订单交付期延迟。因此，减少家具产品内部多样化、增加家具产品外部多样化是大规模定制家具指导思想的核心，可以通过对产品的简化、统一化、最优化和协调化等标准技术来实现。简化包括产品品种及规格的简化，原材料、零部件品种和规格的简化，加工工艺及装备的简化；统一化包括共同语言（名词、术语、代号和设计制图），结构要素和公差配合（模数、公差与配合、形位公差、粗糙度），数值系列和重要参数，产品性能规范（产品性能标准、产品连接部位尺寸），产品检测方法（抽样方法、检测与试验方法），技术档案管理（标准代号、标准编号、编码规则、产品型号的编制、图样及设计文件编号以及工艺装备的编号规则及方法）。

同时，数字化、网络化和智能化技术的不断发展加速了产品进化的速度，柯达、诺基亚、摩托罗拉无一不展示了产品数字化、网络化和智能化的潮流势不可当。产品战略是指以产品创新为核心的活动，传统产品增殖过程为：产品=材料+制造过程，创新时代产品增值过程为：创新产品=原材料+知识+制造资源+服务，如图2-9所示。

随着工业4.0等战略的提出，我国定制家居行业呈现蓬勃之势，以高增速逆势上涨。定制家居企业要想在当前激烈的竞争中获取竞争优势，更加需要进行不断的设计创新，不断推出满足市场需求的新产品，设计创新驱动因素则成为定制家居企业设计创新研究的源头问题。定制家居企业设计创新的源泉和发展核心动力来自研发，设计师的积极性是影响企业设计创新的重要因素，设计师作为研发活动的直接执行者，影响企业创

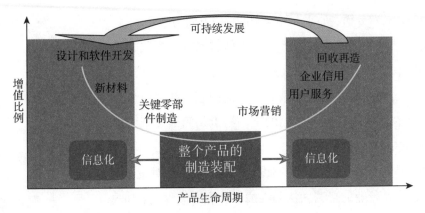

图2-9 产品全生命周期增值比例

新绩效，对设计师进行激励能够促进其进行研发创新活动。因而提高定制家居企业竞争力的关键因素之一就在于研究如何激发设计师的创造性，即进行设计师激励机制对其创新行为的影响研究，从而反映到对企业产品设计创新绩效的影响。

制定产品设计战略，是改变家具企业制造模式的必要条件，包括构建以模块化为主的标准化设计体系；形成以信息交互与管控技术为主的管理方式；以降低库存成本和风险为目标，实现生产过程的柔性化；通过家具产品结构和制造过程的重组解决定制产品生产问题；全部或部分转化为批量生产，以满足客户的个性化需求，实现个性化和大批量生产的有机结合，同时提供一个快速反应、有弹性、精细化的制造环境。

2.2.2 产品设计战略的制定过程

产品开发设计体系包括产品开发过程、产品设计过程、数字化协同过程。产品开发过程包括客户需求的获取、管理与分析，家具产品信息建模，定制产品（族）匹配，定制产品决策与评价；产品设计过程包括系列化、通用化、组合化、模块化四大原则；数字化协同设计包括数字化设计信息系统的建立、数字化产品建模、数字化产品编码。以系列化、通用化、组合化和模块化"四化"为代表的标准化设计方法是大规模定制产品设计体系的核心。系列化与通用化是通过"简化和互换"来减少产品内部多样化；组合化与模块化是通过"拼合和配置"来增加用户可感知的产品外部多样化。

在设计开发产品系列之前，家具企业通常会有专门的部门进行设计评估。主要工作就是新产品的分析评估，评估的基本原则是：低价位、精良、实用性强。来自内部和外部设计师设计的新产品，在其仍处于绘图设计阶段时就接受了分析评估，从而确保这些产品能够达到功能、高效分销、质量、环保和低价格方面的要求。

所有设计是为降低成本服务的。例如宜家有一款狭长型搁架，如图2-10所示。宽度只有10厘米，非常适合摆在家具之间的空隙里。这种查漏补缺式的家具，其他的家具商很少生产，但这种设计在宜家很常见，它们的统一特点是简洁美观，没有太多花哨的装饰。

图2-10　维会恩搁架

很多行业都在考虑权衡成本与设计之间的方案和对策。为了节省成本，家具行业的普遍做法是在原料和配送流程上下功夫，去更经济、距离更近的采购地选购材料，或者通过技术改良开发效率更高的机器和流水线。但这些做法的弊端是选购更便宜的原料难免会降低产品质量。开发新技术，就必须投入更多的研发成本。家具企业通常的做法是：在成本控制的环节，提前通过对于设计的把控来降低后续的制造、运输、物流等一系列成本。在家具企业家看来，性价比的核心不是简单的成本计算，而是一场效率革命，在生产和物流的刚性约束下要通过提升各个环节的效率来降低成本，同时又不降低产品质量。

每年家具市场都会推出2000多款新产品，其中很多并不是全新的设计，而是对旧产品的改良，如图2-11所示。对于书架来说，腿本身也不是必需品，把它去掉不仅节省运输空间，还能相应减少一条专门生产桌腿的生产线，成本降低了，生产周期也变短了。而且为了提升物流效率，宜家的家具从来不提供拼装服务，家具都被拆成零件售卖。和成品家具比起来，显然尚未拼装的零件更节省运输空间，而且不管是圆形的餐桌、方形的衣柜，还是形状非常不规则的衣服架，如图2-12所示，基本上都只有两种包装形式，如图2-13所示。即使再复杂的形状，宜家也能够通过设计把它的包装限定

图2-11　BILLY毕利/　　图2-12　多用衣架　　　图2-13　多用衣架的包装
OXBEGY奥克伯衣柜

在这两种形状之内，这样就可以大幅度提高集装箱的摆放效率，从而达到降低成本的目的。

不提供拼装服务，虽然提高了运输效率，降低了成本，但同时也会降低用户的使用体验。宜家在成本控制策略中，也兼顾到了用户体验。美国认知心理学家唐纳德·诺曼提出的"沟通原则"认为好的设计是一看到就知道应该如何操作，无须额外说明。比如那些贴了"拉"或"推"的门，大部分是本身设计有问题。

世界格局急剧变化，中国经济持续发展，不确定性成为新常态。家居行业，作为坐拥万亿规模的行业之一，对于当下环境的不确定性，家居企业需要多元思考，用新增长思维，以新视角、新工具、新方法布局新营销。进入新发展阶段，国内外环境的变化不仅带来了挑战，也带来了机遇。在此背景下，以技术赋能大家居企业，通过数字化帮助企业提高抗风险能力，化危机为转机，实现高质量发展。

家居家装消费具有低频次、高成本的特点，需要在深度体验的基础上做出消费决策。因此，体验式营销颇受重视，线下体验馆和样板间几乎是家居家装企业的标配。但实体展示方式受制于线下空间，且难以定制化，与"所见即所得"还有很大差距。效果展示上，平面设计方案已不能满足市场需求，3D效果图成为家居家装领域体验式营销的新趋势。

同时，也应该考虑到智能家具设计，智能家具是在现代时尚家具的基础上，将组合智能、电子智能、机械智能、物联智能等智能元器件巧妙地融入家具产品中，使其具有自适应、自感应、智能化、时尚化、多功能化和使用更加便捷、舒适、安全的一类新型家具产品，是满足人们美好生活需求的一类重要智能产品，也是未来家具产业功能性产品发展潮流和方向。当前，智能家具仍处于研究和试验开发的初级阶段，主要是将一些电动或自动遥控器件或简单的智能元器件植入一些沙发、座椅、办公桌、衣柜、橱柜等家具中，市场上真正体现自适应、自感知的智能家具品种很少。

智能家居是以住宅为平台，通过家庭总线技术［综合布线技术、物联网技术（IOT）、信息通信技术（ICT）、安全防范技术、自动控制技术、音视频技术等］，将各种家电、家具或生活设施连接集成，构成功能强大、高度智能的智能家居系统，提供家电控制、照明控制、窗帘控制、防盗报警、环境监测、暖通控制、音视频控制、三表抄送、家具操控、远程控制、室内外监控、红外转发及可编程定时控制等多种功能和手段，使生活更加舒适、便利和安全，如图2-14所示。

图2-14 智能家居系统构成

2012年初，国家就已将智能家居列入"十二五"规划的九大产业，2016年被写入政府工作报告。2017年初，智能家居又由原九大产业升级为六大重点领域应用示范工程之一。并且在由工信部和国家标准委员会共同制定的《智慧家庭综合标准化体系建设指南》中明确提出，到2020年初步建立符合我国智慧家庭产业发展需要的标准体系。智能家居的最终形态是实现全屋产品、家居环境的智能化。与普通家居相比，智能家居具有传统的居住功能；兼备建筑住宅、室内装饰、网络通信、信息家电、功能家具、自动化设备等；实现系统、服务、管控一体化的高效、舒适、安全、便利、环保的居住环境；提供全方位的信息交互功能；帮助家庭与外部保持信息交流畅通；优化人们的生活方式；帮助人们有效安排时间；增强家居生活的安全性；节约各种能源消耗费用。随着技术水平的不断提高，智能家居将继续朝智能化发展：物联网技术、信息通信技术、人工智能AI、场景化生态（集成家居技术）等会愈加彰显，一个全新的智能家居新时代呼之欲出。

2.2.3 案例分析

2.2.3.1 酷家乐在家居企业产品设计与营销中的应用研究

案例背景

酷家乐是一个基于快速渲染技术的3D云设计平台，以分布式并行计算和多媒体数据挖掘为技术核心。通过对云设计、BIM、VR、AR、AI等技术的研发，可以达到10s生成效果图、5min生成装修方案的使用效果。酷家乐用户可以通过计算机在线完成户型搜索、绘制、改造，拖拽模型进行室内设计，快速渲染预见装修效果。目前，平台拥有覆盖全国90%的户型库，总注册用户2500万个，其中设计师用户800万个。酷家乐已服务于小米、美克美家、林氏木业、顾家家居、博洛尼等20000家品牌企业。酷家乐海外版COOHOM也在全球范围内开疆拓土，覆盖全球200多个国家和地区。瑞典宜家、韩国汉森，以及北美最大的家居零售品牌美国Ashley，都在与COOHOM合作后体验到了数字化工具对效率的冲击。首先，对于设计从业者来说，平台能够免费提供更快速、更高效的家装设计工具。从业主的角度分析，设计效率的提高很大程度上降低了其成本，同时也缩短了更改方案的时间，省去了在传统装修设计公司中避免不了的中间环节。

传统家居企业的产品设计模式——以顾家家居为例

顾家家居自创立以来，专业从事客餐厅及卧室家居产品的研究、开发、生产与销售，致力于为全球家庭提供舒适、安全、环保、人性化的客餐厅及卧室家居产品。顾家家居产品远销世界120余个国家和地区，拥有6000多家品牌专卖店。很难想象拥有如此大规模的企业在未进行设计模式升级前面临着怎样的困境。传统设计模式存在以下问题：

①企业没有自己的设计平台，在进行产品设计时，设计师需要登录第三方平台进行设计。

②Auto CAD图纸无法有效展现出设计方案效果，用户不能和设计师进行有效沟通，用户的消费体验感较差，因而影响到成交量，双方耗费了大量时间却没有得到满意的结果。

③企业规模较大，经销商众多，账号管理困难，无法实现统一管理。

④设计方案本地保存，不便于设计师随时调用修改。

⑤以定制行业为例，从绘制效果图到Auto CAD作图，对设计师专业水平和图纸规范有着极高的要求。同时，多角色制图也极易导致下单环节出错，拆单失误率成为定制家具行业最大的隐性成本。

酷家乐为家居企业产品设计研发带来的变化

通过酷家乐提供的API，顾家家居将平台在线设计工具内嵌至官网，定制了自有设计平台，设计师只要登录顾家家居平台就可以进行在线设计，无须登录第三方平台，有效提高了设计效率。同时，售前可以更快速地向客户展示设计方案的渲染效果，让客户更直观地感受方案，提高双方沟通效率。借助酷家乐开放接口，顾家家居搭建了完善的账号管理体系，进行账号增删、权限设置。顾家家居还搭建了自有设计平台、专属虚拟体验馆展示平台，优化了前端销售形态，让客户深刻体验所见即所得，有效突破行业瓶颈，创造了新的销售纪录。优化后的总体表现如下：

①设计工具内嵌官网，搭建顾家家居设计平台。

②渲染方案在线展现，优化客户沟通体验。

③后台统一管理账号，支持在线新增、编辑账号权限。

④设计方案在线存储，支持随时调用和修改。

⑤3D模型与2D图纸的联动，模型更改之后2D图纸实时更新，最大程度减少了模型、图纸修改造成的不一致问题。

一直以来，联邦家私构建数字化营销生态系统，全域推进数字化、智能化改造，推行"一客到底""一单到底"的经营理念。在设计营销端，得益于以酷家乐为代表的数字化工具服务商，联邦家私能够以高效直观的方式向消费者传递自己的美学观，更好地拉近品牌与消费者的距离。爱依瑞斯通过与酷家乐合作，打造未来家设计服务系统，爱依瑞斯五星级软体家居门店可提供专属设计服务。门店设计师通过未来家系统，可以便捷地完成设计方案，以效果图等形式向消费者直观地展示家具与新家搭配效果，实现所见即所得。掌上明珠不断升级门店形态，通过搭建真实样板间还原真实家居场景，让消费者对产品、未来的居住环境有所感知。针对个性化需求，门店利用酷家乐出具定制化的全案设计方案，一对一打造专属家居场景和搭配效果。WOOK是一家B2B跨境移动电商平台公司，作为一家跨境企业，WOOK对海内外市场有着独到的感受。与国内市场相比，东南亚市场家居建材行业非常传统，发展差异大，没有红星美凯龙、百安居这类综合型大卖场，仍旧以单品牌、单品类门店为主。另一方面，东南亚大部分家居企业缺乏一体化解决方案服务和交付能力。对此，WOOK与酷家乐合作，借助数字化工具，赋能当地家居企业建立一体化解决方案设计能力。

酷家乐作为一款设计软件，针对以成品软装为主的行业融合趋势，提供两大维度的技术支持。

①品类能力延伸。酷家乐平台上涵盖成品软装、定制、硬装等多品类产品模型，支持设计师实现跨品类设计与效果渲染，甚至可以一键导出施工图纸等，帮助设计师更好地与消费者进行沟通互动。例如，成品企业的设计师可以通过酷家乐智能助手，一键匹配样板间，实现快速设计家居场景，规避柜体设计能力欠缺的问题。

②设计能力普及延伸。酷家乐通过研发简单、便捷、高效的设计软件，帮助更多家居企业和设计师掌握全案设计能力，拥有更大的发挥与创意空间。家居行业融合趋势折射在酷家乐上的一个明显现象，就是企业之间的商品互动、商品分享数据显著上升。针

对这种新变化，酷家乐推出方案协作功能，支持跨企业、跨组织把设计方案分享至多人查看、评论和编辑，为家居企业打造协作型工作场景，助力家居企业集百家所长，更好地完成多品类一体化设计服务。

同时，在设计展现形式上，开发渲染视频功能，赋能家居企业具备视频内容生产力，实现一键生成生长视频、漫游视频，并分享至新媒体平台，做到曝光引流。以顾家家居为例，顾家家居经销商体系善于利用酷家乐渲染视频进行小区集中爆破、抖音定点投放等，从而找到大量目标用户。

酷家乐为家居企业设计营销带来的变化

家居行业在消费流程的连接上不够紧密，具有割裂性。一般而言，消费流程有五大环节：产品定位、宣传推广、消费者做购买决策、下单、反馈产品和二次传播。比如在宣传推广环节，家居企业投放广告的位置常见于机场、高铁站、地铁等，这种方式只是简单涉及传播，没有进一步的下单暗示，与其他环节几乎没有联系。以红星美凯龙为例，它是目前集中客流量大的线下门店，虽整合了宣传推广、消费者做购买决策、下单这三个环节，但还是缺失了两个环节。家居行业的行业属性特殊，产品使用时间长，购买过的客户在短时间内很难再次购买。复购率低的家居行业对渠道的依赖性很强，依靠着渠道赋予的流量实现获客，当渠道有了更好的客户时，就不再为企业导流，企业容易受到创伤。有着5000余家全国门店的顾家家居，自然也配备了大量导购人员，然而以往导购只限于单向口头"轰炸"，客户得不到除价格、品质之外更多维度的信息。家居行业的属性特殊，消费者要有良好的体验才能做出购买决策；短视频内容丰富，形式多样，能让家居行业有更多营销方向可选择，并通过视频或图片的形式来展示产品，也能更好地帮助消费者找到适合自己的产品。

设计营销向来是家居企业首要攻坚环节，备受重视。当行业都在以设计为营销着力点时，家居企业应该突出自身优势。家居设计营销趋势正在发生变化，打造差异化设计竞争优势，正成为不少家居企业的营销谋划重点。以海尔全屋定制、梦天家居为例，可视化、具象化、场景化的高清设计效果，全景图、渲染视频、PPT提案等设计展现形式，已经被验证成为能与对手拉开差距的关键优势，是打动消费者的杀手锏。

①海尔全屋定制。设计效果图降低新品售前成本，树立高端品牌调性。注重产品设计美感，可以说是家居企业的共识。互联网时代，消费者对于家居产品的第一认知往往源自线上的一张张设计效果图。如何透过一张设计效果图高度还原产品的外观、结构、材质、功能展示产品美学魅力，成为家居企业必须解决的议题。海尔全屋定制利用酷家乐渲染能力，为旗下产品输出一整套多角度、多空间、多场景的高清设计效果图，布局

线上电商渠道。特别是对于新产品，无须跟以往一样耗费大量人力物力进行实拍，就能搭建线上卖场，不仅能降低售前成本，还能提前让消费者感知家居布置场景。

②梦天家居。"漫游视频+生长动画"拿下视频营销领跑优势。当短视频成为新流量风口，视频设计方案便成为家居企业继效果图后设计营销的又一抓手。不管是多张效果图简单轮换，抑或是专业运镜的视频设计方案，家居企业都不愿意在新营销时代落后一步。梦天家居作为家居行业转向"门墙柜一体化"的先行品牌，目前已在微信视频号、小红书、抖音等短视频平台搭建视频营销矩阵，通过发布以"漫游视频+生长动画"为核心形态的视频内容，引爆线上流量，低成本、高效地捕捉消费群体注意力，实现品牌宣传和获客转化。从布局到行动，梦天家居的决策过程很快。在体验到视频在泛流量平台的强号召力后，梦天家居不断深化视频营销能力，培育视频制作能力，并沉淀企业视频案例库，最终反哺终端门店，拿下视频营销领跑优势。

在营销方面，酷家乐开发有轻渲视频，手机端可以链接多个方案按照模板进行批量制作，快速生成热门短视频并关联抖音平台，一键分享到抖音。同时，还可以关注多项视频数据分析，助力视频营销管理。另外，酷家乐虚拟直播间支持企业把酷家乐方案一键转化为直播场景，呈现方案3D实景效果。场景方案内硬装、软装模型还可以一键替换，实现方案模型随心替换，实时变换场景风格，打造超真实的沉浸式体验效果。

新营销时代，需要提高设计竞争力。随着年轻一代成为消费主力以及中产阶层崛起，新一代消费者高度重视产品品质、设计品质、服务品质，向家居企业提出了新的设计能力诉求。无论是时代变化还是市场呼唤，家居企业是时候需要重新审视自身的设计营销竞争力。家居行业设计营销进入新周期，高清全景图能力、视频设计方案能力、全案空间设计提案能力正成为新竞争优势和斩获高客单值的新利器。企业需要及早掌握新的打法，补齐短板，才能抢先拉开与竞争对手的差距。酷家乐开发云设计SaaS软件的初衷，不在于让家居导购人员或设计师苦心孤诣地创造出与专业设计师相媲美的内容，而是通过快速作图、反复调试，将客户需求的家具配置筛选出来。而它在工具专业度、自由度的研发投入，使得效果图的呈现与传统设计软件已经相差无几。内容的多形式传播，对能够提高触达转化的工具提出了更高要求。抖音、B站等短视频平台，正在爆炸式地催生短视频为载体的内容。酷家乐充分体现了SaaS工具的创新力和客户成功为导向的使命感：生长动画、漫游视频、渲染视频的功能发布。这是家居营销史上的大变革。

酷家乐在现代家居企业中的重要性

（1）SaaS服务

酷家乐除了有完备的客户服务体系和流程，还有一套首创的客户全生命周期运营体系。酷家乐客户团队为每一个企业客户建立专属的客户档案体系，通过大数据算法，智能给出客户健康度指标，相当于每一位企业客户会有一个健康指数，并根据其客户分行业和分层的业务特性，制定一套适应客户发展的服务体系方案。2019年，法狮龙选择与酷家乐合作，借助酷家乐云设计工具和设计圈平台，加强客户和导购间的互动交流，以提升用户黏性。

（2）家居上市企业营销转化的"神器"

上市企业都存在业绩持续增长的压力，当后端供应链成熟到各家都能更大规模、更快速度地进行产品生产，真正稀缺的是客户，或者说是客户订单需求。企业这时有两条路，一条是存量客户的加速转化，在营销端引入声、光、电形态的展示形式，通过加速感官刺激提升更深层次的体验。另一条则是寻找增量，拓展新的业务品类，锚定新的市场空间和客户群体。设计营销类工具的出现，使得加速存量转化成为选择。顾家家居将酷家乐云设计系统嵌入企业官网内，让原本产品展示平台拓展成设计、营销、展示于一体的工作平台。导购人员打开网站，通过户型选择、家具摆放、空间搭配简单几步，就可以将客户想购买的沙发、床垫搭配出适宜的居家场景。

（3）企业服务的意识觉醒和未来设计师培养

以芝华仕为例，2015年10月与酷家乐建立合作以后，芝华仕每年都会开展设计师的全国培训，同时围绕定制化课程培训，邀请酷家乐培训师现场支持，通过设计侧和营销侧的双重赋能，帮助提升门店设计效率。而对于"未来设计师"的培养，酷家乐也早有部署，在课程共创、教学改革、师资培养、创业创新、实习实训、人才输出等多方面，与高等院校探索合作，培养新时代的数字化应用人才。最新数据显示，酷家乐教育版已覆盖全国25个省市地区，1500余所高校，超过80000名学子在使用。或许相比盛名在外的Autodesk、SketchUp等国外软件，家居上市企业以及更多对空间设计有需求的企业选择酷家乐的新意义在于它加速了家居智造和产业数字化的征途。

案例总结

酷家乐软件的出现是许多室内设计师的福音，不仅解决了设计效率的问题，也给客户和设计师的沟通带来了便利。"科技型"产业形态的兴起，是家居企业在"互联网+"阶段后引发模式革命的再革命。它对家居制造企业的影响，远胜于过去，解决的不仅是营销效率问题，而是贯穿设计、营销、生产、施工，再到管理，家居产业几乎全链路环节的信息处理、传递、加工以及虚实互动的效率问题。未来家居营销会走向场景化，通过为消费者规划空间场景，激发消费者的需求。家居企业要以设计为着力点，提供高质量产品和服务，一站式帮助消费者解决居住问题。保持技术的持续创新，企业就有了源源不断的生长能量。酷家乐的前沿技术研发，不但为自身带来无尽的发展潜力，最终也将惠及整个家居设计行业。

2.2.3.2 以欧派家居为例分析企业设计创新管理

案例背景

欧派家居集团股份有限公司创立于1994年，总部位于广东省广州市。企业于2017年3月28日上市，以整体橱柜、整体衣柜、木门、卫浴、厨房电器、全屋定制等为主营产品与服务，是国内综合型的代整体家居一体化服务企业，同时也是定制家居行业的龙头企业。欧派家居企业作为中国民营企业制造业500强，连续六年入选"中国品牌价值500强"榜单，品牌价值连年攀升，截至2021年，其品牌价值已高达493.51亿元。欧派家居采用先进制造生产线与工艺技术，定制橱柜达到年产量50万套，定制衣柜达到年产量73万套，生产规模行业领先，且已在世界范围6大洲118个国家和地区拥有7000余家终端门店。欧派始终屹立在潮头浪尖，与其所不断革新的创新精神以及在设计研发、品牌推广、渠道拓展等多方面的战略有关。

欧派家居企业设计中心的组织架构为直线式，如图2-15所示。直线式组织架构是一种最早也是最简单的组织架构，各职能模块被垂直领导，相互之间虽然有工作的交叉与任务的分配，但在职能上不互相领导。下属原则上只接受自己的上级领导，各级员工为直属领导负责。从专业研发能力上看，这种组织架构具有专业性强、能够集中优势做强做优专业领域的特点，有利于培养员工成为专业领域的专家。从职能上看，每位领导对下属拥有直接职权，职能块的每位员工向直接领导负责和汇报，同时下属的绩效考核及工作任务由直属领导决定，直属领导具有决定权。这样的直线式组织架构具有职能明确、任务清晰的优点。

由于欧派家居企业所实行的组织架构将设计中心作为单独的核心部门，下属各分支部门相互独立又相互协调，且企业将内部研发设计师以组别的形式管理，各设计组以工作室的形式独立开来，互不打扰，组内合作，组外相互竞争。这样的组织架构由于具有其鲜明的特色，在行业内具有独特性。

设计中心设计模式是本案例主要研究的内容，指在设计中心的研发活动。主要分为两种：第一种为设计师模式，即集团内的设计师独立进行研发活动；第二种为设计组模式，是指设计师通过竞岗的方式竞聘设计组组长，采用组长优先选取组员及组员自愿组合的方式，组建成由多个设计师组成的设计组，组内成员共同合作进行研发活动，如图2-16所示。

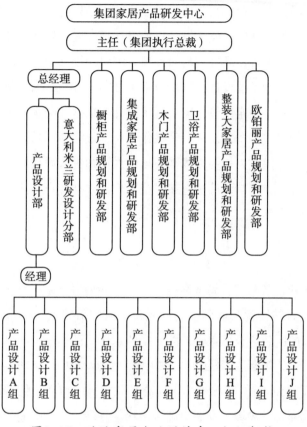

图2-15　欧派家居企业设计中心组织架构

图2-16　欧派家居产品设计模式

　　设计中心的设计师通过独立研发、合作研发的方式，根据年度新产品规划方案进行开发设计，编制最终效果图设计方案、材料配置方案等，由各产品规划与研发部门组织相关人员进行方案评审，工艺技术部组织部门进行结构工艺评审，质量部组织部门进行质量评审，各产品规划与研发部组织产品最终评审，确定新产品设计技术方案，并按产品的定位进行深化设计，以确定年度最终新样品。

除此之外，欧派家居企业也会聘请集团设计中心以外的人员，这种模式被称为独立设计模式。包括国内外设计师、外部设计机构设计师、展示设计师等，独立设计模式所涉及的设计师对接部门为各产品规划与研发部。国内外设计师、外部设计机构设计师根据合作项目需求进行新产品的设计，制作效果图方案、产品结构方案等，由各产品规划与研发部进行修改完善，确定最终方案，展示设计师根据终端卖场的定位，将产品以空间及全屋的形式进行家居环境化设计，最终作为年度最终新样品。

同样地，终端设计模式是指终端经销商场的设计师进行设计的一种模式。在集团年度上市新产品的基础上，终端设计师直接对接客户，根据客户具体的家庭户型结构进行相应针对性的规划与设计。

设计战略

①消费群体细分。欧派家居品牌影响力大，终端销售体系覆盖面广，因此适合采用扩张策略。以消费者的体验为基础，用行业新的风向引导企业战略，敢于创新企业产品，不断涉及更加前沿、科技感更强的配套整体家居产品。

市场集中度提升，按营收口径测算，2019年定制橱柜CR4仅10.14%，欧派家居市场份额第一，但也仅有5.64%。欧派继续布局高端和中高端市场，低端市场利润低、品质无法保证，可以放弃这一领域，发展中高端市场。高端市场代表着更引人注目的产品形象，发展高端市场可以充分发挥设计的能力。

②品牌宣传。欧派公司下设"欧派""欧铂丽""欧铂尼""铂尼思"四大核心品牌。其中，"欧派"与"欧铂尼"定位中高端，并可通过差异化设计聚焦到细分消费人群。"欧派"将全品类整合在同一品牌下，而"欧铂丽"为轻时尚品牌，主打"年轻时尚、高质低价、功能实用"理念，瞄准大众刚需市场。"欧派"知名度与认可度最高，仍为公司主力品牌，"铂尼思"与"欧铂丽"尚处于市场培育期，有望通过"欧派"品牌"连帮带"效应成为新增长极。

在品牌宣传上，欧派针对年轻群体推出的商业微电影有多部：《狼人的中秋烦恼》三部曲；春节系列短片《爷爷的魔法》和《喊你回家》；国际爱家日系列短片《我的爸爸是机器人》和《共享爸爸》，在数量上领先其他企业，起到了很好的宣传作用，但是在质量上不及有尚品宅配明星效应的微电影宣传，之后可以推出更有感染力的短片来保住面对年轻群体的宣传优势。除了商业短片，欧派也将品牌植入电视剧。前几年热播的《安家》以房子为题材，欧派作为《安家》唯一指定家居合作品牌，孙俪作为主演的形象代言人，在热播期间很好地占据了受众榜单，把握住年轻群体在网络的活力，可以不断宣传造势。

③产品线扩张。实施品类扩张战略，力求实现品牌协同效应最大化。多品类可以分散单品类经营风险，多元化产品布局可部分抵消单一品类盈利水平的波动。欧派通过提升产品丰富度，由单一衣柜向各类柜体及配套品一站式销售，注重产品个性化，提升中高端产品结构，满足市场需要。产品也要注重设计风格，欧派推出现代实用、中式、欧式等多种设计风格，覆盖多元应用场景，可以满足不同人群的个性化家装需求。

目前欧派的产品线主要是橱柜、衣柜、木门、卫浴四大品类，在发展上公司率先开辟整体橱柜市场，随后领先布局卫浴、整体衣柜与木门产品线，完成家居核心品类全覆盖。但是公司卫浴、木门业务占比较低，接下来可以借助定制化、个性化设计与品牌效应拓展市场，通过工程渠道实现快速扩张。

欧派整装大家居品类下包含巴黎左岸、埃斯特庄园等10个系列，大家居时代需要继续优化产品线，更精准定位顾客。

④多元化拓展。欧派家居公司积极布局智能家居，提供多元化生活场景。橱柜起家的欧派在智能橱柜领域开启先河，对接华为HiLink，构建万物互联。近年来，公司转向智能家居研发与场景展示，旨在构建万物互联的基础设施，提升人居体验。2018年，推出Magic Q的橱柜集功能化、智能化于一体，成为一款革命性智能厨房产品，其电动升降拉篮、可移动插座、嵌入式厨电等设计满足了消费者对品质与便利性的追求。2019年，公司与华为正式开启物联网生态与智能家居领域的战略合作。全面对接华为HiLink平台后，将共享华为3000万注册用户，拥有600家加盟伙伴的流量优势；此外，联合打造的智慧家庭实验样板间3.0已建成，以智能家居产品+实景全屋体验实现多品牌、多产品联动，提供一站式全屋智能解决方案。

设计创新激励措施

现代企业激励机制是企业管理的核心内容之一，通过激励机制的确立能够奠定企业竞争力的基石。R.韦恩·蒙迪在《人力资源管理》中指出，对员工进行激励是企业提高生产率最有效的方法，且激励的方向和水平要与企业的战略目标一致，最后实现和强化企业战略规划目标。欧派家居企业作为定制家居行业内的龙头企业，对设计师有足够的重视，通过实行行业内独有的独立产品设计组工作模式，出台多项创新激励机制政策，切实保障各项创新激励机制建设的开展，充分激发设计师的主动性和创造性，提高设计师的工作兴趣，增强设计师的责任感，并且能够有利于减少缺勤率与离职率，从而提高劳动效率，发挥设计师对企业发展的巨大作用。

（1）**薪酬激励**

实行薪酬激励的主要目的是保障设计师必要的生活需要与物质需求，并有效地挖掘员工短期内的工作潜能。薪酬激励虽然最为基础，却是最能体现切实利益的措施，是员工自身价值在企业层面最直观的反映，符合员工诉求的能够公平体现员工价值的薪酬体系有助于提高员工工作积极性。欧派家居企业针对设计师的薪酬激励主要包括工资报酬、绩效奖金、医疗及商业保险、福利津贴。

（2）竞争激励

竞争能够培养进取心、承受力和大胆创新的精神，欧派家居企业的激励机制通过在设计任务分配中采取适当的竞争措施，能够极大地促进设计师的设计热情，使得设计师保持活力和竞争力，包括设计任务竞争模式和设计组淘汰模式。欧派家居企业的设计任务竞争模式分为点将模式与PK模式。各研发规划部门可根据规划需要选择点将设计模式或者多个设计组PK模式，产品设计部的点将模式和PK模式皆以设计组为单位。点将模式：各研发规划部门根据设计任务的特性进行点将，点将产品设计部某一个设计组或者研发部某一位深化设计师进行任务设计，设计组组长可根据本设计组的任务量选择是否接受该点将的任务。原则上重要且紧急的设计任务才能实行点将模式。PK模式：各研发规划部门将设计任务发与每个设计组及研发部深化设计师，各设计组及研发部深化设计师的所有设计师对某一新产品设计研发方案进行设计PK，即在每个研发评审环节时，参与该项目的设计组与深化设计师所设计的新产品共同参加评审。设计组淘汰模式指设计组如有连续两年未有新品设计方案入选，年终考核时仅能领取保底工资的，则该设计组自动解散。每年设计中心根据设计组、设计师综合能力判断可提前解散设计组或解除设计师个人劳动合同。

（3）成就激励

设计师的成长与发展是实现其个人价值的重要途径，成就激励措施能够实现设计师的权利需要，使设计师能够认可其工作，保障其工作成就感的获得，从而激发创造性和积极性。欧派家居企业的激励机制中成就激励主要包括职级晋升与评奖评优。职级晋升，即在针对设计师的职级设定上，主要分为实习设计师、助理设计师、资深设计师、主任设计师与首席设计师五个级别。设计师的职能级别通过竞聘的方式得到晋升，晋升需要逐级递增，主要流程为：企业HR评估竞聘者KPI考核情况，个人展示工作能力及发展规划，直属领导通过对竞聘者的主客观了解来综合决定是否晋升；主要考核目标为设计师本身学历与工作年限、在企业中设计工作的成效方面。评奖评优是企业普遍运用的一种鼓励员工的方式。针对欧派家居企业设计师的评奖评优主要包括企业每年的评选优秀项目及优秀设计师。优秀项目的评选主要是新产品设计开发的优秀入选方案，根据评审的排名情况对优秀设计方案公示奖励，通过采用在企业官方设计公众号等平台优先展示介绍新产品方案、对优秀设计方案的主笔设计师发放奖状等方式。此外，针对在年度新产品设计开发中表现优异的设计师，发放奖状进行鼓励。对于多年持续以较高水平完成设计任务的设计师，采用对其单独访谈撰文、荣誉墙照片展示等方式进行奖励。

（4）发展激励

发展激励能够保证员工在工作中所需要的知识获取，促进员工自身的不断成长。欧派家居企业针对设计师的职业特点，其发展激励主要包括企业培训、市场调研与出国考察。良好的培训机制是企业塑造人才、培养人才的有效措施。欧派家居企业针对不同的设计师进行差异化、个性化的培训，包括具有针对性的专业技能培训、具有广泛性的文化教育培训及不定期的职业发展规划。为让新晋设计师快速了解企业和岗位，加速其适应新环境，企业开展入职培训、企业文化培训、岗位职责培训等。对于由设计师提拔而来的管理层，针对性地提供管理知识和技能培训，加速其角色适应和转变。针对专业性要求较高的设计师，开展专业技能培训，包括内部培训与外部培训。内部培训主要是企业内部相关专业人员为设计师展开培训，培训内容往往不会涉及过于深入的知识点，更多的是基础性的概念、原理等。外部培训主要是邀请国内外不同领域的专家、学者开设线上与线下演讲、学术讨论及知识培训，如意大利米兰理工大学POLI. Design学院的线上进修课程，知名行业专家开展的色彩培训、材料培训等，以提高设计师的专业技能水平。

通过开展各项培训，能够更新设计师的必备知识，扩大设计师的知识面，潜移默化地提升设计师专业素养，为保持创新活力提供了有效帮助。

市场调研是为提升企业产品研发活动的效率等，对当前市场中自身或竞争企业的产品外观、质量、终端销售情况、客户反馈等多重信息进行收集、整理、分析的工作。欧派家居企业设计师的市场调研方式主要为自主调研，通过调动并整合企业内部资源，组织人员组成调研团队进行调研活动。市场调研的差旅费根据出差审批表、出差合法票据、岗位级别按规报销，由设计中心承担一半费用，上限6000元，超出部分由设计师个人承担。珠三角周边地区展会、广州市区内调研活动由设计中心统一派车。调研活动依据规划安排，一年至少进行一次，针对全品类产品或用户需求进行全面考察，包括：经销商调查（通过拜访公司终端商场）、用户调研（主要为针对公司客户及竞品用户的相关调研）、竞品调查等。

欧派家居企业出国考察的国家主要为意大利和德国，考察机会为每年一次。出国考察有利于设计师实地了解国外产品设计，及时掌握国际设计发展的最新动向，并且通过与国外相关行业人员交流学习，开阔眼界。针对设计组与设计师，出国考察的激励形式主要分为两种。设计组出国考察机会根据其上一年度所获得的入选展厅上样情况进行计算排名确定，年度排名前35%的设计组，全组成员可由公司出资国外考察一次；年度排名前35%~70%的设计组，全组成员可由公司出资一半国外考察一次；其余排名的设计组，全组成员可由公司组织自费国外考察一次（公司仅协助办理相关手续，相关费用需自行承担）。设计师出国考察机会按新品单品类方案入选的成绩进行排名确定，年度新品单品类成绩排名前35%的设计师，由公司出资国外考察一次；年度新品单品类成绩排名前35%~70%的设计师，由公司出资一半国外考察一次。

案例验证

在整体研发流程中，激励机制各项激励措施在各个阶段中的体现概览，见表2-8。由于文化激励始终贯穿研发流程，因此重点探讨其他各项激励措施。

表2-8　欧派研发流程的奖励机制

名称	内激励偏好			外激励偏好		
	发展激励	环境激励	文化激励	薪酬激励	竞争激励	成就激励
设计任务发布与实施						
设计方案报名						
方案概念设计						
方案提案评审						
效果图设计						
效果图初评						
效果图复评						
效果图终评						
样品试制与安装						
效果图工艺与质量评审						
实物初评						
实物复评						
实物工艺与质量评审						
展厅产品设计						
展厅上样评审						
量产评审						
奖金核算						
职级晋升评奖评优						

　　欧派家居企业内部研发团队设计师人员数量众多，属行业领先，为能够在案例验证部分更加清晰直观地说明设计师具体的激励情况，选择以设计成效较佳的6个典型产品设计组设计师的情况为例，进行重点分析，产品设计组设计师及职级情况见表2-9。

表2-9　产品设计组设计师及职级概况

产品设计组	组内人数	组内职级情况
A组	4	主任设计师A1、资深设计师A2、资深设计师A3、助理设计师A4
B组	4	主任设计师B1、资深设计师B2、资深设计师B3、助理设计师B4
C组	4	首席设计师C1、资深设计师C2、资深设计师C3、助理设计师C4
D组	4	主任设计师D1、资深设计师D2、资深设计师D3、助理设计师D4
E组	5	主任设计师E1、资深设计师E2、资深设计师E3、助理设计师E4、助理设计师E5
G组	5	首席设计师G1、资深设计师G2、资深设计师G3、助理设计师G4、助理设计师G5

　　经过设计任务发布与实施、设计方案报名、方案概念设计、方案提案评审、效果图设计、效果图初评、效果图复评、效果图终评、效果图工艺与质量评审、样品试制与安装、实物初评、实物复评、实物工艺与质量评审、展厅产品设计、展厅上样评审、量产评审、奖金核算、职级晋升评奖评优18个步骤，各产品设计组最终奖金核算见表2-10，其中方案入选奖金占比5%，效果图入选奖金占比10%，实物入选奖金占比25%。表2-11详细列出各组内设计师的具体奖金金额，终端商场上样提成60%。

表2-10　各设计组奖金详情

产品设计组	负责人	方案报名数量	方案入选数量奖金占比5%	产品效果图提交数量	效果图入选数量奖金占比10%	实物入选数量奖金占比25%	奖金合计/万元
A组	A1	5	1×1.75	2	1×3.5	1×8.75	14
B组	B1	5	4×1.75	8	3×3.5	2×8.75	35
C组	C1	6	4×1.75	4	4×3.5	4×8.75	56
D组	D1	6	3×1.75	3	4×3.5	3×8.75	45.5
E组	E1	5	1×1.75	2	4×3.5	0×8.75	15.75
G组	G1	7	3×1.75	6	3×3.5	1×8.75	24.5

表2-11　各组内设计师奖金详情

产品设计组	A 组				B 组				C 组				D 组				E 组					G 组				
组内设计师	A1	A2	A3	A4	B1	B2	B3	B4	C1	C2	C3	C4	D1	D2	D3	D4	E1	E2	E3	E4	E5	G1	G2	G3	G4	G5
奖金（终端商场上样提成60%）/万元	7	3	2	2	15	10	5	5	20	15	11	10	15	10	10.5	10	7	5	1	0	2.75	10	7	3.5	0	4

案例总结

企业的中高层管理者若想在日常的管理实践中提高整体产品设计创新的水平与绩效，就必须提高设计师的创新水平，需要从多方面、多角度去引导设计师，不仅包括不断完善相应的激励机制，也需要使设计师在创新方面保持较高程度的自我效能，才能够最大程度激活组织成员的创新活力。

设计师是企业设计创新的重要资源和财富，同时也是企业在行业竞争中屹立的坚实根基，管理者只有善于激励设计师，才能影响设计师的创新行为，激发设计师的创新潜能。因此，进一步优化设计创新、激励管理，应当更加注重鼓励和培养设计师在创新方面的自信，注重对设计师的内在激励措施，完善设计师的外在激励，对激励机制建立长效反馈再优化的保障措施。

2.3

家具企业经营与生产运作战略

2.3.1 企业经营战略

企业经营战略可分为三个层次，即公司层次战略计划、事业部层次战略计划和功能（产品）层次战略计划。公司层次要做出总体计划，以有效引导整体运作，即定义公司的宗旨、确定公司的战略经营单位（SBU）、决定最优地为每一SBU分配资源、确定新的业务机会；事业部层次要能够与同行业其他企业竞争，即设立具体目标（高质量、低成本、短开发周期等），并确定实现具体目标的方法；产品层次要采取进攻性或防御性行动，即在行业内占据有利位置，以成功处理各种竞争力量，实现公司投资的较大收益。因此，企业经营战略根据不同的事业部可以细分，如营销战略、研发战略、生产与运作战略、财务战略、人力资源战略等。

经营战略是企业面对激烈变化、严峻挑战的环境，为求得长期生存和不断发展而进行的总体性谋划。广义上的经营战略是指运用战略管理工具对整个企业进行的管理，在经营战略的指导下进行，贯彻战略意图，实现战略目标；狭义上的经营战略是指对企业经营战略的制定、实施和控制的过程所进行的管理。更具体地说，经营战略是在符合和保证实现企业使命的条件下，在充分利用环境中存在的各种机会和创造新机会的基础上，确定企业同环境的关系，规定企业从事的事业范围、成长方向和竞争对策，合理地调整企业结构和分配企业的全部资源。从其制定要求看，经营战略就是用机会和威胁评价未来的环境，用优势和劣势评价企业现状，进而选择和确定企业的总体长远目标，制定和抉择实现目标的行动方案。

传统的商业经营模式有B2C、B2B、C2B、C2C。B2C即business to customer，是电子商务按交易对象分类中的一种，表示企业对消费者的电子商务形式，主要指零售业务，如淘宝商城、当当网，全球最大B2C网站是亚马逊。按照营运的B2C网站，对B2C模式按存在形态分类如：综合商城，其买方和卖方呈现一种多对多的关系，典型代表如淘宝商城；百货商店，其卖方与买方呈现一种一对多的关系，典型代表如亚马逊中国、京东商城和当当网等；垂直商店，服务于某些特定的人群或者特定的需求，提供有关这个领域或需求的全部产品及更专业的服务，如红孩子、京东商城、国美360商城等；复合品牌店，典型代表为李宁。B2B即"企业对企业"，即一个企业提供一个平台，很多企业去寻找和发布自己需求的大小，或是寻求合作。B2B解决的是供应商的上游到中游的问题，其优势在于可降低采购成本，节省周转时间；常见平台为阿里巴巴。C2B也是电子商务模式的一种，即消费者对企业（customer to business），最先由美国流行起来的。C2B模式的核心，是通过聚合分散分布但数量庞大的用户形成一个强大的采购集团，以此来改变B2C模式中用户一对一出价的弱势地位，使之享受到以大批发商的价格买单件商品的利益。国内很少有厂家真正完全采用这种模式。C2C即consumer to consumer，实际是电子商务的专业用语，是个人与个人之间的电子商务，C2C即消费者间。C2C领域现已形成了多足鼎立之势：淘宝、易趣、拍拍等。C2C商业模式即从客户到客户，买卖双方都是个人，就是个人与个人间的直接交易，如二淘网以及其他各种二手交易网站，其中全球最大C2C网站是美国的ebay。

以降低成本为核心的家具企业成本战略包括：改进质量，从设计质量抓起；降低物料消耗；提高生产率；降低库存；缩短生产线；减少机器停机时间。以提高质量为核心的家具企业质量战略要将"以质量开拓市场、占领市场"作为现代家具企业获取竞争能力的行动准则，家具要创名牌就必须在提升质量上下功夫，并从观念上与国际先进水平接轨；以缩短交货期为核心的家具企业时间战略实质是压缩产品从设计、制造到发送的全过程时间，以加快产品开发与推出、快速设计与制造、快速物流配送及顾客服务为目标；以增强适应性为核心的服务性家具企业（MC、FMS）战略既要实现低成本又要满足顾客越来越个性化的要求；以产品创新设计为核心的产品战略要将创新放在重要位置，实现原材料、知识、制造资源和服务的有机结合。

企业战略可分为总体战略、发展战略、竞争战略以及品牌战略。企业总体战略由"企业事业理论"及"业务组合战略"两大核心板块构成。企业事业理论决定决定一个企业的前进方向与发展目标，以共同的追求与理念，统一公司上下，实现全员同心化。业务组合战略决定一个企业的经营范围，决定不同业务单元采用的战略类型，是增长还是收缩，是强化还是防御。企业发展战略类型包括：成长型战略、稳定型战略、收缩型战略、资本运作战略。成长型战略包括一体化战略、多元化战略、密集型成长战略；稳定型战略，维持企业现有的市场地位；收缩型战略包括收缩战略、剥离战略、清算战略。竞争战略，指构建业务单元在市场竞争中的优势。品牌战略就是在顾客的心中创建一个差异化定位，以此来引领企业的经营和运营。常用战略分析工具有波特五力分析模型，通过五力模型分析，优化产业结构，获得产业竞争的系统优势。五力包括新加入者的威胁、客户的议价能力、替代品或服务的威胁、供货商的议价能力及既有竞争者。

2.3.2 生产运作战略

生产运作战略是企业根据所选目标市场和产品特点来构建生产运作系统时所遵循的指导思想，以及所确立的一系列决策规划，具有贡献性、一致性、可操作性等特点。家具生产运作战略按照类型可分为成本战略、质量战略、时间战略、服务战略、产品战略。成本战略以降低成本为核心，以实现产品的标准化、规模经济为目标；质量战略以提高质量为核心，包括设计质量、工艺质量、服务质量；时间战略以缩短交货期为核心，旨在提高生产速度和交货速度；服务战略以增加适应性为核心，包括产品组合、生产过程、设备工具柔性；产品战略以产品创新设计为核心，包括新产品开发、创新、服务、赢得市场。

随着网络和信息交互技术的普及，商业环境发生了巨大的变化，经济全球化和信息时代的到来给企业带来了前所未有的机遇和挑战，这促使企业参与到全球激烈竞争中。在现代商业活动中，供应商已成为一种战略资源。拥有高质量供应商的企业将站在竞争平台的顶端。加强和优化供应商管理，将直接提升企业的核心竞争力。为了在复杂的业务背景下生存和发展，企业开始消除孤军奋战和一体化战略，开始专注于自己的核心能力，并与其他拥有互补能力的企业结盟，形成一个完整的网络，这就是OEM商业模式的出现和迅速传播的方式。这种模式也吸引了家具贸易和零售行业，家具业经过黄金时代，长期处于成本竞争阶段，但这并不意味着需求减少。房地产和城市化的蓬勃发展，以及个人高净值的增长，为高端家具带来了新的需求，高端家具不再是少数人的专属，而是有了更有针对性的消费人群。现今，中国家具市场变幻莫测，行业竞争者越来越多，消费者的需求也在不断升级，无论是渠道商还是制造商，大企业还是小企业，毫无疑问，整个家具业已经进入一个稳定的低利润时代，除了为自身的转型升级寻找动力外，如何提高管理水平以获得更高的利润率也成为企业不可避免要思考的问题。

在以前较长时间里，中国家具的人均消费水平一直处于低迷状态，企业一直都是靠单一家具的出口，而且我国80%左右的家具企业是中小企业，生产和销售比较低档的家具，这种现象自2000年以来发生了变化：一方面，房地产和装修行业的发展带动了家具行业的快速发展，家具行业成为我国重要的民生产业，城市高消费人口的增加和高级酒店对于酒店家具需求的增加以及相关消费意识的提升，人们对于高级家具和彰显个性化家具的需求也在逐渐提高。另一方面，城市化进程不断加快，人口不断涌入大城市，家具的需求量不断提高。

当前发展迅速的大规模定制家具战略特征如下：制造模式为柔性集成、协同制造；制造特征为功能集成、作业一体化；管理模式为矩阵式管理、网络管理；技术装备为机器–信息技术体系化、集成智能化、柔性自动化系统；产品规模为多品种、小批量、个性化模式；产品输出为产品+服务；市场特征为买方主宰、大规模定制，并具有全球性、一体化开放性。

家具柔性制造（FMS）战略特征如下：机器柔性，设备随产品变化而加工不同零件的能力；生产能力柔性，生产量改变时，系统能及时作出反应而经济地运行；工艺柔性，根据加工对象和原材料变化而确定相应工艺流程；维护柔性，能采用多种方式查询、处理故障，保障生产正常进行；产品柔性，产品更新，对老产品有继承和兼容能力，且有生产新产品能力；扩展柔性，必要时可扩展系统结构，增加模块。

现代家具智能制造战略不断朝精细化、标准化、模块化、自动化、服务化、生态化、全球化、数字化、智能化发展。典型的世界级制造系统（WCM）的核心是顾客和质量，其主要框架如图2-17所示。主要特征为：无缺陷的全面质量管理新技术；准时制生产方式；充分授权的员工自主管理；满足用户要求的高度制造系统柔性，如美国的计算机集成制造（CIMS）、日本的准时化生产（JIT）。

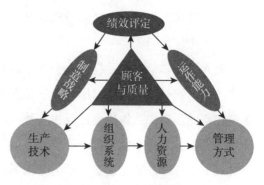

图2-17　WCM框架

《中国制造2025》提出：通过信息化手段，让传统行业走向数据化、智能化、物联化，促进中国制造业转型升级、提升产业竞争力，从而迈入世界制造强国行列。"十四五"规划将"数字中国"建设确定为国家战略，意味着国内企业的数字化转型已经进入全面加速推进阶段。人民网报道，目前已有68%传统企业加强数字生态建设，这一趋势也开始传导至家居行业，不少中国企业加入数字化管理变革中，已经开始实现从"制造"到"智造"的转变。家居行业独具"制造特性"，是明显的劳动密集型产业。随着数字时代来临，进入家居工业4.0时代，面对市场新形势，越来越多生产企业不满足于旧模式下的改良，而希望借助数字化手段实现"倍增创新"，家具企业的数字化转型对自身和行业发展具有重要意义。

生产运营最重要的目的是提高产品竞争力，所以要从成本上进行有效减少。通过科学规划时间，在将产品推广到市场后，可利用柔性化的方式提高产品的服务效能。生产运营管理和其他管理一样，都离不开人的管理，但是生产运营方面管理人员要同时具备管理能力和技术能力，要懂得生产方面的流程，要懂得产品直接的转化以及产品服务的需求，要考虑人员的管理配备、物料的流通、资金的使用、流程的最优等多方面，要通过合理的调配满足企业最优的生产方案。

市场经济的发展使企业所面临的竞争日趋激烈，这种竞争不再局限于传统的人力或物力。越来越多企业开始革新自身的管理方式，从智能化和信息化发展入手，从本质上改变企业整体生产及发展效率。部分企业选择联动智能化管理模式，并在决策方面选择更具影响力的决策方法，能更深层次提高其运营及管理效果。

2.3.3　案例分析

2.3.3.1　以慕思床垫为例分析其数字化工厂建设

案例背景

睡眠是人类永恒的需求，不同年代，不同条件下，人们对睡眠的核心需求不尽相同。根据中国睡眠研究会发布的《2021运动与睡眠白皮书》显示，2021年有超过3亿人存在睡眠障碍，成年人失眠发生率高达38.2%。IBR绿色人居环境研究中心专家高崚介绍，在整体卧室环境中，寝具对睡眠的影响最为直接。

2023年3月，慕思联合中国睡眠研究会首度发布《健康睡眠新时代——2023中国健康睡眠白皮书》（以下简称《白皮书》）。

《白皮书》显示，56.2%的国人在购买床垫时最关注"床垫质量"。61.2%的中年人群和62.3%的老年人群倾向于使用更舒适的寝具来改善睡眠。京东发布的《2022卧室与睡眠消费趋势报告》显示，消费者注重为家人尤其是儿童、老人创造舒适空间，相关品类销售持续增长，中低线市场更关注儿童床等硬件，相对专业的床垫在较高线市场更受欢迎。

在市场规模扩容的同时，睡眠产业也发生着微妙的变化，普遍的睡眠问题，使得睡眠经济规模不断壮大。有行业研究报告把睡眠产业作为接下来较值得关注的行业之一，未来10年总规模将破万亿，此行业将产生千亿级的品牌，睡眠产业的子品类床垫2019年为768亿元的规模，2022年突破1036亿元。据银河证券研究报告，2020年，我国睡眠产业的市场规模已达到4000多亿元，2030年有望突破万亿元。其中，床垫需求旺盛。

现状及发展趋势预测

家居行业其实是一个工业化程度较低的行业，无论国内还是国外，目前传统的床垫生产方式是重手工、非流程化、SKU多、规模小，这种模式已经很长时间没有质的突破，包括全球领先的品牌工厂生产现场仍和中国寝具的大部分工厂没有太大差异，人工占据很大的比例，现代化的机器设备少，现场比较杂乱无序。

床垫产业2021年的统计CR4仅为22%，而美国2020市场CR4为45.4%，未来的国内市场毫无疑问要向头部品牌聚集。

人工智能、大数据等技术的成熟与进化，加速了大健康产业的数字化、智能化、个性化发展，过去由服务方主导的单一健康产品和管理模式开始向以用户为中心的解决方案转变。这推动了睡眠产业的迭代——品质化、智能化、个性化、量身定制、高端化。

家居行业发展到现在超过了70000家规模企业，作为一个传统的劳动力密集型行业，如何通过数字化技术为工厂生产赋能，实现数字化和市场的个性化需求对接，无疑是整个家居制造业转型升级面临的最大问题。对于家具行业当中最接近于标品的床垫，在智能化、数字化大幅提升生产效率的背景下，在未来极有可能形成规模门槛。

案例分析

（1）数字化工厂介绍

数字化指的是通过计算机、网络、人工智能等将信息转变为可度量的数据，数据经过存储、传输、处理、更新、维护，实现既定目标的过程。数字化工厂是以产品全生命周期的相关数据为基础，根据虚拟制造原理，在虚拟环境中，对整个生产过程进行规划、仿真、优化和重组的新的生产组织方式，其经济学本质是指通过对生产知识的有效管理来实现产品增值的一种生产活动，202302《互联网周刊》/eNet研究院/德本咨询联调，对中国家居数字化工厂进行排名，见表2-12。以慕思为例，其搭建的工业4.0数字化工厂是一个具备柔性化、个性化生产能力的生产基地，可以实现产品智能自动生产、物流智能自动传输和仓库智能自动仓储等，解决了以往手工环节多、非标准化流程、产量少、成本高等痛点。

表2-12　数字化工厂排名（202302《互联网周刊》/eNet研究院/德本咨询联调）

企业名称	数字化工厂备注
欧派家居OPPEIN	欧派AI工厂
全友家居QuanU	绿色、环保全价值链信息化管理
鹏鸿	倡导"无醛"产品的智能化生产
科凡定制	信息化软硬体系使个性化产品规模化生产
顾家家居KUKA	家居智慧工厂
曲美家居QM	初步完成智能制造并向设计智造转型
左右家居	与华为深度合作打造全屋智能家居生活
索菲亚	工业4.0、3D数字化工厂
掌上明珠家居M&Z	工业4.0智慧化工厂
卡诺亚定制家居	推进数字化升级战略，赋能终端门店
慕思	产品搭载AI智能、人体工学等前沿科技
IKEA宜家	数字创新中心、推出数字化设计工具等服务

续表

企业名称	数字化工厂备注
尚品本色	数字化门店、4.0智能制造工厂
喜临门	全国家具行业首个5G工业互联网平台
志邦家居	核心业务流程全面数字化
喜梦宝	信息化智能车间
好莱客	AI人工智能设计平台、数字化智能工厂
林氏家居	基于数字化工具研发行业趋势，开发高质量产品
尚品宅配	BIM整装数字化系统
红苹果家具	数字化量智能化生产车间

（2）慕思数字化工厂介绍

慕思健康睡眠产业基地占地320亩，拥有套床数字化工厂、床垫数字化工厂、自动化成品立库、自动化物流中心等，是目前国内规模较大、工艺先进的软体家居生产基地，如图2-18所示。

床垫数字化工厂生产区是从一楼到四楼完全打通的智能立体仓库，机器将围条、弹簧等物品送到指定楼层，智能机器有床网弹簧机、自动成型串网、自动围边

图2-18　慕思健康睡眠产业基地

机等。慕思床垫智能组装完全采用流线化作业，立体库能根据生产信息自动进行物料调配，将一、三、四楼生产好的配件一起输送到二楼相应的产线进行组装。二楼智能组装车间共有6条生产线，完全采用流线化作业，产品落地不交叉、不迁回，工序之间设置合理的缓存，调节平衡。只需提前输入生产信息，智能化设备就能实现复合层填充、自动喷胶、围边FQC检验、包装、入库等工序。数字化工厂部分生产区如图2-19所示。

产品自动化生产线是慕思超级智能工厂的骨架脉络，CNAS实验室则是慕思产品质量标准的中枢神经，品质的控制必须在严苛的标准下实现，各项标准的制定离不开慕思的CNAS国家实验室，CNAS实验室硬件和软件总投资8000多万元，总共可测试项目约600项，其中包括纤维含量检测、起毛起球测试、织物强力测试、床垫边部耐久性测试等。慕思实验室作为全国家具标准委员会、全国纺织标准委员会委员单位，参与了国家

图2-19 慕思床垫数字化工厂生产区

床垫软硬度分级、床垫贴合度评价方法等30多项行业相关标准的制定。

该中心2010年投入建设，2015年获得CNAS中国合格评定国家认可委员会认可，是软体家居行业较早成立并具备自主检测资质的实验室。

（3）慕思数字化工厂生产流程

工人到达慕思数字化工厂车间，登录MES系统查看当日加工任务，完成生产前准备，呼叫物料开始生产；通过自动化物流设备再井然有序地把物料调送到各个机位，经过系统识别后，自动上机、开料、下料。

生产过程中，每一个独立部件或产品均拥有标注"自我状态"的独立身份标签，防伪的同时准确记录着生产过程中的各项信息，生产数据采集、制造过程管控和运营决策分析工序生产完成后，通过RGV自动把产品运送到指定地点下线，结合自动化仓库进行物料自动扫描、上架和入库。集成中控室里，屏幕上不断跳动着实时生产任务完成情况、产品品质情况、设备运行状况等。

（4）慕思数字化工厂5G数字技术

从2021年开始，中国电信助力慕思打造数字化智慧工厂"5G能力"，通过5G信号全园区覆盖、边缘计算下沉，实现5G+智能智造，实现生产设备运行状态、工业参数的云端统一管理，完成生产设备的网络化、智能化改造，推进智慧工业园区数字化管理、智能传送、数字孪生等场景应用，减少人为干预，大幅度提升床垫、床套工厂自动化生产效率。

基于5G的机床数据采集能实时监测、采集套床厂区内数据、追踪生产订单完成情况、挖掘异常数据，实现生产计划可视化、数字化、编排智能化、柔性化，极大提升生产管理能力和效率。车间内的5G+AGV、RGV智能物流系统，实现了仓储到生产线自动化搬运，减少人员工作强度，既节省成本，又安全高效。5G数字孪生技术，实现不停工情况下完成对生产线的改造，大大节约时间，提升慕思健康睡眠产业基地柔性化生产效率。

（5）慕思数字化工厂优势

对于床垫到套床再到出货的物流系统和立体仓库，床垫数字化工厂已经全部实现了数字化的打通，直接降低工厂对人工的依赖程度。在半自动化的床垫组装车间，机器数量已经超过了人的数量。目前有些工位还没有办法完全用机器替代，但产能提升了30%～60%，每张床垫的成本下降9%～59%，工人人数则减少近90%，厂房一楼的车间用工从500个工人变成70个工人。传统需人力对沉重的床垫进行抬高、翻转的动作都由机器进行，尽管输送架上都是比人高大的床垫，但男女工数量相当，均匀分布在各个操作口。对于劳动力相对密集的软体家具制造业来说具有极为现实的意义。

慕思床垫数字化工厂，运用数字化系统集成，整个车间实现从排产、生产、物流、存储、数据采集等主要流程全自动化、可视化、全数字化，成为中国家具制造行业自动化程度较高的生产车间之一。

（6）慕思数字化工厂发展与竞争力

慕思工业4.0数字化工厂，在2015年就开始进行战略布局，自创立之初就发力高端市场。当时，全世界的软体行业没有任何企业去做这件事。慕思选择整合量身定制技术、人工智能技术、人体工程学、睡眠医学，引进包括太空树脂球、排骨架等制造材料和技术在内的睡眠系统，打造智慧睡眠系统，自主进行产业转型。具有大规模个性化定制智能制造新模式，能快速响应客户个性定制化需求，通过智能制造提高效率，增强企业综合竞争实力，引领行业的转型升级。

产品研发上，不同于市面上的智能床垫产品，它们大多停留在通过传感技术，对用户的睡眠数据进行管理与健康服务，慕思智能床垫主要原理是通过床垫智能控制系统，利用AI检测人体数据，实时精准监测睡眠过程，并通过WI-FI与慕思云端人体工学数据库相连，调节床垫软硬度，同时控制智能空调，实现不同睡眠周期下的智能温度调控。同时，将科技与睡眠相结合，运用"黑科技"让人体各部位与床垫柔性贴合，通过慕思睡眠大数据来匹配睡眠参数，智能调节出适配人体体征的床垫软硬度，增加深度睡眠时长，使健康睡眠从愿景变为现实。

案例总结

根据马斯洛需求层次理论可以把中国市场分为三个消费阶层，且每个消费阶层是不断升级变化的过程。温饱阶层对于产品的需求是性价比，中产阶层追求的是差异化、人性化的服务，而富裕阶层追求的是个性化的需求和自我价值的实现。最近5年，中国的中产人群越来越壮大，更有利于促进高端品牌发展。品牌如何高质量发展、成为高端品牌是中国的课题，从慕思的方法论可以得到如下启示：

①慕思抓住了数字化的"风口",生产线的设计、设备的定制、控制系统的开发,开启全新私人定制化之路,慕思利用智能制造,突破传统家居行业因依赖工匠、手工、非流程化而出现的产量少、价格高、成本高的障碍。

②数字化赋能创新,创造新市场。慕思通过跨界整合创新,打造先进的健康睡眠系统,重新定义行业,建立慕思智慧睡眠生态,满足消费者日益增长的睡眠需求,使得慕思与"健康睡眠"的品类画上等号。

③利用数字化方式创造了行业的营销标杆。慕思曾在30天时间里发动全员营销,开辟三条战线,实现了15万个订单的战绩,营收甚至超过了前一年同期。如今,线上线下共同发力、私域流量和公域流量相融合已经成为慕思的品牌新法则,开启了家居行业的新零售时代。

国家发改委2022年发布的《关于数字经济发展情况的报告》指出,当前,我国产业数字化转型提挡加速,要深入推进企业"上云用数赋智",加快推动工业互联网、数字商务、智慧农业发展,促进传统产业全方位、全链条转型升级。不过,报告也明确,中小企业数字化转型相对滞后,目前家居家装行业只有10%的数字化率,相对来说数字化程度较低,改革主要集中在头部企业。

一方面,数字化转型需要长期的资金投入,部分中小企业担心转型试错成本高,存在"不愿""不敢""不会"的困境。另一方面,数字化转型有一定门槛,需要不断提高数字化转型服务商的能力,提高中小企业的对数字化未来的危机感和认知程度,才能帮助它们实现轻量、精准的转型。在此背景下,以慕思股份为代表的制造企业,通过加快深化产业数字化转型,释放数字对经济发展的放大、叠加、倍增作用,不仅实现制造到"智造"的转变,慕思的成功给了行业的其他品牌进行生产数字化全面改造的信心。慕思工业4.0数字化工厂,为行业转型升级提供了一个新范式。慕思股份的数字化转型,为一度遭遇瓶颈的软体家居行业打开想象空间,更为越来越多的中小制造企业提供了可以借鉴的数字化样本。

已经实现"换道超车"并建起了品牌的"护城河",如何成功跑到终点?短期来看,投建一个智能化、数字化、柔性化的以工业4.0为创新驱动的数字化工厂,投入和耗资巨大。与同行业国际一线品牌相比,慕思在市场份额以及年度总营收、利润率等方面仍有较大差距。

从未来全球市场预判,中国的家具寝具行业品牌一定会走出国门,参与全球竞争。以中国市场为大后方,持续对供应链、生产制造等产业链升级,形成中国制造的核心优势。

2.3.3.2 家具企业生产运营管理案例

（1）组织结构

企业在实际运营管理模式方面建立了更加稳定且完善的组织架构。通过层层化的制度制定以及有效的质量管理制度，使公司在发展的过程中朝向了更加健康稳定的方向。企业的组织结构是企业运营管理的重要模式，管理人员可以展现不同部门之间的职能关系和关联性。框架结构的完整性也能给企业带来更有效的管理和运行机制。所以整体的组织效率来源于此，这种架构的建设也决定了企业是否能够呈现更加健康的方向。A公司目前的组织架构是以直线职能制为主，通过公司的总经理对整体工作进行筹划和规定。在制定战略化政策的基础上，按照生产、销售、财务等不同部门分类，详细结构情况如图2-20所示。

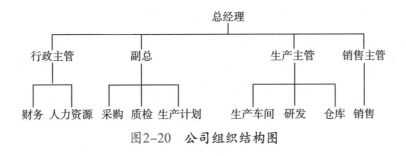

图2-20　公司组织结构图

A公司目前所采用的组织架构就是以直线职能制为主，相关管理人员和实际一线工作人员之间的有效分类一般是以直线领导人员和职能机构人员两者为主。前者按照整体组织当中的有效规则，通过统一命令的方式行使指挥权。而后者则是按照专业化的职能，从事企业当中的各类专业职能管理工作。这种方式可以使不同人员之间拥有不同的管理职责，而上级对自身下级的相关工作人员有更直接的指挥权，并对部门的所有工作负责。除直线指挥的相关人员之外，管理人员并不能对其他部门发号施令，仅局限于目前自身的各类直线业务的指导。

在实践标准化、程序化运作的过程中看重制度的相关要求，以标准化、规范化管理为依据，但是目前的组织机构管理现状还不够理想，出现了许多误区：

①A公司标准化专项作业人员的工作能动性不足，对现场工作的理解认识还不够充分，没有严格按照相关工作作业指导的相关要求，而是进行简单的操作。整个作业流程较为复杂，管理人员没有站在基层的角度了解目前的岗位以及工作人员的工作现状，无法发挥一定的指导作用，同时忽略了对外部意见的分析以及吸收。

②A公司在要求上过于注重对禁止性动作的描述，忽略了对作业步骤以及做法的全面概述以及指导，因此出现了许多行为误区以及偏差，大部分评估工作直接以简单的介绍讲解以及分析为依据，出现了空谈讲解、脱离实际的问题，不能为后期的管理实践提供参考依据。整体流程往往按照一种流程进行，员工无法真正按正确操作步骤进行作业，当实际操作流程发生变化后，没有对相关问题进行及时有效的反馈并进行修改。对此，管理人员需要关注这一实际问题进行总结与反思。

（2）生产计划

定制家具中规模最大的品类为板式定制家具，占据了定制家具市场近一半的份额，其市场竞争更加激烈，客户需求要快速响应、产品质量要求高、交货周期短等，最终转变为企业信息化水平的竞争。企业存在订单排产难度大、重要生产信息传递方式落后、生产计划与调度不足和生产状态反馈性较差等问题。

公司的生产计划连接着生产和销售两个不同部门，所以在供应部门的支撑下才能完成生产活动。采购部门还需要购买原材料，这是所有生产计划和任务按规定时间完成的最基本支撑。没有科学合理的生产计划指导，所有的生产系统都会是一团乱麻。按照目前A公司所制订的生产计划和情况来看，生产和供应以及销售等各个部门之间很难真正有效结合起来。大部分部门都会考虑到自身的发展情况，无法从更高效率的角度完成科学有效的沟通。在制订生产计划后，还有可能因为原材料欠缺等多方面问题而造成拖延执行的现象。

（3）库存管理

企业管理离不开有效的库存管理，这种管理也是控制库存，使其保持高效率运作的有效方式。严重的库存过剩或过少都会给企业带来更加严重的影响，库存的持有成本过高时，很有可能造成场面失控。由于家具种类繁多，库存区域有限，A公司按照不同家具种类的需求量对库存比例进行了粗略的设定。但公司现有库存与销售情况不呈正比，不同时间、不同季节所对应的公司的销售情况不一样。A公司产品品种较多，成品库存及每种产品所需配件库存各不相同，对A公司2022年8月现有不同产品种类库存和主要配件沙发脚、升降器、靠背架、弹簧、枪钉等库存数据统计见表2-13和表2-14。

表2-13　A公司2022年8月不同产品种类库存　　　　　　单位：件

产品型号	沙发A	沙发B	沙发C	座椅A	座椅C
库存数量	20	50	40	100	80

表2-14　A公司2022年8月主要配件库存　　单位：个

产品	沙发脚	升降器	靠背垫	弹簧	枪钉
库存数量	406	63	49	389	531

从目前的数据来看，A公司缺少先进的信息管理系统，不能及时掌握库存数量配比信息，不能很好地反映给生产部、销售部，使得不同型号产品配比不均，导致畅销产品配件库存较少，而其他型号产品配件库存占用时间长。

（4）质量管理

A公司实际运营和生产时所涉及的各类部门基本上涵盖了采购和质检以及销售等多个不同方面。其中，质检工作涉及企业生产流程中的产品质量检测，通过正确质检，保证产品生产符合国家或企业需求。另外，A公司在长期的发展过程中，更加重视成本领先战略，在一定程度上提高了企业的整体运行效率，并帮助企业获得更强的竞争力。公司所设立的发展目标是以降低生产成本为主，而这一目标的设置与企业的所有生产活动息息相关。在降低成本和提高效率两者的共同影响下，所有的生产关键点都需要协同配合。

A公司内部存在诸多问题，如监督机制不完善、内控制度不完整、高层管理人员质量管理意识不强等。实际上，A公司曾经多次开展过质量管理方面的大检查，但是由于缺少完善的监督机制，监督管理流程不健全，导致质量管理检查工作流于形式。

另外，A公司的高层管理人员管理经验不足，特别是对于质量管理重视程度不高。公司的质量管理体系也尚未构建出来，没有办法保证生产质量在组织结构中的规范性，也没有办法对产品的生产质量进行有针对性的控制，导致生产监督制度和实际工作存在很多不相符之处，所以质量管理问题也就产生了。

A公司生产运营管理策略改进

（1）组织管理的改进

A公司目前的采购和质检这两个部门之间有效合并，可以使其中的信息共享度增加。通过双方的有效协调，也可以缩短单据审核等多方面的时间，进而推进活动执行的力度。采购部门可利用生产部门的仓储信息，提前制订采购计划并做好准备。从部门合并之后，采购的方式和流程有效缩减，也能在一定程度上降低物流或采购方面的费用。采购次数减少或批量增大也能降低原材料的成本，通过和供应商之间正确沟通，能够在最低原材料价格的情况下购买原材料。

此外，企业还需要建立更加完善的规章制度，无论哪一环节都要从决策层入手，与一线工作人员相结合，明确职权，防止出现多头管理现象。包括以下几个方面：推进过程绩效开展量化管理、建立项目责任制的绩效模式、坚持例会制度。

生产运营管理过程中需要做到"持续改进"和"全员参与"，这两项要求必不可少。员工并不是简单执行工作命令，而是起到了更加重要的决策和监督管理作用。所有员工都需要提出自己的意见，所以公司需要建立正常且顺畅的沟通渠道。小组成员在会议上可以对前一周实施情况和当前遇到的问题进行讨论，同时对后续工作安排提出建议，如果讨论通过，则由整个团队实施。方案由团队成员提出，所以他们的执行度也会更高，而且在工作中也会有更清晰的思路。

（2）生产计划的改进

市场化发展更注重个性化需求，越来越多消费者对常规产品的需求有所缩减。企业需要不断投入大量人力和物力在新产品的研发上，进而满足客户的实际需求。在这种影响下，企业的大多数产品开始走向更复杂的方向。越来越多的影响要素，使企业的生产成本有所增加。而对于A公司来说，对生产计划方面的安排，要以降低运营成本为基础，在更加完善且合理的发展思路下缓和所产生的问题。通过促进销售和节约成本的方式来增强企业的综合竞争力，使企业在市场中有一席之地。

A企业可以通过结合公司的实际对生产运营体系进行完善，优化生产计划。这是提高转化效率最有效的方式，同时也能提高公司的整体盈利。按照A公司生产计划制订的实际情况来看，生产计划制订需要考虑到以下几点：重视节约成本的理念、提高客户满意程度、最大限度利用产能、降低库存数量。

此外，A企业还可以提高销售预测成功率和准确率的方式，对企业开展销售预测管理。主要方法有：总结销售规律；探讨往年同期市场销售情况；正确解读政府政策。

（3）库存管理的改进

按照A公司目前的情况，需要完善库存管理制度，主要包括建立有针对性的绩效考核。应该从两个方面开展库存管理人员的绩效考核：一是考核库存管理人员在工作中的表现，包括在工作过程中表现出来的积极主动性，问题处理的及时性，以及对于客户的服务态度等，通过考核来为绩效成绩的评定提供参考。二是库存管理人员的工作结果，包括采购计划制订是否及时、准确，日常工作的工作效率，以及库存目标达成率等，按照工作结果核算工作人员的薪酬和奖金。为了保证绩效考核评价的准确性，需要对关键评价指标进行制定，涵盖库存管理效率、质量、成本等关键的衡量指标。

供应链管理是企业与企业之间进行战略协同发展的重要方式，并能更清晰地展现企业职能，使所有的工业和管理效果达到最大化。供应链当中的每一个环节涉及不同的供应商，产品或服务的正常交付需要所有供应商之间的密切配合。所以对供应商进行有效管理是采购活动当中的必要因素，考虑和管理的内容涉及价格、质量、供应商的声誉等多个不同方面。为此，A企业在对供应商进行选择时，需要对产品或原材料进行详细说明，并通过竞标等多种方式完成采购，见表2-15。

表2-15　选择供应商的要素

要素	典型问题
质量与数量保证	供应商用什么程序进行质量控制和质量保证？
	质量问题及纠正措施有文件证明吗？
	为判断和改正货物不符合的原因做过调查吗？
柔性	供应商面临数量、交付时间与产品改变时，灵活性如何？
区位	供应商地址
价格	供应商对既定商品组合的报价合理吗？
	供应商愿意联合起来共同降低成本吗？
信誉与财务状况稳定性	供应商信誉如何？
	供应商财务状况如何？
其他	供应商能提供的提前期是多少？是否带来其他买主？

不同影响要素下，供应商的重要性也会发生变化，所以每一个细节和要素所具备的权重并不完全相同。按照不同的产品情况了解产品效能，在针对不同供应商的状态下分析潜在的供应商。为了实现企业与供应商双赢合作，企业可以给予供应商合适的折扣或柔性合同，还可以利用赠送股权等多样化的方式，与供应商之间共同协作成长。在加强信息交流的情况下降低投机行为，并使得重要的生产信息能够自由的流动开来，进而达到双赢效果。

（4）质量管理的改进

对生产状况进行持续性改进，是全面质量管理过程当中的重要环节，这种改进可通过执行PDCA循环来实现。对于A公司来说，持续性的改进是推动公司发展的关键。所以，在保障公司的全面质量管理时，要从根本入手选择现代化的改进策略及方式。构建更加有效的改进机制，才能保证全面质量管理体系符合标准。

PDCA循环为：计划（Plan）、实施（Do）、检查（Check）、处理（Action）。这四个阶段并不是单向独立进行的，而是全面质量管理过程中不断重复交叉执行的。它是组织在发现问题和解决问题中，使质量管理水平一直呈现阶梯状提升的过程。详细且具体的实施过程如下：

P阶段：生产过程当中一旦发现问题需要及时分析原因。了解原因才能从本质上制定更加完善的策略，而这些策略也要与关键性的影响要素结合起来。通过制定需要达到的标准，推入到具体的实施阶段。

D阶段：按照第一阶段的计划方案，需要在制订计划的基础上，使计划落到实处。所以在这一结论当中需要严格执行所有活动当中的真实数据，通过有效的技术职能，并对活动数据进行真实准确的记录，保障这一环节的可靠性。

C阶段：按照具体的实施结果和预期的内容进行比对，了解产生的结果和之前评估的标准之间的差异性。充分分析未能达到标准的原因，并按照原因探讨预期结果。在分析实验数据的情况下，将所有内容固化成有效的标准。

A阶段：对方案进行有效完善并不断地修改是这一阶段最重要的工作内容。所有员工都需要参与到整个循环当中，并充分了解过程，充分利用这些过程。

在解决问题的过程中，PDCA循环可以通过大循环和小循环嵌套的方式运转。每一个处理和实施以及计划的阶段，都有可能产生其他不同的问题。这些问题利用嵌套的方式，可以在不断运行解决的过程当中推动下一个循环工作。PDCA质量循环的生命力是利用不断改进的方式所获取。所有工作都有更明确的起点，但工作的循环并没有终点。循环存在的本质是对现场的生产情况进行更真实的反映，并将状态展现出来。

质量管理的根本是控制人的能力，这是质量控制的核心内容。所有的企业管理活动都需要人的参与，质量管理工作并不只是领导的责任，所有员工参与进来，才能达到事半功倍的效果。员工的参与能从更深层次发现并解决问题，因为大多数问题来源于员工。在加强员工培训时，他们深入参与进来后，也可以更好地帮助员工提升和树立自信心。A公司现有的各类质量管理人员基本是以一线员工晋升之后的管理者为主。这些人员虽然有更多的一线经验，但他们并未受过更多系统化的培训和管理。因此，需要对员工进行有效培训，开展企业文化培训和专业化技术培训。通过企业文化可以让员工拥有家的感觉，真正将公司作为自己发展的重要平台。一线员工可以为公司不遗余力地献计献策，才能让公司拥有更强的生命力。而质量管理人员可以有较强的热情投入工作中，可以帮助一线员工解决更多问题，并在质量管理方面做出更加严格且规范的管理策略。

案例总结

本案例在A公司的生产运营管理完善过程中，只针对生产计划、库存管理、质量管理等方面进行优化，改善后的系统仍然有潜力可挖。精益理论的应用可扩充到销售、项目管理和研发等全管理生命周期，不断优化整个管理执行过程。

生产运营管理是企业管理中必不可少的一部分，而且影响整个企业的未来发展。对所有企业来说，发展方向最重要的就是能够实现供应和需求方面的充分配合。企业的供应浪费很容易造成资源浪费，甚至会让消费者更为不满意。而供应端最主要的职能就是使运营和供应两者之间有效协调，并保证市场的基本需求。在这一环节中，销售部门需要对顾客的需求做出有效评估。在销售和推销产品的过程中，了解消费者的实际使用情况，从根本入手，改善产品的销售现状。而运营部门主要负责产品的生产和各类服务的组织和运营。企业在控制产品性价比的过程中，需要降低成本，并加强不同环节的质量控制，有效更新技术并结合自身核心竞争力，使顾客享受更高级别的产品或服务。

2.4
家具企业制造战略制定的永恒主题

家具制造企业制造战略的永恒主题是"优质、高效、低耗、绿色、安全"。"优质"体现的是产品的精度、质量、可靠性，是制造产品和提供制造服务的首要要求；"高效"体现的是制造和服务的时间最短和效率最优；"低耗"体现了对制造综合成本控制，生产过程能效最佳，产品和服务性价比最高，最终决定了企业的竞争力；"绿色"体现了制造与环境、生态的友好和谐，通过降能节材、清洁生产、减少排放等，实现可持续发展；"安全"体现了对生产者人身安全和身体健康、各种资源和财产安全的根本要求，是生产活动的基本保障。

家具企业制造战略的三大理念：可持续发展、以客户为中心、精益生产。

（1）可持续发展

企业可持续发展是指在企业发展过程中既能够实现企业经济绩效又能够实现对社会环境的保护以及社会责任的履行，达到经济效益与社会效益的平衡状态。现代家具企业的可持续发展绩效包含了企业财务绩效以及社会责任履行两方面的因素。

可持续发展的理念要点在于：环境保护、人的生存、发展。J. G. Spath认为："可持续发展就是转向更清洁、更有效的技术——尽可能接近'零排放'或'密封式'，工艺方法——尽可能减少能源和其他自然资源的消耗。"这就是人们常说的"绿色制造",也称为环境意识制造、面向环境的制造等。它要求在产品的制造、使用到报废整个过程中不产生环境污染或环境污染最小化,符合环境保护要求。对于一个制造企业而言,要做到这一点,需要从产品的全生命周期去考虑,其源头是设计。智能制造(SM)应该是基于面向人和社会"可持续发展"哲学的能够导致持续增长的制造发动机。企业的发展能力体现了其未来的成长状况和发展潜力,现代社会对于企业发展提出了更高的要求,企业不再只以盈利为目标,更要注重达到环保等社会责任履行与经济效益提高的双赢目标。

(2)以客户为中心

以客户为中心是企业存在的根本理由,甚至是唯一理由。德鲁克探讨的企业存在的理由是创造客户。在他看来客户原本是不存在的,是企业和企业家通过对市场与客户需求的洞察做出产品和服务而创造了客户和市场。而迈克尔·哈默提出以客户为中心的本质是创造客户价值。创造客户价值的本质是成就客户,让客户成功,帮客户赚钱,不是厂家以自我为中心去赚客户的钱,也不是厂家以利润为导向追求利润的最大化,而是追求利润的适量化,在成就客户的同时获得合理的利润。

客户需求导向是贯穿于市场、研发、销售、制造、服务等公司的全流程的,企业的全业务流程都必须以客户需求为导向,以客户为中心是一个企业不断变革、动态管理、持续改进的过程。以客户为中心的内涵有四个方面:以客户需求为导向;要为客户交付高质量的产品和服务;要快速响应客户需求;要实现端到端的低成本运作。

战略制定的基本目标是零库存、高柔性、零缺陷,以客户为中心。在价值实现上,由传统的以产品制造为核心,向能够提供具有丰富服务内涵的产品和依托产品的服务转变,直至为顾客提供整体解决方案;在作业方式上,以人为中心,强调客户、作业者认识和知识融合,实现个性化生产和服务;在组织模式上,更关注不同类型主体相互通过价值感知,主动参与到服务型制造网络的协作活动中,涌现出具有动态稳定结构的服务型制造系统;在运作模式上,强调主动性服务,为上下游客户提供生产性服务和服务性生产,协同创造价值。以实现现代家具制造企业的可持续性发展。

(3)精益生产

精益生产是由手工艺生产逐渐演变而来,如图2-21所示。1990年,麻省理工学院在《国际汽车计划(IMVP)研究报告》首次提出精益生产概念,是从丰田生产方式(Toyota Production System)到准时化生产方式(Just In Time)而逐渐演变过来的。其中"精"在于少而精,不投入多余的生产要素,只是在适当的时间生产必要数量的市场急需产品(或下道工序急需的产品);"益"即所有的经营活动都要有益有效,具有经济性。

精益生产就是要在各个区域排除浪费,包括客户关系、产品设计、供应链,当前对

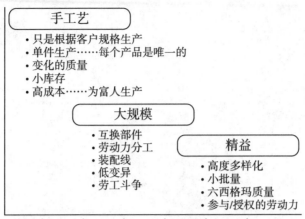

图2-21　精益生产的产生与发展

浪费的种类进行总结有：生产了顾客不需要的产品而造成的库存；需要纠正的错误；不必要的工序；员工的盲目流动；货物的盲目运输；工序配合不当造成的等待；产品和服务不能满足消费者的需求；缺乏员工的参与。归纳造成浪费的原因为超负荷，即超出机器或人员能力限度之外、工作计划不均衡造成的波动、工艺方法的落后。因此，精益生产的基本原则就是在正确的时间以适当的价格为客户提供所需要的产品或服务。其目的就是在于以更少的人力资源、更少的库存、更少的时间、更少的空间来生产产品，以快速响应客户需求，以最经济有效的方式保证产品的高质量。其基于时间的策略有：缩短从概念形成到产品研发上市的时间；缩短接受订单到产品交付的时间；缩短反映顾客需求变化的时间；缩短产品交货或履行服务所需的时间。

本章思考题

1. 生产运作战略的类型有哪些？

2. 简述企业经营战略的定义。

3. 简述家具企业经营战略的选择。

4. 简述企业生产与运作战略的形成过程。

第3章

现代家具生产与运作系统

学习目标 ▶

  了解业务流程的概念和企业流程的基本类型；掌握现代家具企业业务流程；了解先进制造技术在家具企业的应用和家具工厂选址与车间布置的方法。

  生产与运作系统是由人和机器构成、能将一定输入转化为特定输出的有机整体。一般包括人、厂房、物料、过程、计划与控制等要素。随着科学技术的发展，特别是信息技术和计算机技术的飞速发展，给企业的生产运作管理带来前所未有的变革。在竞争激烈的市场中，生产运作管理系统作为企业的一种核心能力，直接影响企业的核心竞争力。当前，生产运作管理理论已经日趋完善，一些跨国公司的生产运作管理系统已经发展到精益化生产的阶段。研究并探讨家具企业的生产运作系统的优化和重构，对于提高企业的生产运作能力，建立企业的核心竞争能力，具有现实指导意义。

3.1
家具企业业务流程设计

3.1.1 业务流程概念

业务流程（Business Process）的产生是社会分工的结果。人类社会发展至今，经历了多次社会分工，第一次大分工使得畜牧业从农业中分离出来，形成了农业和畜牧业；第二次大分工使得手工业和农业分离，形成了手工业；第三次大分工出现了专营物资买卖的商人阶层，从而形成了商业。其中社会分工所形成的手工业是企业的萌芽，随着生产力发展，在手工业的基础上产生了新的生产组织形式——手工业作坊；具有同样技术的作坊构成一个行会，不同行会具有不同的技术，从而导致不同产品的生产。通过分工，出现了不同的职业，如木匠、铁匠、纺织匠、裁缝等。概括来说，产业的形成导致职业的出现，继而形成了流程。

随着各个领域和行业的不断发展和实践，业务流程的定义也在不断发展和丰富。葛星和黄鹏认为流程是一组为客户创造价值的相关活动。Scheer教授认为业务流程是一组以生产为目的、前后相关的企业活动，其出发点和结果均是一种由内部或外部客户所要求和被接受的产品或服务。ISO9000对流程的定义是将输入转化为输出的相互关联或相互作用的一种活动。换而言之，流程是形成产品和服务价值的步骤和程序，企业流程的目的是规范企业的业务运作，并且可以不断总结和固化优秀的经验。

业务流程的要素也在不断丰富，大致可分为内部要素和外部要素，见表3-1。随着不同领域和行业的深入实践，这些要素都逐步融合起来，不断完善业务流程的构成。

表3-1　**业务流程要素**

内部要素	活动、活动逻辑关系、输入和输出、人员、资源、技术、设施等
外部要素	客户、目标、衡量指标、价值等

虽然随着行业的不断发展，业务流程可能包含许多要素，但一般流程都有六个基本要素，包括：流程的输入、活动、活动关系、输出、价值、客户，如图3-1所示。客户：流程的目标客户；价值：流程为客户创造的价值；流程的输入：人、物、技术、

信息等的投入，是流程的前置环节，是
启动流程之前需要提前完成的准备工作；
活动：为了产出结果在流程中涉及的活
动关系：活动之间的流转关系；输出：
流程输出的结果，是流程的目标。

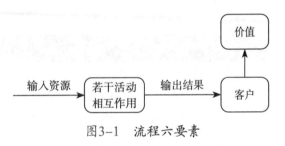

图3-1　流程六要素

　　业务流程主要具有六个特性：目标
性，流程要有明确的输出任务或者目标，如生产一件产品或提供一次客户服务等都可以
作为流程的目标；整体性，即流程至少包含两个活动，输入资源在若干活动的流转间
输出结果，至少有两个活动才能建立结构；层次性，即流程中的活动可以视为"子流
程"，可以继续分解成若干活动；结构性，流程通常呈现某些结构，并且有多种表现形
式，如反馈、并联、串联等，通常，结构的表现形式会影响流程的输出效果；动态性，
流程是一个动态的概念，由一个活动到另一个活动按照一定时间顺序展开；内在性，即
任何事务和行为都包含流程。

　　"工欲善其事，必先利其器"，在当今现代化的企业里，流程管理正在被越来越多
的管理者作为"善其事"的"利器"。许多世界500强的企业都在内部建立了非常完善
的流程体系，实施着较为严格的流程管理。业务流程作为生产与运作的基础，它的设计
优劣与是否适时改进，直接决定企业效率和竞争力。

3.1.2 企业流程的基本类型

　　由于各企业的性质和产品具有较大差别，流程分类也不尽相同。一般大体上可分为
经营流程和管理流程两大类，具体又分为销售流程、采购流程、财务流程、仓储流程、
人事流程、生产流程、技术流程、质量流程和售后服务流程等。家具企业流程基本类型
及细分项目见表3-2。

表3-2　家具企业流程的基本类型及细分项目

流程类型	细分项目
市场营销流程	市场调查、市场需求、客户管理、销售预测、市场策划等流程
销售管理流程	销售计划管理、销售渠道管理、客户管理、报价管理、合同管理、订单管理、库存管理、销售人员管理、回款管理等流程

续表

流程类型	细分项目
设计开发流程	立项、设计、验收、评审等流程
采购管理流程	供应商管理、原材料检验等流程
生产管理流程	产能计划、主生产计划、物料需求计划等流程
物流管理流程	供应商订货查询、进货检验受理、退货管理、客户订货查询、出货检验受理、配送管理等流程
服务管理流程	服务请求、服务过程、服务质量等流程
质量管理流程	质量培训、分供方管理、质量成本管理、材料入库检验、成品入库检验、质检设备检测、残次品处理等流程
财务管理流程	应收款管理、应付款管理、出纳管理、工资管理、成本管理、固定资产管理等流程

3.1.3 企业业务流程设计与重构

业务流程设计是企业业务流程管理中一个最重要的环节，直接影响流程实施的效果。业务流程设计是根据企业内部的现状和外部环境变化，设计和调整现有业务流程，主要包括两个方面：一是研究现有流程运行情况，分析每个过程的合理性；二是根据现有流程调研情况，对业务流程重新设计和调整。业务流程设计范围广泛，覆盖了市场预测、研发设计、供应链维护、生产制造、售后服务和品牌营销等方面企业运营的整个过程。业务流程设计的最终目的是通过对调研情况的分析，制定自身业务流程实现目标，建立有利于创造价值增值的流程管理模式。

企业设计业务流程需要掌握系统化思想，即通过整体运作的分析，构建出一种系统一体化的业务流程设计方法。企业只有掌握这种思考方式，才能提升整体运作的质量。系统分析能够完成组织预定目标，而且在分析过程中企业可以掌握流程在组织、结构及技术方面存在的不足，明确潜在的改进领域。通过业务流程设计，企业能够决定业务流程各个环节的具体运行方式、分派何人负责、需要何种支持等问题。在具体业务流程设计的操作中，要采用专业化的流程设计方案，有利于企业面对挑战，提高核心竞争力，通过业务流程创造更多利润。

家具企业生产流程设计基本过程包括：明确流程设计的性质、目标和涉及的主要对象；记录实现产品和服务的所有步骤及其功能；记录完成各步骤所需的时间、人员等资源占用；按先后次序衔接所有步骤，绘制出流程图（表），家具企业绘制流程图的一般标识见表3-3；根据流程图建立流程，同时进行相关安排。

表3-3　家具企业流程图的一般标识

标识	含义
▭	任务（一般都带有说明性质的内容）
○	加工操作，如开料、封边、钻孔、分拣等
⬭	检查（数量和质量）、阅读（数据和文本）
⇨	传送、搬运；包括运输、传递、携带等
▽	库存，原材料、在制品、成品、资料等的储存
⊳	延迟，人员等候、物料、文件待处理
◇	决策，判断并引导其后流程的不同路径

　　企业要优化和改进业务流程，首先要分析现有业务流程，一般可从以下几方面入手：摸清不同活动的类型，对流程活动进行区别对待，企业流程设计的主题是客户和增值，因此"浪费"活动应去除，非增值活动应缩短，增值活动应尽量改进；分析瓶颈问题，即哪些是影响流程效率的关键，比如能力、质量、计划、供应链、不确定性等；善于从流程的角度思考问题，细致分析并针对存在的问题改进：

　　①现有流程中各个环节是否都是必须的?有没有取消的可能?

　　②在不能取消的环节中，是否有可以合并的环节?

　　③进行取消和合并需要具备什么条件? 能否达到?

　　④环节顺序能否进行重排? 如能否将串行改变为并行?

　　⑤是否有可能采用新方法、新技术使流程环节操作得到简化?

　　受劳动分工理论的影响，传统组织分工非常细致，一个流程往往跨越多个部门，需要多个环节的人力、物力、财力把工作连接起来，整个过程烦琐而费时，组织为此要付出高昂的代价，并且每个环节都有可能出现问题，因此，需要对流程进行重组。关于业务流程重构（Business Process Re-engineering，BPR），1990年，Michael Hammer教授在《哈佛商业评论》上首先提出了此概念，业务流程重构是指通过对业务流程现状的分析，对其进行彻底性的重新设计，促进业务流程的有效运行。业务流程再造强调要以顾客需求为中心，对过去的组织管理模式、运行机制和相关组织构成要素进行彻底性的重新设计，以实现生产的人性化和服务主导性。

　　不同性质的企业实施BPR的方式不会完全相同，企业需要结合自身竞争策略、业务特点、技术水平等方面选择不同类型的BPR。一般来说，可以将BPR分为三类：功能内，指对职能内部的流程进行重组；功能间，指在企业范围内，跨越多个职能部门的流程重组；组织间，指发生在两个以上企业之间的重组。家具企业流程重构类型见表3-4。

表3-4　家具企业流程重构类型

类型	细分
实施范围	部门内 部门间 企业间
流程层次	战略层 管理层 经营层
信息技术	以信息技术为支撑（采用商品化软件/自行开发管理软件） 以计算机技术为支撑（业务改良流程）

为了对流程做出更合理的规划，提高生产效率和企业竞争力，家具企业流程重构一般遵循以下指导原则：以增值为目标，尽可能压缩非增值环节；以市场为导向，一切围绕顾客需求与目标；以流程为基础，一切面向流程；流程决定岗位、组织设置，而不是部门组织决定流程；流程选择信息技术功能，而不是功能制约流程设计。

企业进行BPR的具体做法如下：允许同一工作以不同的方式进行；重新组合任务，进行可行的任务合并；发挥团队作用，提倡自我管理；采用先进技术，构建公共信息平台。

通过科学有效的流程重组，企业能打破传统的科层制管理，建立面向客户、快速响应市场变化的新型经营管理模式，从而提高核心竞争力。

3.1.4　案例分析

3.1.4.1　数字化工厂智能制造和智慧物流建设

索菲亚家居股份有限公司是一家主要从事定制柜、橱柜、木门、墙地一体、配套五金、家具家品、定制大宗业务的研发、生产和销售的公司。目前公司建立起覆盖全市场的完善品牌矩阵，分别是：以中高端市场为目标的"索菲亚"，以高精人群为目标的"司米"和"华鹤"，以大众市场为目标的"米兰纳"，形成集团内部相互呼应的产品研发和供应体系，覆盖衣橱门全品类，实现纵深渠道全面发展。

面向中、高、低端市场的品牌矩阵，分别是：以高精人群为目标的"司米定制家居"和"华鹤定制家居"，以中、高端市场为目标的"索菲亚——柜类定制专家"，以大众市场为目标的"米兰纳定制家居"，四大品牌相互呼应，如图3-2所示。

企业经过20年的经营，践行公司"大家居"战略，公司的主营业务从衣柜扩展到书柜、电视柜、橱柜、木门等消费者装修所用的定制家居产品，还覆盖了非定制类的配套家具产品，如沙发、床、床垫等，为消费者提供了一站式的解决方案，如图3-3所示。

同时，索菲亚还拓展了不同的家具业务渠道，通过发展零售、大宗业务和整装/家装三种渠道建立了强大的销售网络，其业务渠道布局如图3-4所示。

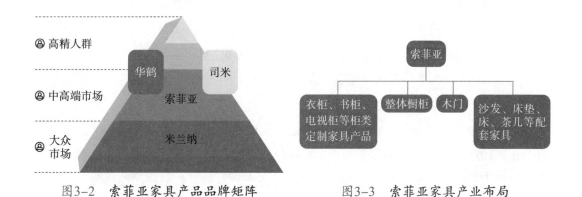

图3-2　索菲亚家具产品品牌矩阵　　　　图3-3　索菲亚家具产业布局

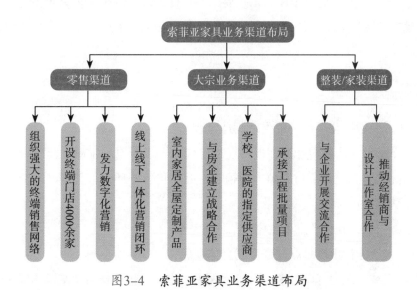

图3-4　索菲亚家具业务渠道布局

案例背景

（1）个性化定制消费服务是市场需求新形态

"千人千面"的个性化定制产品和服务是消费升级的必经阶段和进阶形态。随着社会财富蛋糕越做越大，高附加值的个性化产品必然会取代低附加值的标准化成品，定制渗透率快速提升。然而，在实现智能制造和数字化生产以前，满足不同客户的产品定制与大规模生产是一对不可调和的矛盾，落后的传统手工作坊业态制约了定制企业的发展壮大。

（2）传统家具生产方式效率低、难度大

对于大规模定制家居企业来说，一方面要做好家居的功能性和个性化设计，另一方面还要提高订单完成效率和板材利用率，以增加企业生产效益。定制家居打破了消费者到家居卖场购买成品的模式，为消费者量身定制属于自己的个性化家居。为了满足不同客户群体对于家具的不同需求，定制家居企业不断创新，为消费者提供材料、尺寸、结构皆可自由搭配的全套产品。但与此同时，也催生了新问题，那就是同一订单中会出现不同尺寸、不同颜色的板件要求。传统的生产方式以每个订单为单位逐个进行生产，不仅加大了车间生产的难度与人员浪费，还降低了家具生产效率、材料利用率。

（3）索菲亚家居企业对数字化生产的重视

索菲亚家居品牌主打全屋定制，是非标准化板件，每日有1万多笔订单，这就意味着要生产1万组新BOM、1万组新报价、1万张设计图；其中包含了40多万个板件；而每个板件又有花色、纹路、尺寸等10多个数据，各个环节都是数据，加起来每天要处理300多万组数据。因为产品不是在同一个地方生产，还要把这些数据分发到各个不同的生产基地，每个生产基地的布局、工艺要求不一样，某些特殊工艺只能在特定的生产基地生产，整个过程处理起来非常复杂。大规模数字化生产需要每一个环节的数据能够及时、准确产出。

案例描述

（1）索菲亚数字化工厂智能生产制造流程

如图3-5所示，从备料开始，板材上就已经贴上了专属二维码，此二维码将是这块板材的"身份证"，之后经过开料、封边、打孔、包装等环节，直到终端销售，都能随时追踪到原板材的所有信息。

由图3-5可知，其生产流程主要包括如下步骤：

①首先是智能化生产起点——智能立体仓库，自动存取原料。

②开料系统。根据订单需求，由机器人进行作业，将原材料切割成不同板件，并为

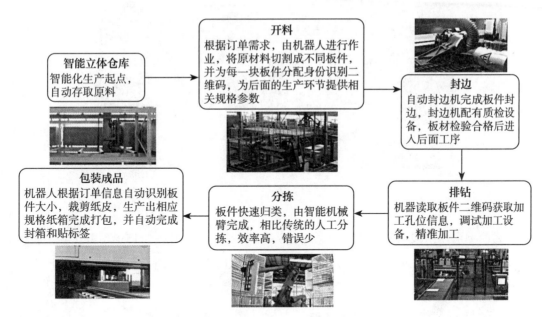

图3-5 索菲亚数字化工厂智能生产制造流程

每一块板件分配身份识别二维码，为后面的生产环节提供相关规格参数。

③封边系统。自动封边机完成板件封边，封边机配有质检设备，板材检验合格后进入后面工序。

④排钻系统。机器读取板件二维码，获取加工孔位信息，调试加工设备，精准加工。

⑤分拣系统。板件快速归类，由智能机械臂完成，相比传统的人工分拣，效率高、错误少。

⑥包装成品系统。机器人根据订单信息，自动识别板件大小，裁剪纸皮，生产出相应规格纸箱完成打包，并自动完成封箱贴标签。

（2）索菲亚数字化工厂智慧物流建设

定制家居行业传统物流的人工周转方式：物流成本高、占地多、耗人耗力、低效率、人工处理的准确性难以保障，如图3-6所示。

索菲亚信息化建设发展并不是一蹴而就，而是经历了三个不同的阶段：起步建设阶段、单项应用阶段和综合集成阶段。

①起步建设阶段（信息化管理阶段）。2005年，Auto CAD制图软件代替传统手工画图；2008—2009年，应用条码系统，实现后台数据追踪；2010年，应用生产管理系统，实现系统计料。

图3-6　传统物流人工周转方式

②单项应用阶段（自动化与信息化齐头并进阶段）。2012—2015年，索菲亚家居进入信息化与自动化齐头并进阶段；2012年，系统ERP改造，同时柔性生产线开始投入使用；2013年，实现包装自动化，同时信息系统全面覆盖，柔性生产线全面推广。

③综合集成阶段（信息智能化阶段）。2015年，索菲亚家居进行多个突破，实施"X"计划；E-HR、MES制造执行系统、WMS智能仓库管理系统及供应商管理系统上线，实现仓储智能自动化、分拣智能自动化；2016—2017年，索菲亚家居逐步规划建设"智能工厂"。

智能化方面，索菲亚结合网络互联、智慧物流、人工智能、机器换人等技术，通过信息化与工业化的不断创新融合，在行业内实现工业4.0生产模式，并采用条码应用标准化、仓库管理系统、数据采集生产过程监控、智能检测设备等进行信息系统及智能制造系统的全面升级，如图3-7所示。

索菲亚数字化工厂的先进性

①先进的立体板材仓和备料系统。采用立体板材仓+龙门机器手的方式，实现批量+少量的结合的模式，具有更高的效率。

②更高产能和效率。一条生产线采用4台HPS320组合的方式，产能可以达到14件/min。

③更高的集成度。从板材仓至包装再到立体仓库全部集成在一起。

④高效的分拣体系。每条产线采用6台机器人分两组的方式，进出料的效率可以达到14件/min。

⑤机器人更广泛的应用。按作用进行分类，共使用四种类型的工业机器人，即开料、分拣、堆垛、抱垛机器人。

⑥包装的创新。由于定制家具的板件大小不一，包装一直是家具生产企业的痛点。索菲亚数字化工厂采用高效的算法，合理组合包装，自动分拣，机器人自动堆垛。

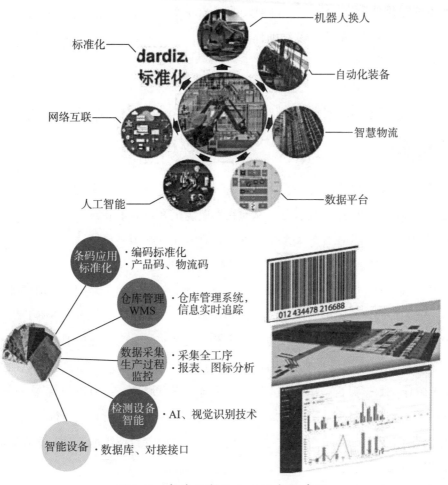

图3-7　索菲亚家具企业信息化建设

⑦更实用的分拣与仓储。定制家居产品包裹不一且具有唯一性，同一终端订单包裹多且分散，分拣齐套与有效存储成为行业痛点。数字化工厂采用智能拼托齐套系统与智能仓库，有效解决了此类问题，一个工厂8000库位可满足3500～4000单/天的存储需求。

案例总结

面对"千人千面"的个性化产品服务与消费，索菲亚率先开创了工业4.0在家具产品生产上的尝试，大幅提高了定制家居行业的生产效率和质量稳定性，让定制家居逐渐从一个"奢侈"的品类成为多数消费者触手可及的选择。

在迈向数字化的道路上，索菲亚从起初的"标准件+非标准件"相结合的柔性生产，打破定制行业的困局，随着全球工业4.0时代的到来，索菲亚逐渐构建起信息化、数字化和智能化的数字化转型，再到索菲亚4.0数智工厂的建立，生产线集成智能仓储、智能装备、智能物流设备及智能检测于一体，在供应链中引入数字化工具和流程，建立起数字化的质量管理系统。

3.1.4.2 以尚品宅配为例研究定制家具企业客户关系管理优化

案例背景

客户关系管理旨在维系客户关系，以正确的价格，在正确的时间，通过正确的途径，提供给客户正确的产品和服务，从而在有效满足客户需求和愿望等方面发挥着重要的作用。定制家具企业在客户关系管理方面，难以充分利用客户信息。本案例结合尚品宅配的客户服务模式管理应用，提出信息化的解决建议。

客户关系管理（Customer Relationship Management，CRM）是为了应对新经济和新技术对企业的挑战而提出的管理理念，目的在于建立一个系统，使企业在客户服务、市场竞争、销售及支持方面形成彼此协调的全新的关系实体，为企业应对市场竞争环境提供可靠的管理和营销工具，使其具有长久的竞争优势。客户关系管理系统包括业务操作、客户合作、数据分析、信息技术四个子系统，其软硬件系统可以与软件公司合作建立，同时需要企业内各个业务部门紧密配合才能达到客户关系管理的目标。实行客户关系管理可以有效提升企业应对激烈竞争环境的能力，改善行业零散特性，实现家具企业迅速集中并占据竞争优势。

客户关系管理系统对改善定制家具企业管理具有重要作用。

（1）推动企业提升核心竞争力

客户是企业最重要的市场资源，了解客户就是了解市场客户关系管理过程，就是对客户信息进行处理并做出决策的过程。围绕客户进行信息搜集处理，针对客户的资料进行生产、销售、服务活动，企业在发展过程中将会形成独特的核心竞争力，有利于家具企业的集中。

（2）更新企业管理理念

客户关系管理系统可改变企业过去由内而外的业务流程。目前，核心竞争力强的企业已经进入"客户驱动"阶段，即充分调动企业所有的资源，设计生产符合客户需要的产品，做到按客户要求定制和提供个性化服务，追求占有最大的客户份额。客户关系管理系统理念为满足客户要求，甚至做到超越客户自身满意度，让客户在与企业交易过程中得到愉悦感，形成企业特有的属性，提高上游和下游企业的依存度和转换成本。

（3）帮助企业识别客户购买力、贡献度和消费行为

意大利经济和社会学家帕累托的2080法则3也表明企业80%的产值或利润是由20%的客户提供的。客户关系管理系统可帮助企业改变传统的营销观念，通过数据信息处理识别客户的购买力、对企业的贡献度和消费行为，有针对性地提出对20%黄金客户和大客户的产品营销方案，提升客户忠诚度和价值，营销部门集中力量关注大客户，实现销售的集中。

客户关系管理系统导入家具企业后可以有效降低家具企业的分散性，建立行业的防护壁垒，有效阻止现有相关企业扩大生产和非相关企业进入家具生产行业，获得家具设计、生产、销售、服务的集中效应，提高经济效益和社会效益。

尚品宅配客户关系管理现状及问题

（1）尚品宅配客户关系管理

在尚品宅配创始人李连柱观念中，家具行业的传统就是个性化和定制化的。在20世纪80—90年代早期，个性化和定制化家具制造仍然是行业主流。但是由于家具匠人手工制造的低调特点，并不符合人民日益增强的社会化、集约化生产需求，因此，在家具业兴起的同时，家具匠人作为职业逐渐消亡。李连柱依托圆方软件、尚品宅配、维尚家具厂，将私人定制家具的传统复活。而智能软件提供设计、尚品宅配收集用户需求、维尚家具厂提供统一订单生产，这一彼此串联的商业模式，能够在兼顾个性化需求的同时，较为理想地解决生产效率的问题。

对于所有定制类业务而言，个性是其中高附加值的最终来源，但也是业务几何级增长的绊脚石。这是因为在定制的过程中有太多需要让每个消费者满意的细节，这些细节足以让任何一条大规模标准化生产线叫苦不迭。尚品宅配会利用自身的技术优势，将前端（腾讯提供的公众平台）与后端（客服后台系统）打通，形成一流的CRM系统，最大效率地管理客户关系。每个用户进到服务号关注界面，简单的回复动作、复杂的点击菜单轨迹，全部会被记录在客服后台聊天系统。同时，用户的关注动作也会带着数据，尚品宅配会根据参数来判断其来源，统计不同来源客户的不同行为习惯，进而在大数据的智能推送系统下拥有庞大、有黏性的客户粉丝群体。

尚品宅配的销售终端多设置在家具家装卖场，除了具备传统的销售功能，尚品宅配的门店还有两个独特的服务功能：一是为消费者免费提供从上门量尺到家居设计方案的服务，二是为消费者带来便捷体验和设计家居的自助系统。

在门店，消费者可与设计师共同参与整套家居的设计过程。按照实地测量的结果，消费者可以精确选择橱柜、衣柜等家具的造型、尺寸，保证家具与房间匹配，从而避免

购买传统家具时因尺寸偏差造成的风险；还可以选择每件家具的颜色、材料，甚至是摆放位置，从而确保装修和家具在风格上的统一。

若想做到最终客户转化率的提升，服务过程中的设计服务体验至关重要，需要不断优化客户管理，充分利用客户信息。

（2）尚品宅配客户服务流程现状

①获得意向客户。销售人员将客户转交给设计师，设计师提前联系，经得客户同意后上门量尺，并且沟通需求。

②方案设计。定制家具设计师根据现场量房时沟通的客户意向，绘制平面设计图或者进行立体图效果图设计。

③设计介绍。对客户进行到店邀约，参观展厅，并详细介绍设计方案及使用的柜体、五金等材料。

④订单跟进。备注特殊需求等，签订合同，收款，在软件内向工厂下单。

尚品宅配现有客户服务流程信息通过纸质手写的方式进行记录，如图3-8所示。纸质记录所呈现的仪式感给顾客带来更贴心的服务体验，但其也存在系统化管理的不便：各服务环节人员信息同步效率低下，且易出现丢失、遗漏、隐私泄露、处理大量客户信息工作烦琐的现象。

（3）尚品宅配客户关系管理信息化必要性

①维护老客户，寻找新客户。CRM系统依托于先进的信息平台和数据分析平台，能够帮助企业分析潜在客户群和预测市场发展需求，有助于企业寻找目标客户、及时把握商机和占领更多的市场份额，是企业不断开拓新客户和新市场的重要帮手。

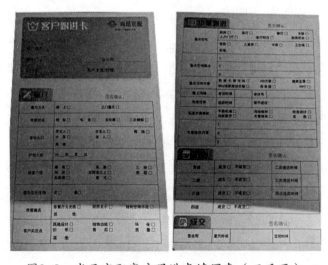

图3-8 尚品宅配客户跟进卡填写表（正反面）

②避免客户资源过于分散引起的客户流失。很多企业的客户资源是分散积累的，这直接导致客户信息记录不完整，价值不高。同时由于销售人员的流动，客户资源会不断流失。而CRM系统能够帮助决策人准确得知客户整体推进状况和存在的问题，从而及时开展业务指导和策略调整，避免客户无故流失。

③提高客户忠诚度和满意度。CRM系统可以帮助企业详细了解客户资料，促进企业与客户的交流，协调客户服务资源，给客户及时、优质的服务。同时有助于与客户建立长久、稳固的互惠互利关系，对提高客户忠诚度和满意度作用明显。

④降低营销成本。企业通过CRM系统对内能够实现资源共享，优化合作流程，对外能够增加对市场的了解，有效预测市场发展趋势，不仅能够提高企业运营效率，还能极大降低运营成本。

⑤掌握销售人员工作状态。移动CRM系统能够使负责人准确掌握销售人员的位置、工作状态，防止出现消极怠工的情况，有利于企业进行绩效考核，提高销售人员工作效率。

尚品宅配客户关系管理系统优化

（1）尚品宅配客户关系管理系统设计

定制家具企业的客户关系管理系统如图3-9所示。

客户关系管理可以帮助企业改变传统的营销观念，使企业识别出对企业做出重大贡献的客户，并积极抓住客户，提升客户的忠诚度和价值。企业利用多种渠道搜集不同类别客户资料、消费偏好及企业与中间商历史交易资料，可以依据市场变化进行产品和服务改进。一款实用的客户关系管理软件将会对企业所属的客户档案进行分类识别，具体描述其状况，给家具企业的生产和营销以指导。定制家具营销系统应包括两方面：营销机会管理和客户开发计划。前端人员邀请到有消费意愿顾客后，根据在信息化平台内对设计师工作状态的了解，可以更快速准确地交接给合适的定制家具设计师。尚品宅配在营销管理阶段对客户信息的记录见表3-5。

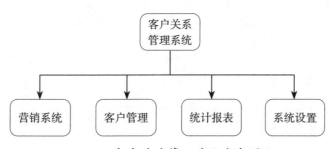

图3-9　客户关系管理系统内容图示

（2）设计端客户管理

设计部门管理更加清晰，所有订单的分配、跟进进度等信息可视化，管理者可及时发觉并采取对应措施。对于设计师个人，相当于工作内容的整理计划，罗列好客户信息，根据实际情况排列先后服务顺序，更高效开展工作。客户设计服务档案见表3-6。

（3）客户设计流程管理

及时记录完善客户自身情况以及各自需求，公司各部门间可实现即时信息互通，进行针对性服务。减少服务各个环节的重复或错误发生，提高客户的消费体验，见表3-7。

（4）客户信息统计分析

该系统模块设计包括对客户贡献分析、客户构成分析、客户服务分析、客户流失分析。建立数据库后，依据客户购买频率、数量和偏好将其分类，针对每一类别客户建立客户消费模型，描述客户行为模式，了解客户在每一种变化发生时的可能反应。

（5）尚品宅配客户关系管理维护

这些硬件、软件在企业内的使用最终需要企业所有参与人员具备以客户为中心的理念，而管理理念的确立是一个长期过程。理念建立以后才可能获得实施客户关系管理所带来的效率、拓展产品市场，获得保留客户的竞争优势。建立客户关系管理系统以后，企业还需要实时监控、随时反馈，随时依据客户需求变化而变化，才有可能应对各类竞争和挑战的能力，才有可能与客户建立长久持续的商务关系，才有可能提高企业的市场竞争力，保持企业的可持续发展。

表3-5 客户销售档案

客户销售端信息填写
客户名称
客户联系方式
客户来源
成交概率
潜在购买产品类型
指派设计师
备注

表3-6 客户设计服务档案

客户设计服务信息填写
客户名称
客户手机号
客户微信
楼盘信息
渠道来源
客户分类
客户阶段
交接人
合同状态
付定金日期
签合同日期
量房日期
转设计日期
上报日期

表3-7 客户状态显示

客户状态显示	日期
上报	××××-××-××
洽谈	
在途	
量房	
平面	
立面	
预算	
合同	
废单	
安装完成	

案例总结

　　针对定制家具行业客户个性化的服务需求，以及客户服务流程中存在的信息化不足问题，尚品宅配围绕销售、设计师、客户三者交互关系，对客户关系管理系统模块进行改进设计。以客户数据的管理为核心，记录企业在市场营销和销售过程中和客户发生的各种交互行为，以及各类有关活动的状态，提供各类数据模型，为后期分析和决策提供支持。

3.2
家具企业先进制造技术应用

3.2.1 制造自动化技术

　　制造自动化包括"制造"和"自动化"两个部分，制造一方面指通常的制造概念，指产品的"制作过程"或称为"小制造概念"，如家具产品的机械加工过程；另一方面是广义制造概念，包括产品整个生命周期，又称"大制造概念"，如家具生产各个工段，包括设计、配料、干燥、机械加工过程、包装、物流等。自动化由美国D.S.Harder于1936年提出。他认为在一个生产过程中，机器之间的零件转移不用人去搬运就是"自动化"。这是早期制造自动化概念。

　　制造自动化概念是一个动态发展的过程。过去，人们对自动化的理解或者说自动化的功能目标是以机械的动作代替人力操作，自动完成特定的作业。这实质上是自动化代替人的体力劳动的观点。后来随着电子和信息技术的发展，特别是随着计算机的出现和广泛应用，自动化概念已扩展为用机器（包括计算机）不仅代替人的体力劳动，而且还代替或辅助脑力劳动，以自动完成特定的作业。制造自动化有三方面含义：代替人的体力劳动；代替或辅助人的脑力劳动；制造系统中人、机及整个系统的协调、管理、控制和优化。

　　广义地讲，自动化制造系统是由一定范围的被加工对象、一定柔性和自动化水平的各种装备和高素质的人员组成的一个有机整体。自动化制造系统具有五个典型组成部分：一定范围的被加工对象、具有一定技术水平和决策能力的人、信息流及其控制系统、能量流及其控制系统和物料流及物料处理系统。

制造自动化的历史和发展可分为五个阶段：

第一阶段：刚性自动化。包括刚性自动线和自动单机。本阶段在20世纪40—50年代已相当成熟。应用传统机械设计与制造工艺方法，采用专用机床和组合机床、自动单机或自动化生产线进行大批量生产。其特征是高生产率和刚性结构、很难实现生产产品的改变，引入的新技术包括继电器程序控制组合机床等。

第二阶段：数控加工。包括数控（NC）和计算机数控（CNC）。本阶段中的数控（NC）在20世纪50—70年代发展迅速并已成熟，但到了70—80年代由于计算机技术的迅速发展，它迅速被计算机数控（CNC）取代。数控加工设备包括数控机床、加工中心等。数控加工的特点是柔性好、加工质量高，适用于多品种、中小批量（包括单件产品）的生产，引入的新技术包括数控技术、计算机编程技术等。

第三阶段：柔性制造。本阶段特征是强调制造过程的柔性和高效率，适用于多品种、中小批量的生产。涉及的主要技术包括成组技术（GT）、计算机直接数控和分布式数控（DNC）、柔性制造单元（FMC）、柔性制造系统（FMS）、柔性加工线（FML）、离散系统理论和方法、仿真技术、车间计划与控制、制造过程监控技术、计算机控制与通信网络等。

第四阶段：计算机集成制造（CIM）和计算机集成制造系统（CIMS）。CIMS既可看作是制造自动化发展的一个新阶段，又可看作是包含制造自动化系统的一个更高层次的系统。CIMS在20世纪80年代以来得到迅速发展，如今正处于方兴未艾的大好形势。其特征是强调制造全过程的系统性和集成性，以解决现代企业生存与竞争的TQCS问题，即产品上市快（Time）、质量好（Quality）、成本低（Cost）和服务好（Service）。

第五阶段：新的制造自动化模式，如智能制造、敏捷制造、虚拟制造、网络制造、全球制造、绿色制造等。上述新的制造自动化模式是在20世纪末提出并开展研究的，是制造自动化面向21世纪的发展方向。

制造自动化技术涉及的学科范围很宽，其核心仍是制造科学和技术，其学科领域主要有系统工程学、设计与制造科学、质量控制工程、信息科学、计算机科学、人机工程学生产管理、自动控制理论、运筹学、工业工程、规划论、电气工程、技术经济学等。

家具领域狭义的制造自动化是指产品机械加工和装配检验过程自动化；广义指产品设计（CAD/CAPP/CAE/CAM/CAM/PDM）企业管理（ERP）、加工过程（CNC/DNC，自动存储和运输设备、自动检测和监控设备等）和质量控制等产品制造全过程综合集成自动化。随着"工业4.0"等战略的提出，不断提高制造自动化水平对企业有重要意义，不仅能提高劳动生产率、产品质量、经济效益、劳动者素质和市场竞争能力，降低制造成本，改善劳动条件，也有利于产品更新，带动相关技术发展。

机械制造自动化技术的未来发展趋势是以制造企业的实际生产需要为导向，帮助制造企业实现高效、低成本生产，从而获取较大的经济效益。目前制造自动化技术主要的研究方向和领域有集成和系统技术、自动化系统中人因作用、数控单元系统、制造过程的计划和调度、柔性制造技术、生产模式制造环境、底层加工系统的智能化和集成化等。制造自动化技术正朝着敏捷化、网络化、虚拟化、智能化、全球化、绿色化的方向发展。

随着我国制造业的快速发展，机械制造自动化技术所起到的作用越来越重要。在信息化技术迅猛发展的背景下，机械制造自动化技术也得到了较大的发展与优化，在实际生产中大大缩短了产品生产周期，提高了生产安全性和产品质量，为企业带来很大的经济效益。为了满足现代工业制造的需要，机械制造自动化技术还必须不断改进和完善，并引入更多信息技术，更好地服务于我国制造企业。

3.2.2 数控加工技术

数控加工是指根据零件图样及工艺要求等编制零件数控加工程序，将其输入数控机床的数控系统，从而控制数控机床中刀具与工件的相对运动，最终完成零件的加工，数控加工程序如图3-10所示。数控加工原理是通过把刀具移动轨迹信息（通常指CNC加工程序）传入数控机床的数控装置，经过译码、运算，指挥执行机构（伺服电机带动的主轴和工作台）控制刀具与工件相对运动，从而加工出符合编程设计要求的零件。

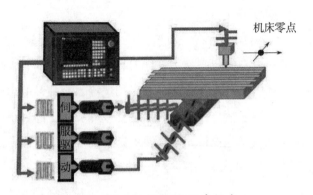

图3-10 数控加工程序组成

数控加工工艺利用切削刀具在数控机床上直接改变加工对象的形状、尺寸、表面位置、表面状态等，使其成为成品或半成品，是采用数控机床加工零件时所运用各种方法和技术手段的总和，伴随着数控机床的产生、发展而逐步完善起来，是大量数控加工实践的经验总结。

数控加工需要经过阅读零件、工艺分析、制定工艺、数控编程、程序传输等步骤，如图3-11所示。在设计数控加工工艺时，首先要选择并确定进行数控加工的内容，分析加工工艺，确定零件图的数学处理及编程尺寸设定值，制定数控加工工艺方案，确定工步和进给路线，基于以上分析选择数控机床的类型、刀具、夹具以及量具，确定切削参数，编写、校验和修改加工程序。为了保证设计的准确性，在大批量加工之前需要进行首件零件的试加工，若没有问题则将已经编写好的数控加工工艺技术文件进行定型与归档，若出现问题则进一步修改。

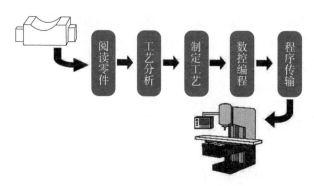

图3-11　数控加工程序流程

与普通加工工艺相比，内容要求更加具体、详细、严密和精确，制定数控加工工艺要进行零件图形的数学处理和编程尺寸设定值的计算，并且考虑进给速度对零件形状精度的影响，数控加工工艺强调刀具选择的重要性。此外，数控加工程序的编写、校验与修改是数控加工工艺的一项特殊内容。

数控加工需要在数控机床上进行，数控机床（numerical control，NC）是以数字化的信息实现机床控制的机电一体化产品，它把刀具和工件之间的相对位置，机床电动机的起动和停止、主轴变速、工件松开夹紧、刀具的选择、冷却泵的启停等各种操作和顺序动作等信息用代码化的数字信息，送入数控装置或计算机，经过译码、运算，发出各种指令控制机床伺服系统或其他执行元件，使机床自动加工出所需要的工件。数控机床的基本组成包括加工程序、输入/输出装置、数控装置、伺服系统、辅助控制装置、反馈系统及机床本体。

数控加工的种类包括计算机数控（computer numerical control，CNC，又称加工中心，machining center，MC）和直接数控（direct numerical control，DNC）：由一台中心计算机对若千台数控机床同时控制。其中加工中心是在数控机床的基础上发展起来的，两者都是通过程序控制多轴联动走刀进行加工的数控机床，不同的是加工中心具有刀库和自动换刀功能，加工中心适于加工形状复杂、工序多、精度要求较高，普通机床加工需多次装夹调整困难的工件。加工中心由于其特性常用于加工箱体类、异形板件、套、盘、壳体类等带复杂曲面的零件。由于被加工零件形状多样，数控机床也有不同的结构形式，如图3-12所示。

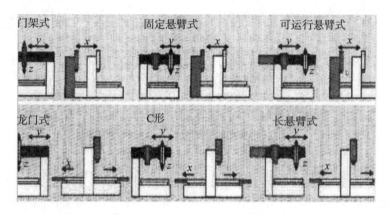

图3-12　数控机床的结构形式

3.2.3　3D打印技术

3D打印技术（AM）也称为增材制造技术，是一种通过计算机设计，在二维空间中逐层打印材料的快速制造过程。1974年，该技术首次被大卫.EH.琼斯提出。Chuck Hall于1984年申请了他的专利"用立体光刻技术生产三维物体的装置"。据统计，现有市场中3D打印技术较为成熟的工艺有：熔融沉积成型（Fused Deposition Modeling，FDM）、热熔胶粘接薄材（Laminated Object Manufacturing，LOM）、光固化成型（Stereolithography Apparatus，SLA）、粉末激光烧结成型（Selective Laser Sintering，SLS）和喷涂粘接成型（Three-Dimensional Printing，3DP）等，见表3-8。随着3D打印技术的成熟，目前已经可以应用在医学、航天、汽车生产等多个领域。

表3-8 信息采集方法及特征

生产过程中的信息采集方法	主要特征		
	采集过程	保存载体	信息采集情况
传统的人工记录	人工将生产中各个环节的数据统计、录入、核对、修正、上报	纸质材料，易导致数据丢失，查询不易	难以保证数据的准确性和传递的及时性，导致管理者做出不正确决策，生产效率落后
计算机输入法	将生产中各类数据录入计算机并进行分析	计算机，数据不易丢失，易查询	错误率大大降低，通过网络能及时上传下达，生产成本下降，生产效率大大提高
感应式数据传输录入法	由专用感应设备将生产过程中的信息自动录入到计算机中	计算机，数据不易丢失，易查询	数据采集的准确性大大提高，实现了对生产现场的远程监控作用
智能型/自动传输的信息自动传输法	通过无线电频率、卫星通信等技术，捕捉生产中的各类信息，形成"知识库"，由智能系统进行推理管理	计算机，快速查询和存取，并自动分析各类数据	比传统计算机程序更容易修改、更新和扩充，并能综合各类信息进行自动分析和决策推理，形成知识库，更高效地完成工作

相对于传统的减材制造，即铣、磨、刨、磨、钻、车等切削加工，以及现代的电火花成形和激光切割等，3D打印的优点在于：可加工结构精细而复杂的产品；产品种类多样；产品设计灵活多变且更复性高；产品不需要组装和特殊加工技能；加工效率高；材料浪费少。

3D打印技术也有其限制因素：材料的限制，可以实现塑料、某些金属或者陶瓷打印，但无法实现打印的材料都是比较昂贵和稀缺的；机器的限制，在重建物体的几何形状和机能上，几乎任何静态的形状都可以被打印出来，但运动的物体及其清晰度就难以实现；知识产权的忧虑，如何保护知识产权，也是面临的问题之一；道德的挑战，什么样的东西会违反道德规律是很难界定的，如果有人打印出生物器官和活体组织，将遇到道德挑战；费用的承担，3D打印技术需要承担的花费是高昂的，如想要普及到大众，必须降价，但又会与成本形成冲突。

3D打印机按用途不同可以分为工业级和桌面级。工业级3D打印机尺寸较大，价格高，主要用于汽车、航空航天、机械、家电等领域。桌面级3D打印机尺寸较小，价格较低，也称为个人级、民用级或消费级。

3D打印作为一种能够快速打印材料的制造工具，在家具中的应用主要是生产家具零部件、整体结构、表面装饰等，同时对家具设计、家具修复维护有很大影响。2009年，Steven Ma使用Maya软件首先对家具进行建模，之后通过3D打印技术将模型按比例打印出来并进行调整，之后将最终数据交给生产商，生产出了Xefirotarch Chair。匈牙利设计师Olle Gellert设计了一款能够应用于模块化家具的3D打印连接件"Print to Build"。该连接件运用熔融沉积的成型方式，制造出一系列小巧耐用的连接件，使得在组装不同的板材时不需要胶水、螺钉等紧固材料，只需要将板材插入连接件卡槽并逐一拼接，最终按照消费者的设计完成整体家具的制作。

作为设计工具的3D打印能够帮助设计师更加精准地塑造出物体的形态，是较优的曲面形态生成工具之一。利用3D打印成型优势，可以简化模具成型的程序，同时可以压缩时间，直接打印家具成品。尽管3D打印家具是对创意和设计最大程度的实现，但更为重要的是，设计师对于3D材料的熟悉和应用绝不是简单采用"替代"思维方式——用此材料去替代彼材料。

随着3D打印技术在家具中应用越来越广泛，其发展趋势呈现出如下特征：个性化，3D打印自由设计与人们生活理念和审美观念的结合；大规模化，随着打印设备和技术的成熟，成本降低，可以实现批量化定制；规范化，受版权保护，由专业人员遵循3D打印无损规范，建立打印材料及其力学性能数据库；多样化，家具设计与3D打印不同材料（金属、陶瓷、木质材料等）的结合；全球化，3D打印的普及，突破地域限制，只通过打印文件传递即可实现家具在不同地域的设计和打印，极大地方便了家具生产。

3D打印实体家具所采用的打印材料主要有塑料、陶瓷和复合材料等。其中塑料是以单体为原料，通过加聚或缩聚反应聚合而成的高分子化合物，可以自由改变成分及形体样式，由合成树脂及填料增塑剂、稳定剂、润滑剂、色料等添加剂组成。陶瓷家具打印材料有浆料、丝材、粉末、薄片等不同的成型方式。目前陶瓷3D打印成型技术主要分为喷墨打印技术、熔融沉淀技术（FDM）、分层实体制造技术（LOM）、选择性激光烧结技术（SLS）和立体光固化技术（SLA）。打印得到的陶瓷坯体经过高温脱脂和烧结后便可得到陶瓷零件。3D打印复合材料家具主要是为了增强家具性能、赋予打印家具其他功能，以及满足人们需求而将打印材料与其他材料混合使用，进行家具制品的打印成型。常见的有采用天然纤维增强聚合物材料、用胶黏剂黏结陶瓷（金属、塑料）等材料、将颜料与打印基体材料混合制备颜色丰富的打印家具制品等。

3D打印机打印完成之后，需要一些后续处理措施来达到加强打印产品强度、提高表面精度、延长保存时间以及丰富产品色彩的目的。主要分为后固化（后熔合/后黏结）、支撑、表面抛光和上色等工序。

3.2.4 信息采集与处理技术

信息采集是指接收信息的主体根据需要采用一定的程序、设备和方法，对各种相关信息或数据进行收集和记录的过程。从企业角度看，信息层次可以理解为：信息产生—信息采集—信息传递—信息处理—信息汇总—结果分析—信息辅助决策。信息采集在企业信息化建设中的位置层次如图3-13所示，信息采集是后续信息处理与决策的基石。

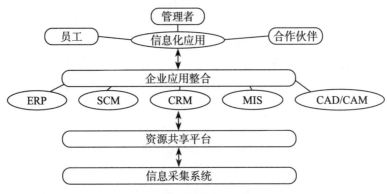

图3-13　信息采集位置层次

信息采集方法有互联网信息采集、利用人际网络对客户需求信息的采集、利用自动识别技术在生产过程中的信息采集等。信息采集管理系统融合了现代微电子技术、计算技术、通信技术和显示技术。应用信息采集管理系统可实现系统信息的采集、处理、存储管理。大规模定制家具信息采集的关键离不开客户需求信息、生产流程的柔性以及物流的支持。

采用不同的信息采集方法，则采集过程和特征也不完全相同，见表3-8。

条形码技术是自动识别技术中最早研究并投入使用的技术。条形码（Bar Code，BC）是由一组宽度不同的平行线条和空线条按照一定规则编排组合成的数据编码，不同的编排组合带有不同的数据信息，数据编码可以供机器识读，易译成二进制和十进制数，具有准确、数据输入速度快、经济、灵活、实用、自由度大、设备简单、易于制作等特点。条形码识别系统组成如图3-14所示。

图3-14　条形码识别系统组成

射频识别（Radio Frequency Identification，RFID）技术，又称电子标签、无线射频识别，是一种通信识别，可通过电信号识别特定目标并读写相关数据，而无须识别系统与特定目标之间建立机械或光学接触。RFID的系统一般由标签（Tag，即射频卡，由合元件及芯片组成，标签含有内置天线用于和射频天线间进行通信）、阅读器［Reader，读取（在读写卡中还可以写入）标签信息的设备］、天线（Antenna，在标签和读取器间传递射频信号）组成，如图3-15所示。

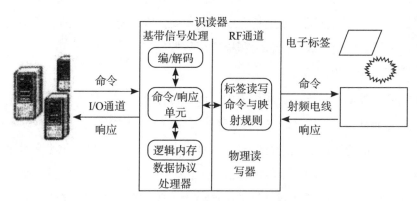

图3-15　射频识别系统组成

3.2.5 案例分析

3.2.5.1 数控技术在木家具企业生产中的应用研究

案例背景

数控加工技术主要是指在实际应用过程中充分利用数字化系统针对机械设备的生产制造操作等相关内容进行科学合理的控制和全程把控的技术类型。它有着十分显著的自动化、精确化和数字化的特点，是一种通过新兴产业模式催生出的新型控制技术。针对木家具生产制造工作而言，数控技术有着十分显著的更新换代速度，生产加工的产品种类繁多，而且在木家具生产方面对精度有着极高的要求。

经过多年技术研发，我国木家具生产制造企业的数控技术应用水平有了显著提高，较大程度改善了以往我国木家具生产制造技术落后的情况，不仅提高了木家具的制造效率，还有效降低了木家具企业的生产成本，对加快木家具行业发展具有重要意义。数控技术在木家具生产制造行业已有广泛应用，也对技术升级起到了促进作用，对改善木家具整体生产技术水平产生了重要影响。

数控加工技术在木家具生产中的优势

（1）提高家具质量与生产效率

数控技术离不开数字化系统的支持。利用数控技术可对机械设备进行有效控制，保证生产活动顺利进行。在机械模具生产中应用数控加工技术，可确保生产的产品精准度更有保障，还能进一步提高生产效率。数控加工技术解决了传统加工技术中存在的不足，应用先进的数字化系统对设备进行有效控制，优化加工程序，缩短加工时间，严格保障木家具的质量。随着机械制造行业的不断发展，人们对木家具的品质提出了更加严格的要求，为了满足生产需求，就要积极应用数控加工技术。

（2）实现自动化生产

由于机械设备多种多样，若采用人为手段进行控制，则不能保障设备完全发挥出自身性能，还会导致设备在运行的过程中存在安全隐患。应用数控技术对设备进行控制时，可及时对设备的运行状况进行监督，保证设备安全，提高自动化生产水平。在家具制造过程中，应用数控加工技术可实现自动化加工，突破传统机械制造业中存在的瓶颈。数控加工技术不仅能够改变传统的生产模式，还可保证机械设备实现自动化运行，减少人力资源的投入，降低工作人员的强度，还能避免出现生产失误。随着数控技术的不断发展，机械模具生产会逐渐迈向更高层次的自动化和智能化方向，提高企业的生产能力。

（3）提高产品的精度和质量

在传统家具加工过程中，许多因素会对最终加工结果造成不利影响，很难保证木家具的质量。传统加工技术不仅会导致资源面临严重的浪费，还会增加生产成本，影响企业效益。应用数控加工技术对设备进行控制，不仅可保证家具生产自动化水平得到进一步提升，还能提高产品的精度，严格保障产品的质量，使产品具有强大的市场竞争力。

（4）实现多坐标联动

采用数控加工技术时，可应用先进的计算机系统对家具材料展开空间和平面直线加工，大大减轻工作人员的负担，不断提高生产效率。由于机械生产设备众多，应用数控加工技术可以确保设备得到智能化操作与监控，并通过多坐标联动的方式提高整体生产水平。

数控加工技术在木家具生产中面临的问题

由于我国木家具生产制造企业对数控技术的应用水平仍存在较大差异，对于其技术应用的具体措施存在不足。原因有以下三点。

（1）人才队伍方面的不足

数控技术涉及的技术应用较为先进，涵盖了计算机技术与木家具生产制造多个领域，这对现有专业技术人员的素质水平提出了较高要求。调查发现，当前部分中小型木家具企业配置高素质数控技术人才的数量较少，企业较少组织数控技术人员参加培训，使得自身技术进步与创新进展缓慢，影响了数控技术的高质量应用。

（2）数控技术应用方面的不足

木家具生产制造环境较为复杂，增加了相关数控技术设备出现故障的可能性。许多中小型木家具企业对设备厂家依赖性较强，对于设备一些基本故障的处理能力不够，一旦出现故障便需要向专门机构求助，这不但提高了设备维修成本，也耽误了生产计划，延长了产品交付时间。此外，还有个别木家具生产制造企业对设备故障不够重视，在有故障提示的情况下继续生产作业，增加了安全隐患。

（3）数控设备过于老旧

数控技术虽然已在木家具生产制造行业有所普及，但由于企业引进技术资金有限，部分木家具生产制造企业所用数控技术设备过于老旧，既不能节约成本，也不能生产出符合当前家具市场所需的产品。这些因素都会或多或少影响木家具生产制造企业对于数控技术的应用。

实际运用

数控技术的迅速发展，早已让不少研究人员发现了它的可能，并将其应用到家具生产之中。部分学者在数控加工技术的基础上针对拼装家具设计展开了讨论和实践。以部件的设计、接口的设计和连接件的选用作为拼装家具的主要内容。其中提到CH410 Peter's Chair设计作品，是拼装家具经典作品之一。该设计造型大方，部件均采用倒角倒边处理，结构简单无多余构件，便于安装。有研究者通过对原作的结构进行拆解和分析，并将其数字化建模，导入CNC数控加工中心进行拼版加工，借助数控加工技术真实地再现了大师原作，如图3-16所示。并且通过类似技术模仿通过数控加工做出了HOLD圆凳，其零件加工精细，拼装成的木质家具结构稳定，整套流程具有极高的效率，且成本较低。

案例总结

随着信息发展技术的进步，传统的加工技术显然已经跟不上发展的潮流，那么顺应技术的发展实现数控加工技术的升级演变才是更符合生产市场的选择。然而在这条路上仍然存有很多现实问题，例如专业人才的培养、数控技术的进一步革新、设备的升级

图3-16　数控开榫机及其加工的各种榫卯结构

等，都需要边生产边革新。在这样的趋势下，才能把握时代的进步，顺应市场的发展，并在家具生产中取得更有利的成就。未来工作的重点在于深入研究装配类家具产品结构及部件形态研究，进行相应数控加工技术攻关，进一步通过设计实践细化和完善数控加工技术在家具设计及制造中的应用，为家具生产CAD/CAM集成化的发展、具体家具产品生产的全套数控化发展贡献绵薄之力。

3.2.5.2　3D打印技术在酒店家具中的管理与应用

案例背景

传统制造技术和3D打印技术在酒店家具领域的优势与局限

作为"数制""智造"的重要内容，3D打印技术相较于传统生产制作技术有许多优势，这些优势使得该技术能够更好地帮助酒店家具企业解决存在的问题。

（1）绿色环保

传统家具制造方式主要是以减材制造为主，即通过切割方式，得到所需造型和尺寸。而3D打印技术，通俗讲则是通过将材料层层堆叠，最终形成所需形状，虽然有些造型也会产生多余的废料，但是其整体利用率还是远远高出传统制造方式。

在材料回收利用方面，3D打印技术相较于传统生产制造技术也有优秀的表现。我国作为3D打印耗材生产大国，每年消耗大量3D打印材料，浙江机电职业技术学院的学生突发灵感，最终制作出了3D打印耗材回收装置，通过科学计算，预估此产品将会帮助相关企业和消费者的3D打印耗材成本降低60%，材料可以循环利用，做到按需取材，有利于环境保护。

综合生产和回收两方面，3D打印材料的环保能力十分优异，尤其是21世纪以来，在全球提出"绿色制造"的背景下，更应该充分利用其环保特点，造福家具行业。

（2）个性化定制能力优越

在设计制造上，传统家具制造技术更多是为了满足人们日常生活的基本生活需求，更加关注产品是否能实现基本功能，在个性化定制方面的注重程度并不高。随着行业的发展，虽然也出现了全屋定制的服务，但是只能满足板式家具在尺寸方面的定制化需求，并不能满足顾客在其他方面的定制化需求。在现如今的市场环境下，重视消费者的内心情感需求，才能更好地占据家具市场。3D打印技术的应用，可以更好地将消费者的个性化需求融入定制家具，在加快定制家具智能化上发挥重要作用。

（3）缩短研发周期

研发周期的缩短意味着可以帮助企业快速将产品投入市场，得到市场的回馈，最终抢占市场，为企业获取利润。与传统生产制造方式相比，3D打印技术特殊的成型方式使其可以快速生产出产品模型，方便企业快速优化产品，投入市场。

通过对传统制造技术与3D打印技术对比分析可知（表3-9），3D打印技术的应用可以很好地解决酒店家具行业现存的问题：一是由于受众多而无法满足个性化定制；二是由于更换频率导致材料资源浪费。

表3-9　传统制造技术与3D打印技术对比

项目	传统制造技术	3D打印技术
批量生产	+	−
个性化定制	−	+
复杂部件生产	−	+
简化工艺	−	+
资源利用率	−	+
材料回收利用	−	+
缩短研发周期	−	+
缩短交货周期	−	+

3D打印技术在酒店家具设计中的应用策略

（1）以企业需求为导向研发新材料

3D打印技术没有大面积应用于家具领域的其中一个原因是目前市面上的3D打印机和所需材料价格昂贵。虽然前文也介绍了目前有相应的技术可以回收并重新利用3D打印材料，节约资金和资源，但是就整体所需消费而言，如果想在个性化酒店家具定制领域应用3D打印技术，还是需要研发更加经济的材料用于生产。

（2）建立完善的系统

在工业4.0时代背景下，3D打印技术如果要解决酒店家具的个性化定制问题，需要搭建完善的管理系统。该管理系统应该具备前台、后台、数据库三大部分，并且能够成功与3D打印技术相结合，帮助构建用户—酒店—工厂一体化的信息管理系统，便于数据的快速流动。

①搭建完善的前台服务系统。前台系统主要面向酒店客户，该部分主要功能是帮助酒店及生产工厂收集客户的个人信息，提供定制服务。系统应向用户提供例如看样、查询、下单等服务。作为用户和酒店、工厂之间的桥梁，前台系统还要具备用户个人信息管理以及订单管理功能。个人信息管理主要包括系统注册、系统登录、修改个人资料、注销个人信息等操作。订单管理主要包括订单列表、订单查询、新增订单、样品反馈、付款等操作。最后通过前台系统，将用户的个人数据、偏好需求等传输给酒店和家具生产工厂。

②结合ERP和MES系统搭建后台管理系统。在《基于ERP与MES信息交互的板式定制家具揉单排产技术》一文中，作者结合两种系统使用，最终发现两种系统结合使用具有揉单排产效率提高、生产成本降低、人工效率提高的优势。因此，在后台系统搭建时可以采用二者结合的方式。后台管理系统主要面向家具生产企业，再经由顾客确认完成下单操作后，酒店将用户需求信息提供给合作工厂，由工厂直接对接用户进行订单的商讨。在最终敲定方案后，通过管理系统结合3D打印技术，生产个性化产品。同时根据前台提供的信息，在加工完成后，后台系统将产品的各项数据传输并储存到数据库中，方便未来继续满足客户的定制化需求。

③建立产品数据库。完善的数据库可以更好地帮助3D打印技术应用在个性化酒店家具定制上。酒店只需通过调取数据库中用户曾经个性化定制产品的数据，就可以让用户在任何地方享受到同一品牌酒店提供的个性化定制家具服务。同时，酒店可以将数据库中的产品作为样品提供给其他用户做参考，从而扩大消费群体。对于生产工厂而言，在设计生产上，只需要调取数据，结合3D打印快速生产的特点，就能在短时间内满足客户的个性化需求，帮助酒店和家具工厂快速获得利益。

（3）培养有关人才

根据3D打印技术协会公布的历年数据可以发现，我国3D打印行业发展迅速，拥有着广阔的市场前景，但是根据调查，我国3D打印行业专业人才缺口巨大，制造业对3D打印的相关技术人才有着巨大的需求量，并且该需求量还在不断攀升。因此，如果想要让3D打印技术能够顺利地融合到我国的家具行业中，需要大量培养相关技术人员，以满足工厂生产的需要。

案例总结

在过去，由于酒店需要接待不同的客户，因此，酒店家具往往只能满足客户群体的共性需求。随着经济的快速发展，消费群体越来越注重个性化，酒店家具也要顺应潮流，满足顾客对于住宅空间的个性化要求。3D打印技术作为新的生产技术，具有材料可回收、简化生产工艺、与智能制造十分契合等优点。这些优点可以很好地弥补传统制造技术在酒店家具中无法满足个性化及由于更换家具导致资源浪费的问题。基于酒店行业为酒店家具提供的广阔市场，借助3D打印技术，可为家具企业带来十分可观的收益。

3.2.5.3 条形码技术在家具企业中的应用研究

案例背景

条形码技术作为物联网的重要组成部分，可满足家居企业在来料入库、物料准备、生产制造、质量控制、仓储运输、市场销售、售后服务全流程的管理把控。目前，以索菲亚、尚品宅配为代表的家居企业都建立了智能4.0工厂，利用条形码技术提高企业的生产效率。

条形码技术概述

（1）传统条形码

传统条形码，也称一维码，如图3-17所示，它是由一组规则排列的条、空、字符组成的储存了一定数据的特殊图形标记代码，能够利用光点扫描阅读设备自动识读并实现信息自动采集输入计算机，是信息数据自动识别、输入的重要方法和手段。

图3-17　条形码符号的组成

条形码技术在我国经过几十年的发展已十分成熟，并因其具备快速、准确、成本低廉等诸多优点，迅速融入商品流通、自动控制以及档案管理等领域：在超市购买商品时，用扫描器扫描条形码，就能得知商品相应的名称、价格等信息；在图书馆借书时，只要扫描借书证上的条形码，再扫描借出的图书上的条形码，相关信息就被自动记录入数据库中；在传统制造行业，条形码技术还能帮助企业准确、及时地掌握物品的状态。

但是一维码同样存在很多局限性。首先，一维码只能完成对商品的识别，不能对商品进行描述；其次，一维码容易因为磨损无法被设备读取，这在很大程度上限制了传统条形码的应用范围；最后，一维码在垂直方向上不带任何信息，信息密度低，不能表示汉字或者图像信息。基于以上一维条形码存在的种种不足，在20世纪70年代出现了二维码。

（2）二维码

二维码是近几年来移动设备上较为流行的一种编码方式，相较于传统一维码，二维码有着独特的优势。首先，相较于一维码只能存储数字、字母等基本字符，二维码是在一维条码编码原理的基础上，将多个一维码纵向堆叠而产生的，可以将图片、音频、链接等实现编码，信息存储量是一维码的几十到几百倍。其次，二维码的译码可靠性更高，译码错误率不及千万分之一，同时具有纠错功能，使得条形码局部损毁也可恢复信息。再次，二维码具有识别方便、应用范围广、生成方法简单等特点，在日常生活中随处可见，会议签到、医院挂号、食品溯源、扫码支付、网上购物等。最后，二维码使用灵活度高，可以利用现有的打印技术，将其嵌印在诸如纸张、木材、金属等介质上。

（3）条形码主要分类

经过100多年的发展，条形码的种类已经发展出几十种形式，目前主流的分类方式是根据码制和维数进行分类。常用条形码的种类、特点及应用情况见表3-10。

表3-10　常用条形码分类

种类	名称	图示	描述	应用
一维 条形码	UPC码	0 89600 12456	最早大规模应用的条码，仅可用来表示数字	在美国和加拿大被广泛用于食品、百货及日用品零售业
	EAN码	6 901234 567892	国际物品编码协会制定的一种商品用条形码	用于世界范围的食品、百货及日用品零售业
	128码	Aux(124)-TR	长度可变的连续型自校验数字式码制，是一种高效率条形码	广泛应用在企业内部管理、生产流程、物流控制系统方面
	库德巴码	a000800a	长度可变的连续型自校验数字式码制，也可表示数字和字母信息	常用于仓库、血库和航空快递包裹中

续表

种类	名称	图示	描述	应用
一维 条形码	39码	‖‖‖‖‖‖‖ ＊1 2 3 A B C＊	第一个字母、数字式相结合的条形	最早为军用条码，目前主要用于工业、图书及票证的自动化管理
二维 条形码	PDF417码		美国1990年研发，可以容纳约500个汉字信息	用于报表管理、产品的装配线、银行票据管理、货物的运输管理等
	QR Code码		日本1994年发明，是目前主要流行的二维码，可以容纳约1817个汉字信息	广泛应用于生活中的收付款、防伪溯源、工业自动化生产线管理、电子凭证等各种场景

在一维条形码的分类中，UPC码是最早大规模应用的条码，是一种长度固定、连续性的条码，目前主要在美国和加拿大使用。EAN码是国际物品编码协会制定的一种商品用条码，全世界通用。128码是一种长度可变的连续型自校验数字式码制，是一种高效率条码，广泛应用于企业内部管理、生产流程、物流控制系统方面的条码码制。库德巴码出现于1972年，也可表示数字和字母信息，主要用于医疗卫生、图书情报、物资等领域的自动识别。39码在1974年由Intermec公司推出，最早作为军用条形码码制，后来广泛应用于工业领域。

在二维码的分类中，主要分为以PDF417码为代表的行排式二维码和以QR Code码为主的矩阵式二维码。顾名思义，行排式二维码是在一维条形码编码原理的基础上，将多个一维码纵向堆叠而产生的。而矩阵式二维码是在一个矩形空间通过黑、白像素在矩阵中的不同分布进行编码。

条形码的应用

（1）条形码系统主要组成部分

条形码系统主要由条形码生成模块和条形码识读模块组成，如图3-18所示。

①条形码生成模块。在家具企业生产制造中，条形码生成通常依附企业ERP系统的

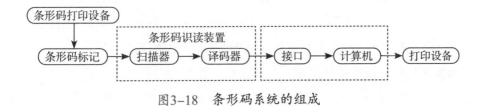

图3-18　条形码系统的组成

生产工单，根据需要自动生成条形码信息，通过条形码打印设备将产品信息生成相应的条形码进行保存应用。

②条形码识读装置。条形码读取器大致可分为便携式和固定式，系统通过条形码识读装置转译条形码中的产品及生产信息，能够实现家具产品从原料、生产、销售、售后改补等全流程的信息跟踪，实现了企业的信息化作业，提高了生产效率。

（2）条形码的技术原理

条形码扫描器的光源发出来的光经过光阑以及凸透镜1后，照射到黑白色的条形码上，反射光经凸透镜2聚焦后，照射到光电转换器上，如图3-19所示。由于白色物体能反射各种波长的可见光，黑色物体则吸收各种波长的可见光，所以条形码上的黑色条对光的反射率低，白色条对光的反射率高，白条、黑条的宽度不同，相应的电信号持续时间长短也不同，从而使扫描光线产生不同的反射接收效果。

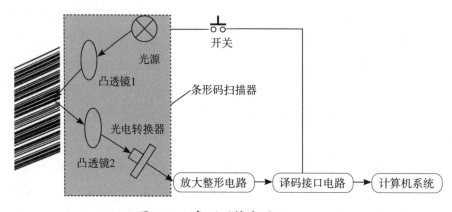

图3-19　条形码技术原理

光电转换器接收到与白条和黑条相应的强弱不同的反射光信号，并转换成相应的电信号输出到放大整形电路，整形电路把模拟信号转化成数字电信号，再经译码接口电路译成数字字符信息。由于光的运动速度极快，所以能够准确无误地对运动中的条形码予以识别。

（3）5G时代的条形码技术

5G时代对家具企业最大的影响莫过于智能工厂的建设，智能工厂最基本的要求是自动化生产，因此生产线上的产品必须做到可追踪，即它必须以某种方式标记或自动识别。当前有多种技术可用于此目的，最具代表性的是条形码技术和RFID标签技术。

在智能工厂中，条形码技术和5G技术的交互使产品的跟踪更容易、更快、更灵活和更安全。通常情况下，操作工需要使用条形码采集器对二维码进行识读。当5G技术与二维码仓库管理系统融合后，能够将库存清点、限额领料、批次出库、智能终端二维码查询应用管理为一体，仓库管理员只需借助计算机和二维码移动智能终端，通过互联网即可实现数据信息的实时更新和共享。仓库管理员简朴地记录物资信息和出入库单据，系统会根据每笔出入库记录快速完成物资的库存增减，自动分类统计，也可以查询任意时间段的入库、出库等汇总数据，物料库存数据一目了然。另外，系统还可以记录不同供应商、不同生产部门、单位工程的消耗材料领用情况，并对库存不足、库存积存等情况自动示警。

随着"5G互联网+"时代的到来，利用二维码技术将大大改变仓库日常作业靠目视、口读与手工记录的落后管理模式，大幅提升仓库的工作效率，加快物料周转，并进一步促进企业的现代化发展，对智能制造的实现具有很好的应用远景。

条形码技术在家具企业的具体应用

（1）物料出入库管理中条形码的应用

传统的仓库管理仅凭仓库管理员人脑记忆和手工录入，这种做法不但费时费力，且容易出错，一旦下游产品出现质量问题，要在成堆的纸质单据中查找原因和责任非常困难。在物料出入库环节，应用条形码技术能有效改善此环节的问题，主要体现在：

①原材料入库。供应商打印原材料条形码标签，条形码中应包含物料代码、入库批号、数量、入库仓位等信息，粘贴在产品外包装上，家具企业员工扫描入库。

②半成品入库。根据生产订单，在生产线下线时，由生产操作人员打印条形码标签并粘贴在半成品上，然后扫描入库。

③成品入库。扫描生产订单，进行成品条形码标签打印。当装满一个包装时，自动打印包装箱条形码标签，并将条形码粘贴到包装箱的指定位置，然后扫描入库。

④原材料领用出库。仓储员扫描带有条形码的生产订单，得到本次生产订单需要的物料清单，进行扫描出库。

⑤成品出库。根据发货单自动检索出库清单，逐一扫描出库产品包装箱条形码标签。

由上所述可以看出，在物料的出入库环节使用条形码技术，能够准确完成入库、出库操作，实时掌控物料及产品的流转动态。简易流程如图3-20所示。

（2）生产过程中条形码的应用

以S公司的智能工厂为例，在成品制造过程中，首先由ERP系统利用企业的大数据进行拆单作业，每个拆开的零部件都会先来到开料生产工序，根据订单需求被切割成不同形状的板件。切割完的每一块板材将被自动生成的二维码统一进行管理（图3-21），

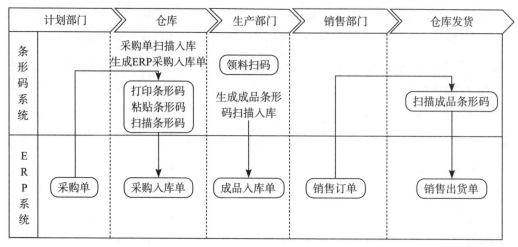

图3-20　条形码技术在物料管理中的应用图示

该环节中二维码主要用于记录板件的一些基本信息。通过扫描该二维码可以看到此板件接下来的每一个生产环节，中央系统也可以全程追踪它的生产进度。

开料完成后，中央系统会将切割完成的板件以及相应的加工信息点对点传给自动封边机、自动排钻机等电脑数控设备，无须人工干预，提高准确性和及

图3-21　板材粘贴二维码

时性。以排钻工序为例，智能设备通过扫读板件上的二维码获取加工信息，从而判断这批板材是否需要打孔、在哪打孔、应该打几个孔，然后把板材精准地分配到相应生产线中。

（3）ERP系统中条形码的应用

当前大部分家具企业都搭建了ERP系统，目的是对公司的物料进行精确管理。但大量的单据依然需要手工录入，一旦录入有误，将会对ERP系统的精确度造成严重的影响。因此，如果在ERP实施过程中采用条形码技术，自动录入单据，能够对企业物料管理提供有力保障。

物料出入库环节，可以在ERP系统中将原材到货的基础数据导入ERP系统，在ERP系统中开发条形码打印功能。将条形码打印到标签纸上，在物料上进行粘贴。该条形码不仅有记录物料信息的功能，同时也可以利用ERP手持扫码程序，将物料出库功能做成扫码出库。这样通过一张条形码标签，实现了实时出库管理的功能，节省了人工在系统

中录入数据的时间，同时也提高了出库效率。

车间生产过程中，利用ERP系统将板材按照规则打印形成二维码，二维码标签上显示工单号、零件名称、材质、规格等信息。板材进行第一道开料工序后，利用扫码设备将板材信息读到系统，此时系统会将完成开料的板材零件与二维码进行关联，在ERP系统内建立追踪关系，同时在板材上粘贴二维码。此时，板材二维码已经开始了生产追踪功能。

（4）销售环节中条形码的应用

二维码在家具企业的销售环节扮演着两个重要的角色：一个是宣传媒介的作用，在报纸、杂志、宣传册、海报、移动广告等媒体上整合刊载企业或产品信息的二维码，消费者可以通过手机扫描二维码，进一步了解产品、品牌及企业信息；另一个是产品信息追踪的作用，主要体现在以下方面：

①订货环节。无论是企业向供应商订货，还是销售商向企业订货，都可以使用条形码扫描设备将订货簿或货架上的条形码输入。这种条形码包含了商品品名、品牌、产地、规格等信息。然后通过主机，利用网络通知供货商或配送中心其订货的品种、数量。这种订货方式比传统手工订货效率高出数倍。

②补货环节。通过计算机对条形码的管理，对商品运营、库存数据的采集，可及时了解商品的存量，从而进行合理的库存控制，将商品的库存量降到最低点；也可以做到及时补货，减少由于缺货造成的分店补货不及时，发生销售损失。

③改补环节。如果售出的商品出现尺寸规格问题，可以通过条形码快速溯源，获取板件信息，实现快速高效的改补单措施。

④售后环节。客户可通过手机识别产品上的二维码信息，获取产品的唯一序列号，售后服务人员根据此序列号便可在系统内查询跟踪生产过程中的各种情况。二维码为企业产品售后服务提供了依据，能够建立每件产品的售后服务档案，便于对售后服务内容进行科学、系统地分析，不断寻找发现产品售后服务的"频发因子"，从而不断提升企业的售后服务质量，建立完善的售后服务体系。

案例总结

在当今智能制造时代，条形码技术在家具企业的智能制造系统中应用十分广泛，利用条形码技术可以减少人工数据录入，提高数据录入的准确性和实时性。条形码技术对于生产车间的智能化生产、零件追踪等方面也提供了极大助力。在订货、售后环节，条形码技术的运用也大大提升了工作效率，是企业获得消费者满意度的极大保障。

3.3
家具企业设施布置与选址

3.3.1 工厂选址

在当今中国市场，家具行业是一个快速发展的产业，以产业集群和特色区域为主的块状经济在发展格局中显得十分突出，以区域性优势出现的家具生产制造基地和商贸特色区域已经成为特有的产业现象。据不完全统计，全国已建成或规划建设的家具（家居）产业园（基地）中，万亩以上的有40多处，300~9000亩的约有100处，分布在中西部8个省份，分别为江苏、安徽、河南、河北、湖北、四川、云南、陕西。而家具企业的设施选址是建设产业园过程中至关重要的一个决策，一个合适的选址方案可以帮助企业在市场竞争中获得优势，并实现可持续发展。

家具厂选址时需要考量诸多因素：投资、运作成本、税收、员工对初期投资的影响、对运营成本的影响、厂址动迁高昂的代价及对设施建成后的设施布置，以及投产后的生产经营费用、生产服务质量及成本等，都对投入生产后的活动有极大而长久的影响。一般工厂选址的步骤是：选位、择点、比较、定址。在选择地区时需要考虑区域因素、原材料的位置、市场的位置、劳动力因素和社区因素等，选择具体位置时还需考虑土地、设施、环境、交通、法律等因素。工厂选址的常见影响因素见表3-11。

表3-11　工厂选址的考虑因素及适应性

考虑因素	有利方面	适用行业
接近市场	需求响应快，产品运费低	大多数服务业，新鲜食品、家具
接近原料地	原料运输成本低	金属、化工、建材、非鲜食品、家具
劳动力丰富	劳动力成本低，替代性好	纺织、服装、玩具、传统制品、家具
科教中心	人才易取，科技资讯丰富	设计、咨询、教育、文化、传媒
运输条件好	需求响应快，市场辐射广	家用产品、家具
协作条件好	配套容易，生产柔性大	机械、电子、汽（摩托）车
基础设施优	辅助条件好，生活质量高	除军工、上游产品外的其他产品
自然条件好	对自然条件开发利用容易	能源产品、农副产品、特殊制品

为了选出最佳地址，需要对备选地址进行比较，一般评价方法有：量本利分析法、因素评分法、线性规划运输模型、重心法、负荷距离穷举法、运输表法、仿真方法等。下面通过案例介绍常用的两种方法。

（1）量本利分析法

首先确定每一备选址的固定成本和变动成本，在同一张表上绘出各地点的总成本曲线，然后确定在哪些产出范围内总成本最低或利润最大，最后根据总成本最低或利润最大原则选择地址。

①总成本=固定成本+单位变动成本×产出量；

②总利润=总产出量（单位收入−单位变动成本）−固定成本

例：四个可能成为工厂所在地的固定成本和可变成本见表3-12。

表3-12　某工厂所在地的固定成本和可变成本情况　　　　单位：元

地址	每年的固定成本	每单位的可变成本
A	250000	11
B	100000	30
C	150000	20
D	200000	35

假设：选择地预期每年产量为10000个单位。

求：如果预期每年产量为8000个单位，哪一地的总成本最低？

首先依据表3-13绘出A、B、C、D四个地址的总成本线：选择最接近预期产量的产出（10000个单位），计算在这个水平上每个地点总成本，绘出每一地址的固定成本（在产出为0时）及产出为10000个单位时的总成本，用一条直线把两点连接起来，如图3-22所示。

表3-13　某工厂所在地的总成本情况　　　　单位：元

地址	固定成本	可变成本	总成本
A	250000	11（×10000）	=360000
B	100000	30（×10000）	=400000
C	150000	20（×10000）	=350000
D	200000	35（×10000）	=550000

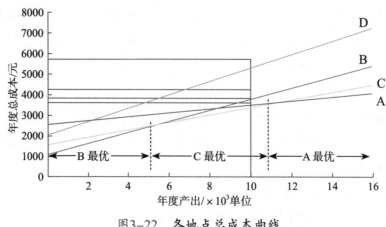

图3-22　各地点总成本曲线

图3-22中D地从未优于其他任何一地，可以从B线和C线的交点以及A线和C线的交点所得到的产出水平求出确切的区间。从图中看出，年产出8000单位，地点C的成本总额最低。

（2）因素评分法

首先列出与选址核心目标相关的要素，并对要素影响核心目标的程度赋予权值，给出各要素条件的单项最低限值，对各备选址要素优势评出比较分值，剔除达不到最低限值的备选址，将各备选址分值乘以相关要素的权值，最后取乘积值最大的备选址为确定选址。

例：一家新厂有两个可供选择的地点信息，通过比较各要素并赋予权值，见表3-14。

表3-14　某工厂所在地的因素评分表

因素	比重	得分（100）		衡量值	
		地点1	地点2	地点1	地点2
邻近厂	0.10	100	60	0.10（100）=10.0	0.10（60）=6.0
交通情况	0.05	80	80	0.05（80）=4.0	0.05（80）=4.0
租金	0.40	70	90	0.40（70）=28.0	0.40（90）=36.0
大小	0.10	86	92	0.10（86）=8.6	0.10（92）=9.2
布局	0.20	40	70	0.20（40）=8.0	0.20（70）=14.0
运营成本	0.15	80	90	0.15（80）=12.0	0.15（90）=13.5
合计	1.00			70.6	82.7

由表3-14可知，通过计算得到结果：地点2综合得分高，是更好的选择。

3.3.2 车间布置与系统组织

设施布置是指在一个给定的设施范围内，对多个经济活动单位进行位置安排。激烈的市场竞争带动着消费需求的变化。资金、技术、生产观念的制约，以及激烈的市场竞争为企业的设施布局提出了新的要求。对车间生产运作活动单元进行布置时需要具备系统观念，使整体布局有利于生产与服务，方便运输，节约用地。

车间布置需要遵循以下原则：按照生产性质，需要合理安排区域关系；满足生产要求，避免物料移动的交叉迂回；生产与协作关系紧密的部门，应相互靠近；方便与外界交流，充分利用现有运输条件；考虑防火、卫生要求，力求占地最少。

对于家具企业而言，车间系统按照作用可分为生产技术准备过程、基本生产过程、辅助生产过程和生产服务过程。其中，基本生产过程的工段划分如图3-23所示，合理组织生产过程要求满足时间和空间的连续性、计划和控制的均衡性和市场的适应性等。

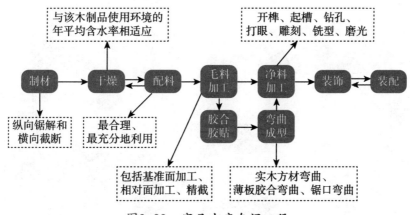

图3-23 家具生产车间工段

家具车间布置方式一般有固定式布置（单机作业）、按产品布置、按工艺过程布置和按成组制造单元布置等。

①按产品布置。指以产品为中心布置设施、实施生产的方式，如图3-24所示。

②按工艺过程布置。指以工艺为核心布置设施、实施生产的方式，如图3-25所示。

③按制造单元布置，如图3-26所示。

④家具综合型制造工艺布置。A线为一定批量时标准件生产线，B线为小批量时非标准件生产线，C线为空芯板、加厚实芯板、异形件生产线，如图3-27所示。

⑤按成组制造单元布置。以成组技术为基础布置设施、实施生产的工艺方式。成组技术规划是将不同的机器分成许多单元来生产具有相同形状和工艺要求的产品。成组技

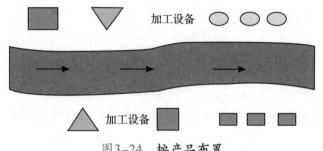

图3-24　按产品布置

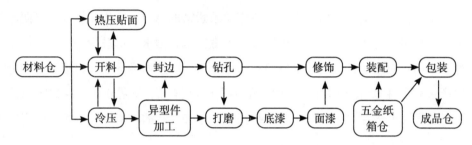

图3-25　按家具直线型制造工艺布置

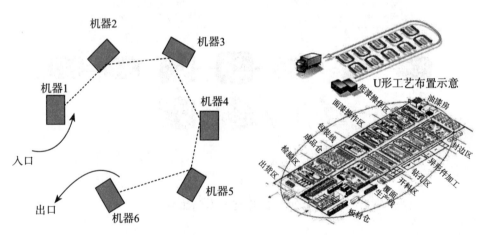

图3-26　C形和U形工艺布置

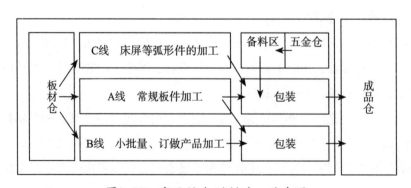

图3-27　家具综合型制造工艺布置

术具有减少在制品库存和物料运输、缩短生产调整时间等优点。

　　生产运作系统工作布置方法常用到的有相对关系布置法、样片和模型布置法以及物料运量图法。其中，相对关系布置法是根据各部门之间相互关系的密切程度来布置，见表3-15。物料运量图法则考虑原材料、在制品及其他物料在生产过程中总流动方向及运输量。典型的生产运作方式为流水线设计。流水生产是指产品经过各道工序，按规定路线、速度，一件接一件地进行加工和生产，其特征为各个工作地按照工艺过程的顺序排列，每件产品各道工序的加工时间要相等或呈简单的整数比例关系，产品按照节拍进行生产。

表3-15　相对关系布置法

级别	代号	关系密切程度	评分
1	A	绝对必要	6
2	E	特别重要	5
3	I	重要	4
4	O	一般	3
5	U	不重要	2
6	X	不可接受	1

3.3.3　生产运作系统的时间组织

　　首先需要明确几个基本概念：流水线上相邻两件产品产出的间隔时间或产出一件产品平均耗费时间称为节拍；工作地是指流水线上可以组成一个单独计时单位的岗位，可由一个或几个员工的一项或几项作业构成。最大可能节拍等于流水线上各作业时间的总和；最小可能节拍指流水线上不宜进一步分解的各作业中耗时间最长作业时间。

　　零件在工序间的移动方式有顺次移动、平行移动、顺次平行移动三种，各自加工周期计算公式如下。

（1）顺次移动方式

　　一批制品在上道工序全部完工后，整批地转运到下道工序接着加工，如图3-28所示。

$$T_{顺次} = n \sum_{i=1}^{m} t \qquad (3-1)$$

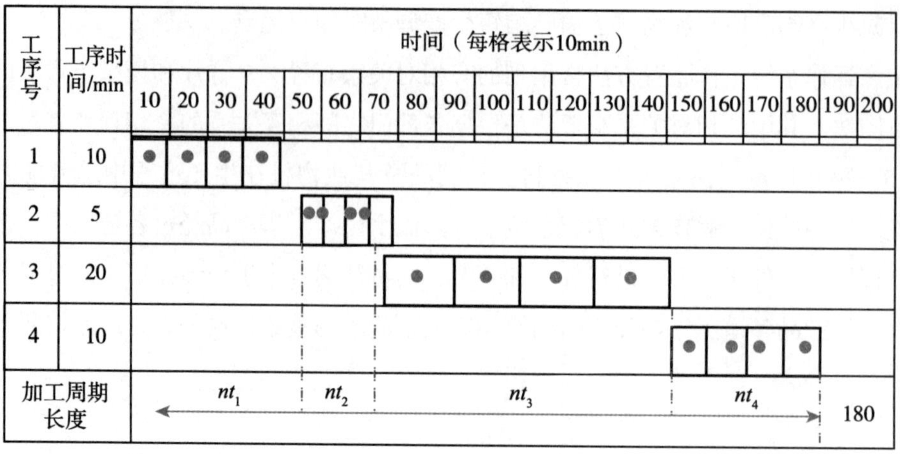

工序号	工序时间/min	时间（每格表示10min）																		
		10	20	30	40	50	60	70	80	90	100	110	120	130	140	150	160	170	180	190	200
1	10	●	●	●	●																
2	5					●●	●●														
3	20								●	●	●		●								
4	10															●	●	●	●		
加工周期长度		nt_1				nt_2			nt_3							nt_4				180	

图3-28　顺次移动方式

顺序移动方式的优点在于运输次数少、设备加工过程连续，缺点是零件等待时间长 $(n-1)t_i$、生产过程在制品占用多，加工周期长。当批量不大、单件加工时间较短、生产单位按工艺专业化组成或距离较远的情况下适用这种方式。

（2）平行移动方式

一批制品的每一件在上道工序完工后，立即运往下道工序接着加工（逐件转移），如图3-29所示。

$$T_{平行} = \sum_{i=1}^{m} t + (n-1)t_{最大} \tag{3-2}$$

注：$t_{最大}$指所有工序中，单件时间最长者。

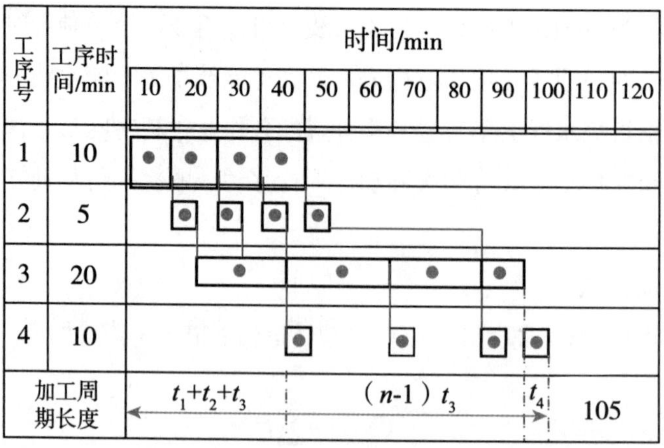

工序号	工序时间/min	时间/min											
		10	20	30	40	50	60	70	80	90	100	110	120
1	10	●	●	●	●								
2	5		●	●	●	●							
3	20			●		●		●		●			
4	10				●		●			●	●		
加工周期长度		$t_1+t_2+t_3$				$(n-1)t_3$					t_4	105	

图3-29　平行移动方式

平行移动方式的优点在于加工周期短，在制品占用量少；缺点是运输次数多，当前后工序时间不相等时，存在设备中断和制品等待的情况。

（3）顺序平行移动方式。

顺序平行移动方式如图3-30所示。

$$T_{\text{平顺}} = n\sum_{i=1}^{m} t - (n-1)\sum_{j=1}^{m-1} \min(t_j, t_{j+1}) \tag{3-3}$$

注：$\min(t_j, t_j+1)$ 指前后工序两两相比，单件时间较短者。

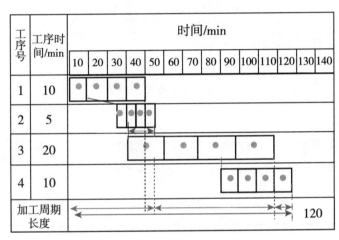

图3-30　平行移动方式

3.3.4 案例分析

3.3.4.1 以广州某家具企业为例分析现代家具企业设施布置

案例背景

20世纪60年代初，美国R.穆瑟（R.Muther）提出了著名的系统化设施布置方法，迄今仍在一般设施布置中广泛应用。

系统布置设计（Systematic layout planning，简称SLP）是R.穆瑟在总结了大量工厂布置设计经验基础上提供的一种设施规划方案。其中，把产品（Product）、产量（Quantity）、生产路线（Route）、辅助服务部门（Serve）及生产时间安排（Time）进行处理，这样就形成了单纯工厂布置模型。

本案例将广州某家具企业板式家具生产车间作为研究对象，该车间采用生产线人机结合的加工形式，其生产流程如图3-31所示。

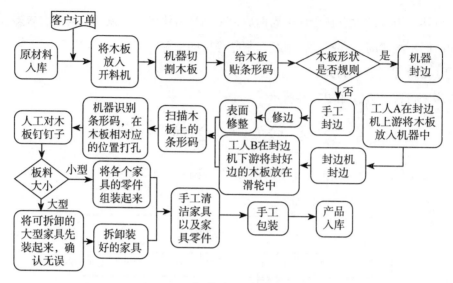

图3-31　板式家具生产流程图

其生产车间设有开料区、封边区、清洁区、试装区等多个工作区域，具体区域分布如图3-32所示，其中组装区等深色部分为分析的重点区域。

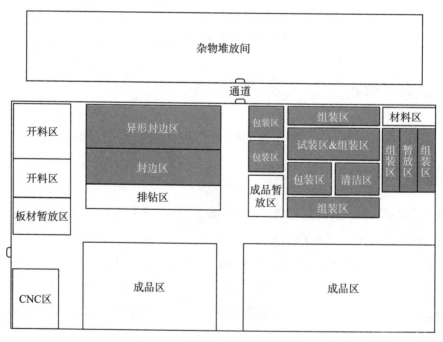

图3-32　车间工作区域分布图

生产作业现场问题分析

生产现场设施的布置必须结合人因工程学和设施布置的科学理论，为降低工人疲劳、提升工作效率及减少生产成本服务。通过对该车间的考察和测量，得到作业现场存在以下问题。

（1）车间区域划分不合理

车间中组装区和封边区工具存放在较远的地方，增加了操作时的不必要时间。与生产流程关系不大的文件处理区域占据了较大的空间，清洁区、试装区面积有限，作业时相互交叉，管理松散。

（2）工作台、工具柜布置不合理

组装区的工作台、工具柜尺寸和布局设计不合理，空间利用率极低，导致工人频繁弯腰作业，体力消耗大。异形封边区工人需要多次翻找获取工具位置，浪费时间。

（3）物料工具摆放无序

组装区物件和工具摆放杂乱分散，工人需要耗费大量时间来寻找需要的物件，降低了生产效率，也给工人带了了不必要的负担。

（4）部分器具有待改良

封边区平板运输推车使工人使用不便，工人需要重复前往操作台进行封边，增加了移动距离，不仅使操作过程变长，降低工效水平，更增加了工人的疲劳。

（5）工位空间布局存在隐患

半成品区容易发生半成品和成品交叉堆放的事故，货物堆积不仅显得现场混乱，更增加了工人的心理负担，影响其工作效率和产品质量。插座的布局导致了工人需要拉很长的电线，电线直接暴露在地上，影响工作效率的同时也带来了安全隐患。

现存问题的改善研究

对半成品区车间作业空间布局进行考察调研，得到车间半成品区的分布现状图，如图3-33所示，生产区域流程见表3-16。采用R. 穆瑟提出的基于流程导向的调整系统布局设计法（SLP法），对该车间生产数据进行分析。

该车间的产品分为大件家具部件A、小型家具B、打钉安装小型家具C和试装家具D四种类型，结合工厂提供的日常订单数据、工艺路线和各工位之间的位置，对各产品的配送物流强度进行分析后得到作业相关图，如图3-34所示。

考虑到工厂内固定运输带及原材料难以调整，针对调研得出的问题做出以下调整：

①因清洁区使用频率高，将清洁区调整至组装区和包装区的中间，扩大清洁区的面

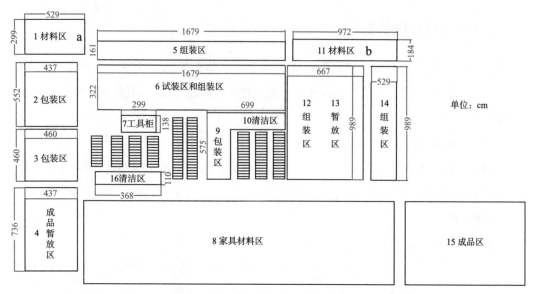

图3-33 生产车间尺寸分布现状

表3-16 车间生产区域流程表

重点区域	作业流程
试装区	8家具材料区→5组装区→6试装区和组装区→13暂放区→15成品区
组装区	普通组装：8家具材料区→5组装区（一次）→6试装区和组装区→12组装区→13暂放区
	打钉组装：8家具材料区→5组装区（一次）→6试装区和组装区→14组装区→12组装区→13暂放区
清洁区	8家具材料区→7工具柜（一次）→16清洁区
	13暂放区→7工具柜（一次）→10清洁区
	12组装区→7工具柜（一次）→10清洁区
包装区	大件家具：1材料区a（一次）→16清洁区→3包装区→4暂放区→15成品区
	小件家具：1材料区a（一次）→10清洁区→9包装区→15成品区

积，调整后的位置能够有效提高工作效率。

②增设工具柜，有效解决试装区工具摆放杂乱的问题。

③将组装区调整至资料区旁，这样调整大大缩短了工具柜到组装区的距离，变相减少了生产成本。

④缩小了办公区的面积，减少了部分不必要的区域。

改进后的车间构造了有效的人、机、环境整体，生产运转更为流畅，生产效率更高，减少了不必要的消耗，进一步降低了生产成本，结果见表3-17。

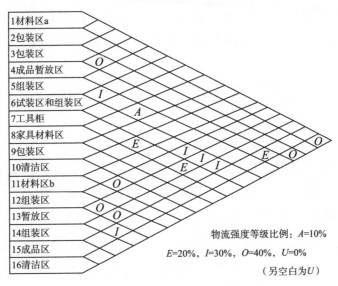

图3-34 作业相关图

表3-17 改进后线路距离

产品加工线路类型	原线路距离/m	改善后线路距离/m	优化距离减少比例/%
B线	70.3	55.2	20.1
C线	74.6	57.2	22.9
D线	68.3	63.7	7.3

案例总结

本案例通过SLP方法，针对制造企业生产物流特点，对广州某家具企业制造车间进行分析，并利用结果提出了制造企业的设施布局优化的改善方法。

①对家具企业设施布置现状进行调研，得到了车间生产流程和设施区域分布的具体情况。

②对家具制造生产车间的设施布置现状进行了分析。利用人因工程学和设施布置的相关理论，提出车间设施布置现存问题，为进行设施布置的改进做出贡献。

③利用SLP方法对制造车间设施布置进行分析，并对问题做出应对改进。

为降低工人疲劳度、提升其工作效率，本案例通过图示模型法分析了广州某家具工厂车间的现存问题，运用SLP方法对作业空间布置进行规划设计，并对其提出了一系列的改善措施。对于制造企业的设施布置的设计，不仅在于机器或者制造设备，更在于工人的舒适度和与环境的适配。因此，应该广泛应用人体工程学和科学的设施布置理论，对生产过程中的从原材料到产品出厂进行全流程的优化，这不仅可以帮助工人预防长时间工作造成的劳累和损伤，也能提高车间的空间利用率和生产效率。

3.3.4.2 以宜家家居为例分析当代家具企业的设施选址决策

案例背景

宜家家居于1998年进入中国市场，在上海成立了第一家门店。随着中国经济的快速发展和消费水平的提高，宜家家居在中国市场的销售额逐年增长。截至2021年，宜家家居已经在中国开设了超过30家门店。

然而在中国市场，家具行业竞争激烈，来自国内和国际品牌的竞争对手众多。为了保持其在中国市场的竞争优势，宜家家居不断优化其设施选址方案，以提高效率、降低成本，并更好地满足中国消费者的需求。

资源评估

（1）用地和建筑评估

在进行设施选址决策时，用地和建筑评估是非常重要的一项考虑因素。宜家家居在中国市场的分布较广，既有大型商场，也有小型体验店。针对不同类型的店铺，需要进行不同的用地和建筑评估。对于大型商场，需要评估其对应的用地是否具有足够的面积，以满足宜家家居的商业需要；对于小型体验店，需要评估其位置是否便利，以及与周边商业环境是否协调等因素。

（2）劳动力资源评估

劳动力资源评估是另一个需要考虑的重要因素。企业需要大量员工来运营其商店，包括销售人员、仓库管理员、客服人员等。因此，在设施选址决策中，需要考虑当地的劳动力资源情况，包括当地的人口结构、人才储备、薪资水平等因素。

（3）交通和基础设施评估

交通和基础设施评估是另一个需要考虑的重要因素。企业需要保证其商店能够顺利地进行供应链管理和顾客服务。因此，在设施选址决策中，需要考虑交通便利程度、基础设施完备程度等因素，这些因素将直接影响到企业的运营效率和顾客体验。

成本分析

（1）土地和建筑成本

土地和建筑成本是进行设施选址决策时需要考虑的重要因素之一。在选择用地时，需要考虑多个因素，如地理位置、地形地貌、基础设施、交通状况等。在中国市场，由于不同城市的经济水平和市场需求不同，土地和建筑成本也存在较大的差异。一般来说，一线城市的土地和建筑成本相对较高，但市场需求也相对更大；而在二线和三线城市，土地和建筑成本则相对较低，但市场需求也较小。因此，需要根据市场的定位和发展战略，选择适合自身的用地和建筑，并对不同城市的用地和建筑成本进行评估，以制定出合理的商业策略。

对于宜家家居这种大型家居企业来说，建筑面积至关重要。在中国市场，需要选择适合其经营规模的建筑，同时考虑建筑成本因素。此外，还需要考虑建筑的高度和形态等因素，以确保建筑设计符合当地的规划和环保要求，同时能够满足其商业需求。

（2）劳动力成本

劳动力成本是进行设施选址决策时需要考虑的另一个重要因素。在中国市场，不同城市的劳动力成本也存在巨大的差异。一般来说，一线城市的劳动力成本相对较高，但人才资源相对更为丰富；而二线和三线城市的劳动力成本相对较低，但人才资源相对较为匮乏。因此，宜家家居需要根据自身发展需求和商业策略，选择适合的城市，同时考虑该城市的劳动力市场情况和薪资水平等因素。

除了薪资水平外，宜家家居还需要考虑社会保险、福利、培训等方面的成本。在中国市场，劳动力保障法和相关法律法规规定了企业需要为员工缴纳的社会保险费用，如养老保险、医疗保险、工伤保险等。此外，企业还需要向员工提供一定的福利待遇，如年终奖金、带薪休假、住房补贴等。同时，企业还需要对员工进行培训和职业发展规划，以提升员工的工作技能和素质。这些成本也需要被纳入劳动力成本的考虑范畴之内，以全面评估不同城市的劳动力成本情况，制定出合理的人力资源管理策略。

风险评估

（1）自然灾害和环境风险

在进行设施选址决策时，自然灾害和环境风险也是需要考虑的重要因素之一。地震、洪水、台风等自然灾害可能对企业的设施和生产线造成不可预见的影响。因此，在选择设施选址时，需要考虑自然灾害的概率和影响程度，并选择相对安全的地区进行建设。

此外，环境风险也是需要考虑的因素之一。随着社会的进步和环保意识的提高，中国政府加强了对企业环境保护的监管力度。在进行设施选址时，需要考虑当地的环保政策和环境状况，并制定出相应的环保措施，以降低环境风险对企业的影响。

（2）政治和经济风险

政治和经济风险也是需要考虑的重要因素之一。政治风险包括政策变化、社会不稳定等因素，这些因素可能对企业的设施和运营造成重大影响。因此，在进行设施选址决策时，需要考虑政治风险的概率和影响程度，并选择相对较为稳定的地区进行建设。

经济风险包括通货膨胀、货币贬值等因素，这些因素可能对企业的投资和经营造成影响。在进行设施选址时，需要考虑当地的经济状况和发展趋势，并制定出相应的商业策略，以降低经济风险对企业的影响。此外，还需要考虑竞争对手的情况，制定出相应的竞争策略，以保持自身在市场中的竞争优势。

选址决策

（1）选址方案比较和分析

在进行设施选址决策时，需要评估不同城市的资源情况、成本和风险等因素，并综合考虑这些因素，制定出多个潜在选址方案。然后需要对这些选址方案进行比较和分析，以确定最佳选址方案。

对于不同的选址方案，需要考虑多个因素，如用地面积、建筑面积、劳动力成本、交通和基础设施等方面的条件和要求。还需要根据当地的政策法规和环保要求，确定选址方案的可行性和合法性。在比较和分析不同的选址方案时，需要制定出合理的评估指标和标准，以确保选址方案的综合性和科学性。

（2）选址决策的评估和选择

在评估不同的选址方案之后，需要确定最佳选址方案。在进行选址决策时，需要考虑多个因素，如用地和建筑成本、劳动力成本、交通和基础设施、市场需求和竞争情况等方面的条件和要求。同时，还需要考虑风险因素，如自然灾害和政治、经济风险等方面的因素，以确保选址方案的可持续性和稳定性。

在确定最佳选址方案时，需要制定出合理的评估标准和指标，以便对不同的选址方案进行比较和分析。此外，还需要进行风险评估和可行性分析，以确保选址方案的成功实施。最终，需要根据自身商业战略和发展需求，选择最佳选址方案，并在实施过程中加强管理和监督，以确保选址方案的顺利实施和经营成功。

实施建议

（1）设施建设的规划和设计

设施建设的规划和设计是宜家家居在中国市场成功的关键之一。在设施建设规划和设计阶段，宜家家居需要考虑多个方面的因素，包括建筑和用地的规划、设计、施工、环保等。

首先，宜家家居需要根据其在中国市场的定位和发展战略，确定用地和建筑的规划。宜家家居需要根据不同城市的市场需求和发展潜力，选择适合自身的用地和建筑规划方案。同时，宜家家居需要考虑环保和可持续发展的因素，采用绿色建筑技术，降低建筑和用地对环境的影响。

其次，宜家家居需要根据建筑规划方案，进行详细的设计和施工计划。宜家家居需要确定建筑的面积、高度、形态等因素，并根据不同城市的规划和环保要求，进行相应的设计和施工。在设计和施工阶段，宜家家居需要严格遵守中国的建筑和环保法规，确保建筑和用地的合法性和环保性。

最后，宜家家居需要在设施建设规划和设计阶段，注重与当地政府和社会各界的沟通和合作。宜家家居需要与当地政府建立良好的合作关系，积极参与当地社会事务和公益活动，提升企业形象和社会责任感。

（2）设施建设的实施和监控

设施建设的实施和监控是宜家家居在中国市场成功开展的关键之一。在设施建设实施和监控阶段，宜家家居需要注重多个方面的因素，包括工程进度、施工质量、环保和安全等。

首先，宜家家居需要制定详细的施工计划和工程进度表，并严格按照计划进行施工。宜家家居需要派出专业的工程师和管理人员，对施工现场进行全程监控和管理，确保施工质量和安全。

其次，宜家家居需要注重环保和可持续发展的因素，严格遵守中国的环保法规，采用绿色建筑技术，降低建筑和用地对环境的影响。宜家家居需要制定详细的环保计划和措施，并在施工过程中严格执行。

最后，宜家家居需要与当地政府和社会各界保持沟通和合作，及时解决建设过程中遇到的问题。宜家家居需要积极参与当地社区事务和公益活动，提高企业的社会责任感和形象。

在设施建设实施和监控阶段，宜家家居还需要制定详细的监控和评估机制，定期对设施建设进行检查和评估，及时发现和解决问题，确保设施建设的顺利实施和高质量完成。

> **案例总结**

选址决策是宜家家居在中国市场成功的关键之一。宜家家居在选址决策过程中考虑了多个因素，包括市场需求、交通便利性、人口密度、竞争对手、政策和环保要求等。

通过科学合理的选址决策，宜家家居在中国市场成功开展了多个门店的建设和运营，提升了企业形象和市场竞争力。

选址的合理与否直接关系到宜家家居在中国市场的发展和竞争力。不合理选址可能导致投资失败，浪费企业资源和资金。而合理选址则可以提升企业形象，增强市场竞争力，实现企业可持续发展。

未来，随着中国城市化进程的加快和消费升级的推进，家居市场的发展潜力仍然巨大。在这样的背景下，宜家家居需要加强品牌建设和市场营销，进一步提升企业在中国市场的知名度和美誉度。同时，宜家家居需要积极拓展线上渠道，与线下门店相结合，满足消费者多元化的需求。此外，宜家家居需要继续注重环保和可持续发展，采用绿色建筑技术，推动家居行业的可持续发展。

本章思考题

1. 简述业务流程的内涵。
2. 简述家具企业先进制造技术的种类及应用。
3. 简述家具企业的选址原则和方法。
4. 简述车间布置与系统组织的方式。

第4章

现代家具生产
与运作管理

4

学习目标 ▶

了解现代家具企业生产计划管理的指标与方法、现代家具企业信息化管理系统以及大规模定制的基本内涵；明确企业在大规模定制生产模式下的管理体系；能够针对现代家具企业提出针对性的生产与运作管理策略。

家具生产是工业制造行业，而家具生产与运作管理则是现代家具企业重点需要关注的方向。为提高企业生产质量和效率，拓展价值增值空间，保证生产运营系统安全，满足诸如大规模批量定制生产、个性化小批量生产等现代生产的需求，现代家具企业需要明确具体的对家具生产制造以及企业运营的管理办法。

4.1
生产计划管理

4.1.1 生产计划概述

生产计划是指为实现企业生产目标，对未来一定时期内的生产作业活动和各项资源的使用做出的统筹安排。狭义的概念是指生产系统的运行计划，计划规定了一定时期内生产或提供产品或服务的品种、质量、产量和进度，是进行生产作业活动的纲领和依据。广义概念包括生产系统的建立和运行的计划。

现代家具企业生产计划主要管理内容包括：制订生产大纲/综合计划（主要是生产计划指标的确定），该计划需根据企业生产能力和需求预测，对产出内容、产量、劳动力水平、库存等问题做出决策性描述。制订主生产计划，主要目的在于确定具体产品在每一具体时间段内的生产数量，包括生产进度安排等。制订物料需求计划（MRP），在主生产计划确定后，要依靠物料需求计划保证主生产计划所规定最终产品所需的全部物料及其他资源及时供应。制订合理的生产计划，能够实现最大化顾客服务程度、最大化利润、最小化成本、最小化存货水平、最小化设备停顿时间、最小化消耗水平、最小化人员闲置时间。因此，构建生产计划体系，是生产与运作运行的基础。

企业的生产计划又可进行不同阶段的分类，可分为长期计划、中期计划、短期计划。企业在制订战略规划时首先根据需求预测进行业务规划，分别规划营销计划、生产计划以及财务计划，作为企业战略规划中的长期计划；之后，企业根据生产计划进一步制订综合计划，明确需求管理、资源计划以及主生产计划（出产进度计划），即中期规划；最后，企业根据主生产计划进一步规划人员控制生产排程以及物料需求计划，包括材料单、存货状态数据、采购计划、劳动力与生产排程，完成短期计划。

企业生产计划中的长期、中期、短期计划在计划总任务、管理层次、计划期、详细程度、不确定性、空间范围、时间单位、决策变量八个方面又有着不同的特点，见表4-1。其中长期计划又称长期战略，主要制订总目标，获取资源，一般由企业高层管理者制订管理，周期一般在3~5年。计划内容具有高度综合性，不确定性较高。计划范围包含整个公司，计划内容常受到产品线、企业规模、设施选择、供应渠道方面影响。中期计划又称中期战术，目的在于有效利用现有资源，由企业中层管理者制订、管理，计划周期在1年左右，计划时间单位常为季或月，计划内容详细程度中等，不确定性中等，计划内容主要涵盖工厂，具体内容常常受到生产速率、库存水平、工作时间、外协量等影响。短期计划又称短期作业，为了适当配置资源、能力，一般由企业基层管理者制订管理，周期范围在1年以内，计划时间单位为周、日或班次计算，计划内容较为详细具体，不确定程度较低，计划具体涵盖到企业工厂车间、班组范围，具体计划内容受到生产品种、数量、质量、顺序影响。

表4-1　各类生产计划特点

项目	长期计划（战略）	中期计划（战术）	短期计划（作业）
计划总任务	制定总目标获取资源	有效利用现有资源	适当配置资源、能力
管理层次	企业高层管理者	中层管理者	基层管理者
计划期	3～5年	1年左右	1年以内
详细程度	高度综合	概略	详细、具体
不确定性	高	中	低
空间范围	公司	工厂	车间、班组
时间单位	年	季、月	周、日、班
决策变量	产品线、企业规模、设施选择、供应渠道	生产速率、库存水平、工作时间、外协量	生产品种、数量、质量、顺序

4.1.2　生产计划指标及确定

生产计划指标主要由四方面组成，即产品品种指标、产品质量指标、产品产量指标、产值指标。其目的在于明确企业生产需要干什么、做得好不好、需要干多少，以及明确单一产品产值、总产值、净产值的问题。

通过产品品种确定生产计划主要指标，主要可以使用象限法明确产品销售利润率，根据产品收入大小以及利率大小确定产品所在象限，进而分析得到该产品的生产计划主要指标。使用波士顿矩阵，根据产品利润与销售收入划分产品为四种类型，进而确定产品的生产计划，如图4-1和图4-2所示。

例如，某企业年度生产A、B、C、D、E、F6种产品，其销售资料见表4-2，则可以通过象限法绘制产品销售利润率，分析得出产品A、B、C、F在10%利润基线之下，产品D、E在10%利润基线之上，因此可对产品A、B、C、F制订更高的生产计划指标，如

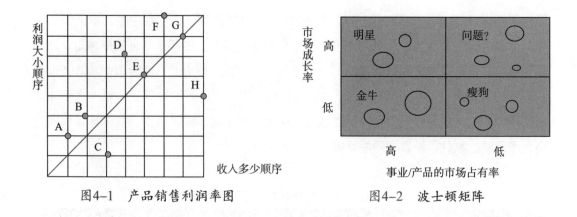

图4-1 产品销售利润率图 图4-2 波士顿矩阵

图4-3所示。通过绘制波士顿矩阵，如图4-4所示，可以明确产品D、E在问题象限中，需要对其进行检测，可作为后期投入产品；产品C、F在金牛象限中，可以继续维持生产计划；产品A、B在明星象限中，可以侧重发展该产品。

表4-2 某企业产品销售资料表

产品	A	B	C	D	E	F
销售收入/元	400	300	150	430	500	150
利润/元	50	55	25	10	10	40
销售利润率/%	12.5	18.3	16.7	2.3	2	26.7

确定产品质量指标，可以通过对产品进行效益分析，通过对质量指标与产品价格、成本之间关系分析进而确定产品质量指标，如图4-5所示。其次，可以对产品进行寿命

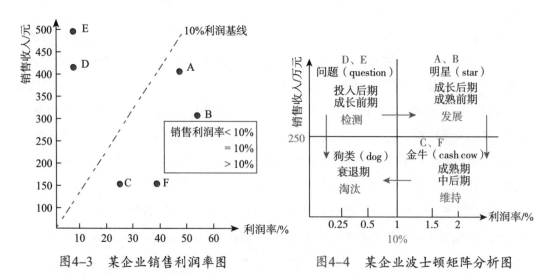

图4-3 某企业销售利润率图 图4-4 某企业波士顿矩阵分析图

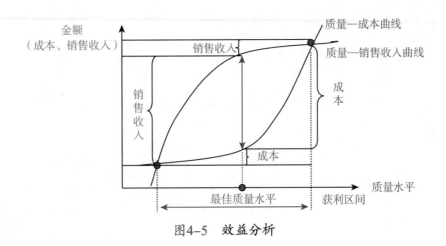

图4-5　效益分析

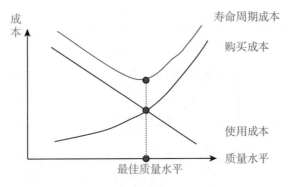

图4-6　寿命周期成本分析

周期成本分析，确定顾客购买及使用过程中所花费的全部费用，进而明确产品质量指标，如图4-6所示。

产品产量指标确定，除考虑市场需求外，还要考虑企业经济效益，一般可分两步：最低产量和最佳产量。其中，最低产量（保本）可以通过量本利分析确定，主要利用量本利分析确定临界产量点；最佳产量则可以通过产量、价格、成本的关系分析确定，当价格处于变动情况下时，最佳产量点如图4-7所示；当价格相对稳定时，最佳产量点如图4-8所示。

现代家具企业有着以销定产和以产促销两种基本策略，因此也可基于这两种基本策略确定生产计划指标。在以销定产基本策略下，可以按市场需求制订生产运作计划指标并组织生产，按期、按质、按量、按品种向市场提供所需产品或劳务，进而确定生产计划指标。而在以产促销的基本策略下时，则可以在满足市场需求前提下，根据企业生产技术特点，生产既符合专业方向又有一定创新的产品和服务，以生产促进销售，进而确定生产计划指标。

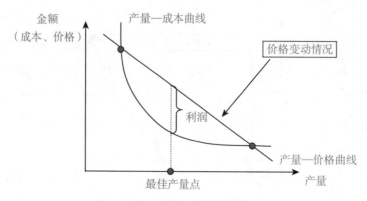

图4-7　价格变动下最佳产量点

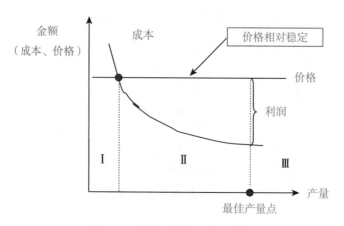

图4-8　价格稳定下最佳产量点

　　在确定生产计划主要指标后，需要注意生产计划指标的综合平衡问题，需要保证任务与能力、劳动力、物料供应、外协件、生产技术准备五方面达到平衡。最后，进行生产作业进程安排时，可以采用甘特图的方法对简单项目进行计划与排程，该方法能使管理者为项目各项活动做好进度安排，随着时间推移，对比计划进度与实际进度，进行监控工作，如图4-9所示。但同时甘特图法也存在无法显示活动间内在联系的缺陷，因此，在制作甘特图时应保证完成合同要求；排产的科学顺序，要与各项技术准备工作相衔接并合理利用生产资源。

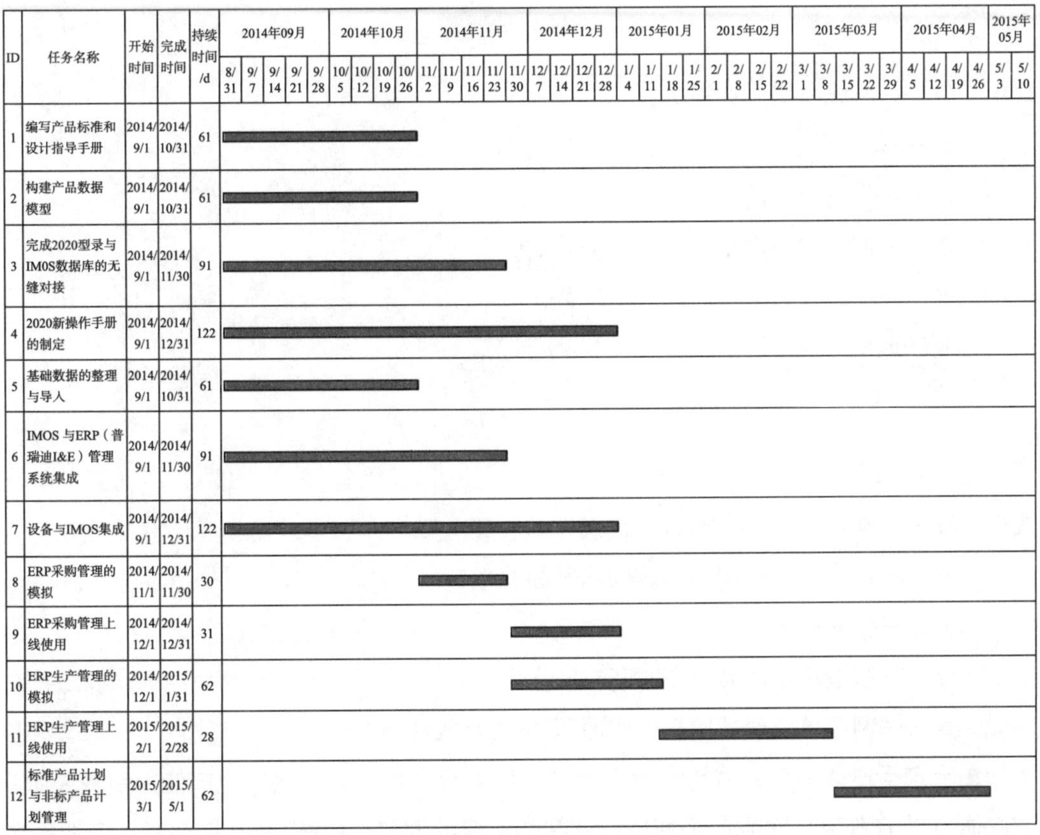

ID	任务名称	开始时间	完成时间	持续时间/d	2014年09月 8/31 9/7 9/14 9/21 9/28	2014年10月 10/5 10/12 10/19 10/26	2014年11月 11/2 11/9 11/16 11/23 11/30	2014年12月 12/7 12/14 12/21 12/28	2015年01月 1/4 1/11 1/18 1/25	2015年02月 2/1 2/8 2/15 2/22	2015年03月 3/1 3/8 3/15 3/22 3/29	2015年04月 4/5 4/12 4/19 4/26	2015年05月 5/3 5/10
1	编写产品标准和设计指导手册	2014/9/1	2014/10/31	61									
2	构建产品数据模型	2014/9/1	2014/10/31	61									
3	完成2020型录与IMOS数据库的无缝对接	2014/9/1	2014/11/30	91									
4	2020新操作手册的制定	2014/9/1	2014/12/31	122									
5	基础数据的整理与导入	2014/9/1	2014/10/31	61									
6	IMOS与ERP（普瑞迪I&E）管理系统集成	2014/9/1	2014/11/30	91									
7	设备与IMOS集成	2014/9/1	2014/12/31	122									
8	ERP采购管理的模拟	2014/11/1	2014/11/30	30									
9	ERP采购管理上线使用	2014/12/1	2014/12/31	31									
10	ERP生产管理的模拟	2014/12/1	2015/1/31	62									
11	ERP生产管理上线使用	2015/2/1	2015/2/28	28									
12	标准产品计划与非标产品计划管理	2015/3/1	2015/5/1	62									

图4-9 甘特图法生产计划与排程

4.1.3 企业生产运作能力核算及生产排产

企业生产运作能力是指生产系统在一定的时期内、一定技术组织条件下，经过综合平衡所能生产一定种类产品的产量。家具企业中生产能力可以分为正常生产能力、最大生产能力、最优生产能力、短期需求生产能力、长期需求生产能力、最优长期生产能力六种类型。同时，企业的生产能力也受到五方面因素的影响，包括产品的品种、技术复杂程度及生产组织方式，生产设备和生产面积数量、生产效率及时间有效利用率，劳动者技术水平和劳动技能的熟练程度，企业所能运用的物质资源的数量（包括原材料、能源等），以及企业经营管理水平。

在对企业生产能力进行核算时，分别需要对机器设备生产能力进行计算，以及作业场地生产能力进行计算。其中，机器设备生产能力可采用公式（4-1）或公式（4-2）进行计算。

$$M = \frac{FS}{T} \qquad (4-1)$$

$$M = FSP \qquad (4-2)$$

式中　M——某设备组生产能力；

　　　F——计划期单位设备的有效工作时间，h；

　　　S——设备组内的设备数量；

　　　T——制造单位产品所需设备的台时数；

　　　P——单位设备单位时间产量定额。

作业场地生产能力可采用公式（4-3）计算。

$$M = \frac{FA}{at} \qquad (4-3)$$

式中　M——某作业组生产能力（台或件）；

　　　F——单位作业面积的有效利用时间总额，h；

　　　A——作业面积数量，m^2；

　　　t——制造单位产品所需时间，h；

　　　a——制造单位产品所需生产面积，m^2/台或件。

在确定生产能力后，需要注意生产能力的综合平衡问题，根据生产能力负荷系数：生产能力/生产任务，对生产平衡进行评判，负荷系数大于1时代表负荷不足，负荷系数等于1时为满负荷，负荷系数小于1即为超负荷。

在企业实际生产过程中，为提高生产能力，可以采取降低单位产品劳动量消耗（或增加单位时间内产量）、充分利用工作时间、增加设备和生产面积、转移设备负荷、承接外协任务等方式进行。当需要调整生产能力时，则可采取加班加点、增加人员和设备、提高工作效率、更改工艺路线（负荷转移）、增加外协处理等方法。若需要调整生产负荷，可以通过修改计划、调整批量、推迟交货期、撤销订单、交叉作业等方法进行。

完成生产运作能力核算后即可进行生产排产，生产排产又叫生产计划排程，是在有限产能的基础上，综合来自市场、物料、产能、工序流程、资金、管理体制、员工行为等对生产的影响，经过APS（高级计划与排产）的优化得出合理有效的生产计划。根据不同的生产方式又分为计划式生产和订单式生产（揉单生产）。在对计划式生产进行排产时，需要考虑生产计划排程，对（潜在）瓶颈资源上的任务定单进行排序和计划。对于订单式生产（揉单生产）排产，则需要考虑生产计划排程要能自动按时段检查资源组的能力，看其是否能够在下一个时间段内完成成组加工的一组订单。

4.1.4 案例分析

4.1.4.1 以宜家为例分析其供应链策略

案例背景

宜家作为较大的家具和家居用品跨国零售企业之一，以低廉的价格提供了种类繁多的美观、实用的家居用品，同时公司的销售额在全球也迅速增长。提供老百姓买得起的产品一直是宜家的销售宗旨，因而在欧美市场宜家也是以低价策略来占领市场的。通过大规模采购、建立自己的物流网络、在商场采用客户自选方式减少商店的服务人员、家具采用平板包装节约运输费用等方法，成功地将自己的产品价格降到比同类产品低，这一低价策略让宜家在欧美市场上取得了绝对优势。在中国，显然采取低价并不那么容易，宜家刚进入中国时，很多产品在国外生产，运输和仓储成本以及进口关税较高，十年四家店的数量也无法形成规模优势，物流和管理成本较高，从而导致其价格缺乏竞争优势，造成了宜家的产品在中国市场往往难以被普通消费者所接受。

怎么办？降低价格？但降价并不简单，其背后往往意味着一个战略的调整，那么如何降价？有没有降价空间？凭什么降价？一方面，增加门店数量，达到规模经济，从而充分发挥物流、供应链的效应来减低成本；另一方面，加大在中国本土的采购量，为降价采取主动，加上中国的进口关税大幅度下降，为产品的降价提供了可能，最为关键的还是通过实施高效的供应链体系，才是实现低价的长期有效的方法。

宜家的供应链战略分析

（1）成本控制

宜家与其他企业最大的不同就是将商品分解成易组装的组件，让消费者购买后用最简单的方法组装，这个策略是宜家所谓的cost-per-touch，在整个家具供应链中，从生产一直到家具被送到消费者家里，需要经过不同厂商去生产、组装、包装、运输，如果能够减少这些看不见的"手"，就可以让消费者用最便宜的价格买到家具。

在降低成本方面，宜家比较少聘用业务推广人员，而是强化各门市的展售空间设计，最令人印象深刻的就是宜家为了推广某个新设计出来的家具，会在门市内实际布置出一个家庭使用的情境，消费看到实物以及摆设的状况，就可想象出这个东西买回家后是否实用，因此消费者总喜欢亲自到宜家门店参观，而这也是宜家在物流上的成功策略，就是让消费者到店心甘情愿地把家具搬回家。

（2）产品定价

为了控制产品的成本、取得最初定价权，并且控制产业链的上游（要知道，许多零售商店里堆满的商品都是来自不同的供应商提供的品牌产品，它们想控制产品的价格通常不是那么容易），宜家一直坚持自己设计所有产品并拥有专利。其"低价"策略也体现在"从价格标签开始设计"的独特定价方法上。对于很多家居公司而言，一般的流程往往先是有设计的产品，然后再计算出目标价格。但对于希望"提供尽可能低的价格"的宜家来说，价格是首先被考虑的问题。由全球资深经理人组成的产品战略委员会，根据对顾客消费习惯的监测结果，为宜家的产品开发团队制定开发方向。然后，这个方向被传达给产品经理，由他们使用宜家的"价格矩阵"方法，来确认在市场上有竞争力的未来产品线，也就是新产品的价格。在确定价格以后，宜家在全球范围内寻找合适的生产商。在完成上述流程以后，才进入真正的设计阶段——宜家利用内部竞争方式挑选设计师，为产品找到最后的设计方案。所有的100多名设计师在设计新产品的时候激烈竞争，竞争集中在同样价格的产品"谁的设计成本更低"。所有的产品设计确定之后，最终确定哪些供应商可以在成本最低而又保证质量的情况下生产这些产品，以确保实现低价的工作始于生产车间。

同时，宜家还采用一种"模块"式设计方法（宜家的家具都是拆分的组装货，产品分成不同模块，分块设计。不同的模块可根据成本在不同地区生产；同时，有些模块在不同家具间也可通用），例如佳兰特、维卡比斯克等桌面产品从欧洲不同国家采购，而配套这些桌面的不同尺寸或材质的桌腿却是在中国生产的。这样不仅设计成本得以降低，而且产品的总成本也能得到降低。

（3）销售预测

在宜家做销售预测被认为是组织有效供应链的基础，也帮助完善产品的生产计划。销售预测又被划分为自上而下的全球销售战略和自下而上从各个零售国而来的销售计划，而销售预测又根据不同的产品组（Business Area）被进一步细分，数据每年更新三次。每个地区的销售计划来源于历史上的销售情况和用于市场的需求分析。通过分析过去的销售额，可以发现特定商品的季节性变化规律。因此，在预测当季的销售额时，就必须忽略过去销售额特别高和特别低的数据，例如中国在预测销售额时，必须确定真正的流行趋势，并且要设法从随机事件中分离出真正的需求，黄金周销量就不能被认为是当月或当季真实的需求变化。科学的销售预测是指导有效生产、维护高服务水平、优化库存、降低产品整体成本的前提条件。

销售战略通常是对宜家未来5年销售预期的判断，基于目前市场的销售情况，以及对未来全球市场发展的预期和宜家内部的扩张计划。

短期的商场销售计划用于商场的日常补货；而中长期的销售计划是用来管理地区供应链的容量。市场的需求分析又受制于地区短期、中期、长期的供应链容量。而市场需求和地区应链容量有时会发生偏差时，供应链分析人员就应该及时注意到。销售计划对供应链的管理表现在用于测算实际生产计划以及对某一个产品寻求最优的产地和最合适的销售市场。同时，现有的供应链容量受到实时监控，根据实际市场需求尽快做相应调整。新的容量计划一旦制订，就需要寻找最佳的采购市场，以保证今后供应链的顺利实施。

（4）库存管理

在库存管理上，宜家也从过去的错误经验里得到许多改善灵感。举例来说，宜家在2011年刚开始推动电子商务时，可让消费者看到库存数据，消费者看到某个喜欢的家具有库存，可能会花个2～3h开车到门店，希望现场就可把喜爱的家具买回家。不过，消费者却大失所望，因为这些家具并非摆放在消费者伸手可及的储位，而是放在比较高的补货式储位，根据宜家的安全政策，又禁止消费者直接操作店内堆高机将商品搬下来，因此往往消费者看到了商品库存，但是到店后又买不到。为解决这个问题，宜家将库存数据修正为消费者"伸手可及"的库存，而不是店内的总库存，并且提供未来四天内预计的库存数量让消费者参考，因此消费者有了这些信息，可以规划自己方便的时间到宜家门店选购。

除此之外，宜家的信息系统在平常日（周一到周五）是每隔90min更新一次最新的库存状况；但是到了节假日，库存的更新频率提高到每45min一次，而且库存更新的数据来源不仅有各店的POS系统，还包括店内服务人员例行巡场时，如发现某个商品有破损或是瑕疵，立刻就可透过随身携带的手持系统进行库存扣除，以避免消费者买到瑕疵商品。

（5）采购模式

宜家的采购模式有两种：一是全球化采购，如图4-10所示。总部会根据每个采购区域的供应优势来进行产品选择性采购，并对多个类似区域的供应商进行招标，再根据招标结果来分配供应区域，这在较大程度上优化了产品成本。得益于全球化的采购

图4-10　宜家的销售区域及采购区域

策略，自宜家于1973年进入中国采购，已经使宜家中国商场内的产品价格5年内下降了45%。使得宜家在中国回归了它的经营理念"为大众服务"，更多的中国老百姓可以买到更便宜的产品。

为了便于进行全球采购管理，宜家将全球采购范围划分为17个采购区域，这17个采购区域的管理者根据本地区的独特优势，建议总部采购本地物品，如硬木等原料或产品。总部根据每个区域管理者的汇报权衡利弊，确定哪种产品在哪些区域具有较强的竞争力，然后分配区域。某一种产品或原材料可能只由一个国家来供应，也可能同一种商品由不同的国家供应。产品成本较低是相对于销售地区而言的，与产品的采购区域有关，在采购时必须综合考虑产品从采购区域运抵销售区域的各种费用，毕竟不同运输方式产生的运输费用不同，采购时各地支付的货币不同，关税也不尽相同，这会导致产品的最终售价不同。宜家会将各种成本因素列成一个矩阵，通过矩阵方式来确定和选择采购区域。

另外一种是集中采购，流程如图4-11所示。宜家有9500多种产品，根据产品的使用功能和区域被分为不同的系列，包括卧室产品、起居室产品、存储家具、办公家具、厨房用品、浴室用品、灯具、床上用品、床垫沙发、户外等，还特别有一个儿童系列产品。这些产品通过宜家的集中采购流程，需要以同样的质量、足够的数量及时出现在全球的商场里。全球集中采购流程是以项目方式来执行和完成的。

图4-11　宜家产品采购流程图

（6）物流配送

宜家在瑞典总部的3个物流配送中心通过铁路线相互连接，2000年建成的物流配送中心——DC008的库容约为8万m^2，其中5万m^2采用的是全自动化的仓库（ASRS），其余3万m^2是普通货架仓库。

配送中心按功能分为两个部分：一部分是DC，即分拨物流配送中心，主要负责对销售网点的货物配送；另外一部分是CDC，即中央物流配送中心，主要配合网上销售，这些直接面向顾客提供送货上门服务的配送中心通过地下隧道和DC连接在一起。宜家的CDC每天要处理1200多个订单，生成约300多个货物单元，每天会有65辆卡车从配送中心出发，以公路运输的方式将货物送到北欧的客户家中。在瑞典宜家总部设有一个运输部门，控制着全球的10000多辆卡车，其中3000多辆是宜家自有的。

在运输策略上，宜家首选铁路运输，其次则是海运，真正会使用到空运的仅有1%左右，目前全球门市最多的欧洲地区，部分门市甚至拥有铁轨，可让货运火车直接驶入店内卸货。具体到物流运作，体现在物流中心的全球布局上，宜家把全球市场分为8个区域，全球有28个配送中心分布在17个国家，其中，欧洲有19个配送中心，美国有5个，在亚洲的中国上海、马来西亚也各设有1个。

宜家把全球近28家配送中心和一些中央仓库大多集中在海陆空的交通要道，以便节省时间。所有商品被运送到全球各地的中央仓库和分销中心，宜家通过科学的计算，决定哪些产品在本地制造销售，哪些出口到海外的商店。同时，每家"宜家商店"根据自己的需要向宜家的贸易公司购买这些产品。因此，整个供应链的运转，从每家商店提供的实时销售记录开始，反馈到产品设计研发机构，再到贸易机构、代工生产商、物流公司、仓储中心，直至转回到商店，宜家严格地控制着物流的每一个环节，以保证最低成本。物流流程如图4-12和图4-13所示。

宜家最大的特色，也是其最成功的物流策略，就是大量采用扁平化包装设计（flat-packed form），也就是不管是怎样形态的家具，都可以一片一片拆解，然后让消费者可

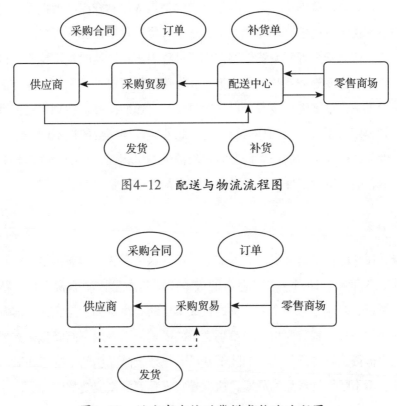

图4-12　配送与物流流程图

图4-13　供应商直接送货模式物流流程图

以很方便地搬回家再快速组装起来。宜家擅长将包装扁平化，因此商品具有极高的运输效率，不仅大幅降低宜家的运输成本，也让原本一货柜可装载的商品种类变多，符合现代消费者少量多样的选择趋势。有了低成本运输的优势，就可避免受制于"生产点要离消费点越近越好"这个规律，并让供应链的每个环节彻底发挥最大效率。此后，宜家走上可拆装家具之路，这为它成为今日的全球家居巨头奠定了基础。可以说，宜家的每一项产品设计和包装都包含着降低物流成本的思想。

另一个知名案例就是"蜡烛改善案"，在这个改善案中，宜家大幅降低了运输"空气"这种状况。这个案例是一款100个包装的小蜡烛，原本的包装是采用随机塞入法，也就是只要蜡烛可塞得进袋子就可以了，但是这样塞的结果是蜡烛的间隙很大，因此一个海运货柜塞不了几包就满了。经过重新设计，蜡烛改用数组排序，再装入包装袋，这个小小的改变，使得原本的海运栈板数量降低了约30%，不管是成本的节省还是碳排放的改善效益都非常惊人。

（7）信息系统

宜家DC008有一套完善的信息系统，它是整个宜家配送中心运作的核心。这套系统是宜家和软件供应商一起开发的，比较符合宜家的特点。需要订货的商店通过自动订货系统进行订货。如果订单确认，系统会把相应的信息传递到仓库的数据管理系统，仓库的电脑控制系统就会自动按订单完成取货，整个订货过程不需要人工参与。

完善的仓库作业安全管理系统能够在作业过程中出现差错时发出警告，以确保现场高效准确的运作。仓库管理系统的另一个重要作用就是可以进行良好的库存面积管理。系统将仓库的每一个位置进行编号，以便通过电脑迅速而准确地找到指定位置。为了保证适当的周转速度，系统会留出15%的空位。此外，系统还会依据不同的编号对货物进行分区库存管理，由于货物的性质以及客户的需求不尽相同，系统会根据相关的数据信息和系统算法，确定货物出库的先后顺序，找出最合适的货物存放位置。

案例总结

宜家既有便宜的价格，又有优秀的产品。做到这两者统一的前提是：宜家所采用的独特的成本领先策略，即对整条产业链的成本压缩与质量控制非常严格、精确，从设计、生产、渠道、终端，每一个环节都进行成本压缩。注重创新是宜家家居及其供应商未来发展的必然趋势。宜家要想适应市场竞争的需要，就必须不断降低采购成本，从而降低利润。但值得注意的是，成本的降低并没有导致产品品质的下降，在其压缩成本的同时还保证甚至不断提高产品的品质，这就是宜家独到的供应链战略。

4.1.4.2 定制家具企业生产成本控制管理研究

案例背景

当代中国定制家具制造行业发展的现代化程度较高，企业竞争中技术与品牌等传统核心竞争力的价值有所下降，行业内部生产技术和能力差异不断缩小，因此行业内部竞争也逐渐回归到原始的生产成本竞争上。本案例旨在通过概述定制家具企业成本构成、定制家具企业成本管控基本原则，解析家具企业成本管理重点，进而提出定制家具企业成本管理实际措施。为定制家具企业进行科学的生产成本管理、提高企业市场竞争力提供有力支撑。

成本控制的定义是企业预先建立成本管理目标，要求在成本控制的主体范围内，并且在成本控制过程和生产耗费之前，进行有关影响成本和因素的相关调节和方法，最后实现成本管理目标。在家具定制生产企业中的成本控制即在一定时期内企业对家具的设计、生产、原材料的购买、运输、管理等过程中所消耗的成本进行控制。

在进行家具企业成本管控之前，需明确"价值主张"与企业成本管控方式之间的关系。简而言之就是明确企业的品牌效应是否需要依靠成本支出来维系。就目前实际运行情况来看，绝大多数家具企业在进行成本管控的过程中均采取"实用性原则"。然而，在企业实际管理运行过程中，这种追求实用性的方式往往会增加企业的成本负担。基于此，从优化家具企业成本结构的视角来分析，现阶段家具企业成本管控应遵循"适用性原则"。这样才能让企业的成本支出在相对合理区间范围内，从而更利于财务人员做好风险管控工作。

案例分析——以华鹤集团为例

目前定制家具生产企业的主要工作步骤如图4-14所示。设计、销售人员与客户对家具设计的风格样式商谈完毕，签订供销合同。企业制订相应的计划，并将供货计划传递至采购部门，由采购部门负责制订出详细的计划交由采购负责人，对每种胶黏剂、漆、木材、五金配件等原料做出明确规定，联系供应商，获取所需原料报价，报送分管领导予以审查，确定供货商，签订采购合同书。待原料经过质检合格后入库存放，按照采购合同付款，并暂扣一定比例的质量保证金。生产人员根据设计的家具定制生产路线和生产流程，进行生产、组装、运输、上门安装，以及后期养护，至此则完成定制家具从设计到生产的过程。

华鹤企业的生产成本构成如图4-15所示。根据该公司每个部门的生产负责情况及生产加工步骤，概括出定制家具生产公司的产品生产成本主要包括：材料成本，比如原

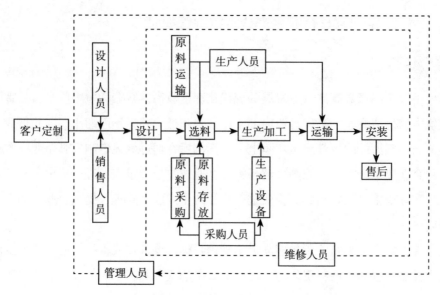

图4-14　定制家具生产企业的主要工作步骤

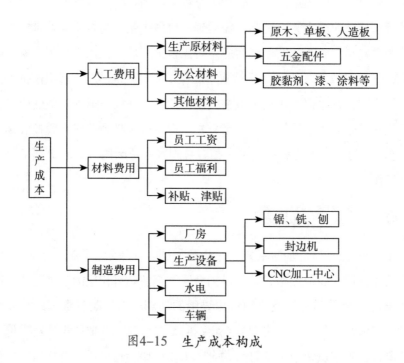

图4-15　生产成本构成

木、单板、人造板、干燥锯材等生产原料以及五金配件、涂料、漆和胶黏剂等支出费用；人工成本，由于家具生产企业在一定程度上是劳动密集型企业，如实木家具的雕刻、烫蜡等一些靠手工进行操作的传统工艺，因此人工劳动成本较大；制造费用，包括厂房、水电等能源以及生产设备、运输车辆支出费用，其中，家具生产企业在生产设备方面的投入是重要支出部分，以及后期的养护都要花费人工以及费用。

从公司财务系统中获得的近三年各种成本费用情况见表4-3。从主要展现的数据可以看出，材料费用的比例最大，每年都占总成本的42%左右，构成材料费用的主要有原材料（原木、单板、人造板等干燥锯材）。紧随其后的当属人工费用，近年来，人工成本在总成本中的所占比例逐年增长，但是与之相反，能源与设备在生产成本中所占的比例却呈现出下降的趋势。所以从公司近三年的成本控制可以看出重点是原材料成本的控制。

表4-3　近三年各种成本费用情况　　　　　　单位：万元

年份	材料费用（占比）	人工费用（占比）	制造费用（占比）	总计
2019年	2224（42.44%）	2014（38.50%）	998（19.04%）	5236
2018年	2184（43.40%）	1912（38.14%）	938（18.44%）	5034
2017年	2061（42.15%）	2026（41.42%）	805（16.43%）	4892

企业生产成本存在的问题

定制家具产品，要从控制主要的原辅材料商着手，加强管理力度，以降低消耗成本，主要从以下几个方面着手。

（1）定制家具设计成本需降低

定制家具设计不同于传统的家具设计，其更突出家具的定制，强调了家具设计的个性化，同时为了保证产品能够在市场占有一席之地，就需要衡量生产定制家具所获得的利润。结合企业自身的特点，要考虑到企业的硬件条件对于产品造型设计的实现情况。因此，对于定制家具生产企业的原材料、生产设备能否实现设计目标以及承受在设计、生产过程中的成本，使得家具在最终的产品功能、艺术造型以及装饰性都能达到独具一格的效果。随着计算机技术的不断发展，家具特别是定制家具的设计效率带来了巨大的提高，其中，运用计算机中的相关软件进行定制家具设计，让设计人员不再受传统的设计方式限制。

（2）生产成本的降低

加强定制家具生产过程中原辅材料的管理力度，特别是消耗量的控制。定制家具生产企业在定制家具生产过程采用的原辅材料主要有木材、人造板、油漆、胶黏剂等。木材的消耗为成本控制中的关键，因此重点对配料工序进行监督和控制。而一些表面质量要求高的实木家具零部件本身就存在选料难、利用率低的问题，特别是对于大规格的零部件的生产会造成生产成本的增加，因此，在生产时可以利用其他木材进行配料，但必须保证该材料达到国家标准，其缺陷不影响材料的力学性能，在此基础上进行表面贴实木木皮装饰，提高利用率。

（3）原材料的采购运输与管理

对于定制家具生产企业，需要加强对原辅材料的供应，要保证所需材料能够按时按量供应以保证家具生产所需，并且能够适应生产速度，确保生产的顺利完成；对于企业的原材料库存，生产部门要严格控制，避免原材料堆放过多造成影响企业内部的资源空间浪费，从而使企业的成本降低，达到预期的目标。分别从物资采购、材料运输和储存几个方面进行控制。如控制家具生产原材料的采购价格、少存少储保运输以及降低定制家具生产企业的人力劳动力成本等。

（4）定制家具公司控制生产成本有关方面的改进

定制家具企业要想把生产成本系统建立得更加完善，就要对有关公司生产成本控制进行谨慎的分析与研究，并提出积极有效的改进措施。其中，从物料采购、产品设计、产品生产、安装与售后着手，从而对企业内部组织结构、成本的计算目标、成本核算方法以及相关成本费用进行正确处理与划分。

核算系统的设计改进

对于华鹤集团来说，由于没有系统的成本核算体系，目前企业的产品成本核算就是进行平均分配和简单归类，因此，成本改善将基于原有的成本特点进行。

（1）完善成本核算信息

在产品设计阶段，家具定制企业的成本控制主要取决于客户对于产品的要求，按照要求的种类来核算产品的设计成本。这一阶段，成本核算工作主要是对产品设计与生产工艺的控制。此时，生产过程还未开始，所以在这个阶段，只需要控制好物料的生产与利用、生产工艺优化。此外，还需要考虑企业储存的各项所需原料的影响以及原料的运输是否方便等，原料会对产品的成本产生一定的影响，这个阶段要根据产品的数量、储备的能源等情况核算设计成本。

在定制家具的生产过程中，一些销售人员对产品进行推销，以此确定客户的需求和所需数量的相关信息，根据这些信息设计出满足客户需求的家具，更好地提供服务。这时，设计师不仅要设计出有方向的产品，更重要的是确定该产品是否可以完成以及完成该产品需要付出的成本。确定了产品完成的成本，则可以采用一定的方式控制企业成本，所以对于成本控制来说最重要的就是成本的确定。在成本目标确定以后寻找到它与实际成本之间的差别，分析这种差别，根据企业的具体情况找到存在差异的原因，寻找降低成本的方式，如果在生产过程中实际成本变化，要及时控制这种变化，尽可能缩小差异，更好地控制企业成本。

（2）划分成本费用的界限

定制家具的生产总成本可以划分为很多不同的小部分，把这些小部分的责任落实到具体部门，通过对每一个小部分的成本控制可以控制产品的总成本。为了更好地提高企业的管理效率，企业要积极把握每一个部分的生产经营活动。定制家具生产企业可以通过定额开展责任预算管理，制订定额管理计划，评价每一个员工的工作效率以及工作态度，为企业制订更加合理的发展计划。在定制家具的生产过程中，对各项原料的使用以及员工的薪资等都要充分把握，这样才能制订更加合理的定额管理计划，提高企业的管理水平。

（3）明确目标成本

控制原料采购成本最好的方式是不考虑实际成本，首先依据市场情况以及预期利益确定目标利润，然后根据确定的目标利润确定企业的成本目标。也就是说，目标成本等于预期收入减去预期目标利润。定制家具生产企业与传统家具企业最大的不同在于对目标成本的核算，所以定制家具企业可以获得行业的平均利润，一直保持企业的竞争力。要想获得更高的经济效益，首先，确定家具定制企业的成本预期；其次，对原材料的使用要注意控制成本，减少对原材料的浪费，注重可循环性，在生产过程中对原材料的成本要及时回馈，对于目标成本找寻它们之间的差异，在采购时想办法减少差异；最后，对于产品的包装运输等活动也要严格控制成本，在成本金额与预期目标存在差异时要及时改变，这样一来，目标成本才可以实现。

生产成本控制系统的改进

（1）划分责任层次，建立责任中心

强化定制家具生产企业的物料采购和库存转运部门用工的成本意识，定制精细化的用工成本目标，能够将人员的成本意识落实到各个部门和各个车间内。部门经理、车间主任要严格控制用工人数、工作计划，控制加班次数和时间，对于可自动化实现的部分严格减少用工人数，提高员工生产成本控制意识。与此同时，提出好的成本控制修改意见，降低企业的可控成本，最大限度保证企业经济效益最大化。

（2）责任成本预算

在正常生产经营条件下，定制家具生产企业对人力、物力、财力的使用情况确定衡量标准，即确定定额。良好的定额管理可以为责任成本预算提供准确依据。在生产各环节，需要规定各个生产车间所需要的消耗定额、工时、用料、产品质量、人工额度等。

企业的备料车间制定生产所需的各种原料定额，包括生产所需薄木、人造板、原木；锯切车间制定了其他生产方面的消耗定额，包括人工费用、制造费用和材料；雕刻车间要制定详细的人工和生产定额；涂漆车间需要制定现有使用的能源定额、人工定额以及定漆的使用定额；包装车间则需要制定有关包装材料损耗的详细定额。以上这些车间在生产环节提供的生产定额为企业各项生产成本定额计算提供了详细的计算依据，并提高了员工的责任成本意识。

（3）责任成本核算

定制家具安装与售后环节，员工同样需明确责任成本，在行使管理权力的情况下，能够充分发挥控制成本的作用，为企业成本控制起到作用。安装与售后环节的责任成本控制与经济责任制要基于各级责任单位、经济责任制中的责任目标以及奖惩制度、定额消耗的规定。主要明确安装过程中的产品定额和人工定额，同时，在售后过程中一定要及时反馈责任事故原因，进行一定的惩罚，避免同类事故的发生。至此，通过员工形成完整的员工责任制。

（4）责任成本评价与考核

考核性是责任成本具备的特性之一，企业可以对员工的执行过程及其结果进行评价与考核。责任成本管理工作的一个重要程序是通过责任管理工作来辨别企业的工作现状，同时披露出企业在成本管理方面存在的相关问题，同时也可以客观、公正地对企业开展责任成本管理工作情况进行评价，进而规范成本责任管理体系，促进企业提高对责任管理成本的高度重视，有序开展责任成本管理工作。要想判断企业责任成本管理工作开展得是否有效，其重要标准是考核结论，根据此方法进行奖惩制度的兑现，所以企业需要结合实际情况制定考核细则，并加以落实。

案例总结

对企业而言，追求利润最大化是经营的基本原则。然而所需运用的方式和方法并没有一个固定模式。成本管理对于定制家具生产企业来说十分重要，尤其是成本控制和成本核算方面。企业可以利用新技术提高劳动生产率、降低原材料的消耗等方式降低企业的生产成本，同时要注意成本核算方式的革新，调整企业的组织结构，更好地实现成本核算目标，控制企业的生产成本，使企业形成强有力的市场竞争力，从而为推动家具行业健康可持续发展提供有力保障。

4.2

家具企业信息化管理

4.2.1 家具企业信息化

中国家具企业信息化的发展历程主要可以分为五个阶段，如图4-16所示。第一阶段，1990—2000年初，此时提出大规模定制概念；第二阶段，2000—2004年，大规模定制设计开始实践与应用；第三阶段，2004—2010年，家具企业开始进行信息化管控技术的实践；第四阶段，2010—2014年，先进制造技术得到大量实践；第五阶段，2014年至今，"互联网+"、创新驱动等技术开始展开。

家具企业实现信息化，是为了适应企业生存环境变化的需要，是企业生存与发展的重要手段。信息化能够为企业经营战略服务，可以帮助企业实现规范化管理。当前家具企业生存环境中，产品生命周期缩短，产品交货（上市）期成为主要竞争因素；同时，用户需求个性化，多品种小批量生产比例增大；全球化大市场和大竞争，企业面临巨大压力。企业信息化能够使企业内部效率高、外部信息灵、决策科学迅速，能够帮助企业在竞争中始终处于有利地位。

总的来说，信息化即为现代制造企业的特征。一个企业是否实现信息化不仅是软件工程，而是在于管理思想、管理手段是否现代化，资源是否全面集成并能有效利用，信

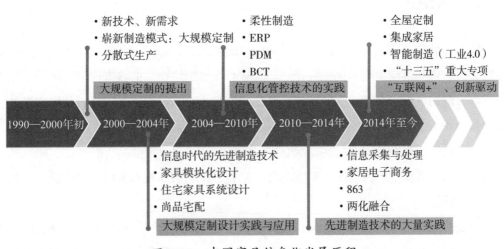

图4-16　中国家具信息化发展历程

息数据是否共享，经营决策是否智能化，以及商务运作是否电子化。只有实现以上五个方面，该企业才能算是实现信息化。

企业现代化管理主要采用TQM/TPM/OA以及ERP信息化管理系统，产品开发阶段采用CAD/CAD PDM实现产品信息化，制造工艺上的信息化采用CAPP/CAM。

对于制造业来说，信息化能够把正确的信息迅速及时送达到需要的地点和需要的人，提高信息流的速度和质量，是在全球化的环境下利用信息技术实现物质和知识资源利用的最大化。

在家具制造中，家具先进制造技术主要包含三方面：计算机辅助产品开发与设计、计算机辅助制造和集成制造系统和计算机辅助管理技术。其中，产品开发与设计中先进技术包括：CAD、CAE、CAPP、CE；制造和集成制造系统中主要有CAM、CAI、CIMS、NC/CNC/DNC、FMS、GT、JIT、LP、AM、VM、GM、MC等相关技术；先进管理技术主要包括：MIS、MRP、MRPⅡ、ERP、IE、OA、BCT、PDM、PLM、TQM、EC、CRM、SCM等。

家具企业进行信息化发展，可分为6个阶段。其中，在不同发展阶段采用的信息化技术也有所不同，第1阶段采用订货点方法；第2阶段使用基本MRP（Material Requirement Planning），即基本物料需求计划；第3阶段为闭环MRP，即闭环物料需求计划（包含物料计划和能力计划的MRP）；第4阶段采取MRPII（Manufacturing Resources Planning），即制造资源计划；第5阶段使用ERP（Enterprise Resource Planning，ERP），即企业资源规划；第6阶段使用"互联网+"、电子商务时代的ERPII技术。

4.2.2 MRP

MRP（物料需求计划），是指需要做到"既不出现短缺，又不积压库存"，其指导思想为：需求与供应平衡、优先级计划。其核心在于围绕产品的数据模型（产品结构）进行。所谓物料是所有"物"的统称，产品、在制品、原材料都是物料，是组成产品结构的最小单元。MRP中的"物料"是指凡是要列入计划、控制库存、控制成本的物件的统称。包括所有制造用原材料、配套件、毛坯、半成品、产成品、联产品、副产品、回收复用品、需要处理的废品、包装材料、标签、说明书、技术文件、合格证、工艺装备、某些能源等。

MRP最早由20世纪60年代IBM公司的约瑟夫·奥利佛博士提出，他把对物料的需求分为独立需求与相关需求的概念：产品结构中物料的需求量是相关的。当时制造业打破

"发出订单，然后催办"的计划管理方式，设置了安全库存量，为需求与提前期提供缓冲。到了20世纪70年代，企业的管理者们已经清楚地认识到真正的需要是有效的订单交货日期，产生了对物料清单的管理与利用，形成了物料需求计划——MRP。

MRP主要受主生产计划、物品库存信息、安全库存、产品结构信息、在制品信息、在途采购信息六方面因素影响。其又对物料采购计划和安排加工计划产生影响。基本MRP的逻辑流程，如图4-17所示。首先，根据销售或预测的需求确定主生产计划（Master Production Schedule，简称为MPS），明确需要生产什么产品，生产多少产品，以及交货周期；之后，根据产品信息明确所需要的材料，包括BOM表确定原材料用量以及产品工艺路线确定生产周期；确定库存信息；进而通过以上三方面生成MRP；最后，根据MRP确定能力计划CBP、建议计划是否可行，开始执行生成或采购计划。

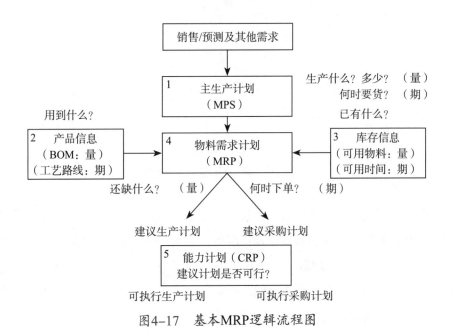

图4-17　基本MRP逻辑流程图

MRP II 最早由美国著名生产管理专家奥列弗·怀特（Oliver W. Wight）于1977年9月提出，他提出了一个新概念——制造资源计划（MRP II）。MRP II 是对制造业企业资源进行有效计划的一整套方法。是围绕企业的基本经营目标，以生产计划为主线，是对企业制造各种资源进行统一计划和控制，是能够使企业的物流、信息流、资金流流动畅通动态反馈系统。

MRP II 解决了财务和业务脱节问题，做到了资金流信息同物流信息集成，财务同业务的集成。在MRP II 中，成本是物料信息同资金信息集成的关键切入点。MRP II 的逻辑流程如图4-18所示。然而MRP II 同样有着一定的局限性。其要求企业的信息化建

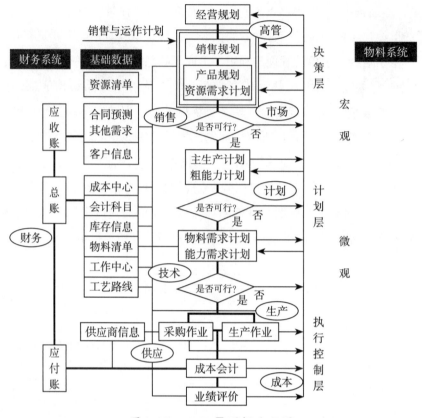

图4-18 MRP II逻辑流程图

设应有更高的集成度，同时企业信息管理的范畴要求扩大到对企业的整个资源集成管理而不只是对企业的制造资源的集成管理；需要企业规模扩大化，多集团、多工厂要求协同作战，统一部署，这已经超出了MRP II的管理范围；同时，信息全球化要求企业之间加强信息交流与信息共享，企业之间既是竞争对手，又是合作伙伴，信息管理要求扩大到整个供应链的管理；这些都是MRP II所无法解决的。

4.2.3 ERP

20世纪90年代以来，企业信息处理量不断加大，企业资源管理的复杂化也不断加大，这要求信息处理有更高的效率，传统的人工管理方式难以适应以上系统，而只能依靠计算机系统来实现，信息的集成度要求扩大到企业的整个资源的利用、管理，从而产生了新一代的管理理论与计算机系统——企业资源计划（ERP）。ERP是建立在信息技术基础上，利用现代企业的先进管理思想，全面地集成了企业所有资源信息，为企业提供决策、计划、控制与经营业绩评估的全方位和系统化的管理平台。

ERP的诞生，其核心标志是实现两个集成，即内部集成与外部集成，如图4-19所示。其中，内部集成是实现产品研发、核心业务和数据采集三方面集成；外部集成则是实现企业与供需链上所有合作伙伴共享信息的集成。

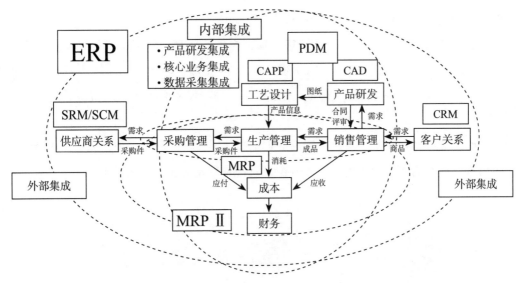

图4-19　ERP内部集成与外部集成

ERP系统包括的相关概念主要有物料编码、工作中心、物料清单、提前期与计划展望期、工艺路线、工作日历六个方面。其中，物料编码有时也称物料代码，是计算机系统对物料的唯一识别代码。物料编码文件包括技术资料信息、库存信息、计划管理信息、采购管理信息、销售管理信息、财务有关信息、质量管理信息。

工作中心（Working Center，简称WC）是生产加工单元的统称，是由一台或几台功能相同的设备、一个或多个工作人员、一个小组或一个工段、一个成组加工单元或一个装配场地等组成，甚至一个实际的车间也可作为一个工作中心。

物料清单（Bill Of Materials，简称BOM）是描述产品结构的文件。包括工程BOM、计划BOM、设计BOM、制造BOM、客户BOM、销售BOM、采购BOM、成本BOM。

提前期是指某一工作的时间周期，即从工作开始到工作结束的时间。包括：生产准备提前期、采购提前期、生产加工提前期、装配提前期、累计提前期、总提前期。计划展望期是主生产计划（MPS）所覆盖的时间范围，即计划的时间跨度，此长度之外（计划的最末时间后）又是下一个计划的时间范围。

工艺路线（Routing）是指物料实际加工和装配的工序顺序、每道工序使用的工作中心，各项时间定额，如：准备时间、加工时间和传送时间（排队时间与等待时间）及外协工序的时间和费用。

工作日历也称为工厂生产日历，包含各个生产车间、相关部门的工作日历，在日历中标明了生产日期、休息日期、设备检修日，这样在进行MES与MRP的运算时会避开休息日。不同的分厂、车间、工作中心因为生产任务不同、加工工艺不同而受不同的条件约束，因而可能会设置不同的工作日历。

ERP系统的主要功能模块包括销售管理、主生产计划、物料需求计划、能力需求计划、采购管理、库存管理、车间管理、JIT生产管理、财务管理、成本管理、分销资源计划、供应链管理、客户管理、固定资产管理、设备管理、人力资源管理、质量管理等。

下面主要介绍ERP系统中销售管理、主生产计划、物料需求计划、能力需求计划、采购管理、库存管理六个方面模块。其中，销售管理模式如图4-20所示。

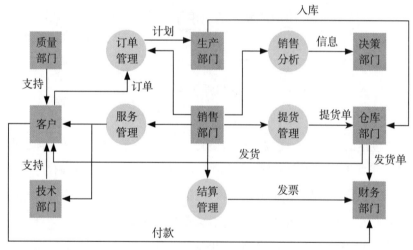

图4-20　ERP系统销售管理模式

主生产计划，如图4-21所示，是确定每一个具体产品在每一个具体时间段的生产计划。计划的对象是最终产品，即企业的销售产品，但有时也可能是组件的MPS计划，再下达最终装配计划。

物料需求计划，主要解决以下五个问题：要生产什么及生产多少？要用到什么？还缺什么？何时安排？

能力需求计划（Capacity Requirement Planning，简称为CRP）是对各生产阶段、各工作中心（工序）所需的各种资源进行精确计算，得出人力负荷、设备负荷等资源负荷

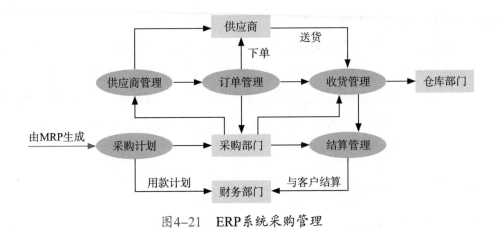

图4-21　ERP系统采购管理

情况，并做好生产能力与生产负荷的平衡工作，制订出能力需求计划。能力需求计划解决如下问题：各个物料经过哪些工作中心加工？各工作中心的可用能力是多少？负荷是多少？工作中心的各个时段的可用能力与负荷是多少？

采购管理是指适时、适量、适质、适价为生产部门提供生产所需要的原材料（或外加工件）。采购管理就是对采购业务过程进行组织、实施与控制的管理过程，如图4-21所示。

库存管理指企业为了生产、销售等经营管理的需要而对计划存储、流通的有关物品进行相应的管理，如对物料进行接收、发放、存储保管等。库存管理能够维持销售产品的稳定、维持生产的稳定、平衡企业物流、平衡流通资金的占用。

4.2.4 案例分析

4.2.4.1 以铝合金门窗生产过程为例分析企业物料管理在ERP系统中的应用

案例背景

在ERP系统中，物料模块的主要功能是收发物料，同时还要对物料进行存储和管理。订单开工之后，ERP系统会根据订单上的信息，结合仓库的库存情况产生相应的物料计划。企业的仓库也会根据系统当中关于物料的数据来进行收发与获取，然后将收获的相关信息实时传输到ERP系统中，实现物料库存和财务信息的同步更新。在应用的过程中，ERP系统当中的数据可以覆盖整个生产过程，它可以结合企业实际生产特点来对其中所有物料进行实时监控，通过集中管理的方式对物料的使用情况进行分析。通过这种方式，管理人员可以做到对这些物料的生产、使用、出厂情况实时追踪，对于库存的变化情况做到一目了然。在生产活动中，调度人员只需要通过系统查看的方式，就可以掌握物料当前的情况，提前供应消耗需求，这样可以使整个生产安排变得更有计划，避免因无序生产而造成资源浪费的问题，实现对生产管理活动的优化。

ERP系统中基础物料数据的建立

（1）物料编码建立

物料编码是以简短的文字、符号、数字、字母来代替物料的品类、规格、属性、用途及其他属性的一种管理工具，它是在 ERP 系统实施过程中识别物料的唯一手段，也是在 ERP 各个子系统中需要共享的重要基础数据，能够直接影响系统能否准确运行。在工厂实际生产中使用物料编码格外重要，因为物料的领发、验收、申购、盘点、储存等工作本就极为频繁，而物料编码其强大的集成性可使各个部门间工作更为高效、数据传递更为迅速、管理使用更为方便、生产成本更为节约。因此，物料编码的原则必须满足系统性、唯一性、完整性、简洁性、实用性与标准化等。

在铝合金门窗生产过程中，用到的主物料是铝型材，例如常规铝型材、复合铝型材、铝光条、铝色料、纱网等。辅助物料则是执手、限位器、安全锁、胶条、角码、螺钉等五金件。主物料一部分种类以普通原材料形式存放于原材料仓库中，另一部分则以标准件形式存放于标准件仓库中；辅助物料存放于五金件仓库中，需要时实行领料操作。而根据铝合金门窗的结构，又可分为窗框、窗扇、压线、玻璃、中梃、拼樘等结构，每一个结构都可能用到不同的原材料，通过物料编码的形式可以实现物料与结构的对应，如图4-22所示。

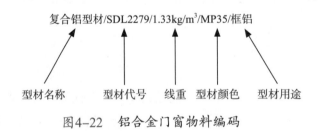

复合铝型材/SDL2279/1.33kg/m³/MP35/框铝

型材名称　　型材代号　线重　型材颜色　型材用途

图4-22　铝合金门窗物料编码

（2）三维参数化零部件实例库的建立

在同系列的铝合金门窗中，所用到的零件基本上是一致的，也就是无论窗型如何，窗同样结构位置所用零件的型材断面是相同的。在通过自动拆单之前，需要将零件模型上传至系统模型库中，如图4-23所示。

铝合金二维型材断面图　　铝合金三维零件模型　　ERP系统模型库

图4-23　三维零件实例建立

下单及自动拆单

　　自动拆单是整个智能制造的核心之一。它既可以满足客户的个性化需求，又能符合工厂现有的生产模式。在铝合金门窗订单式生产中，客户通过门店下单。在下单过程中可以提出个性化需求，例如所需的窗型、窗扇数量、开启方式、铝合金颜色、是否加装纱窗、限位器等，当门店店员获取信息后，就可以在 ERP 系统中建立相应的订单并输入相应的订单信息，如图4-24所示。

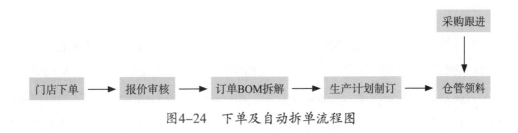

采购跟进

门店下单 → 报价审核 → 订单BOM拆解 → 生产计划制订 → 仓管领料

图4-24　下单及自动拆单流程图

　　订单建立完成后就可以通过自动拆单的方式完成订单分解，分解完成后会得到产品相应的BOM信息。每一个订单中产品的BOM信息主要包括产品的结构清单和物料清单等信息。产品结构清单主要包括产品结构、零件种类、零件数量和零件成品尺寸等信息。例如在铝合金门窗中产品结构清单就包括窗框、中梃、压线、扇框、玻璃、拼樘等相关结构信息，还包括每一个零件的孔位分布及零件对应的加工信息等，这些都可直接应用于后续生产加工中。产品物料清单则主要是产品需要用到的物料，包括物料种类、物料名称、物料编码、物料用量等等信息，当得到产品物料清单后就对产品所需要的原材料有一个基本的了解，并应用于后续的开料优化等环节直至与生产、采购等相结合。

ERP系统中物料信息的流转

在前面的订单中，根据得到的产品结构清单及产品物料清单可以得到订单生产所需要用到的原材料种类及原材料用量等信息，在得到这些信息之后就可以实现系统中相关信息流的传递。在ERP系统中，涉及物料信息流传递的部门主要有生产车间、仓库、采购及财务部门。通过给不同职能部门的人员赋予ERP系统中各个不同子系统的权限，既能保证各司其职，又能保证信息流的准确传递，其运行过程如图4-25所示。

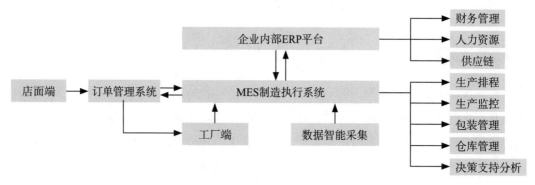

图4-25　ERP系统主要运行过程

（1）生产车间

在预设好与铝合金门窗相关的原材料物料编码等原材料基础数据的基础上，当一个铝合金门窗订单进入生产环节后，首先需要做的就是排产，即排生产计划，利用成组技术等相关原理将具有相似加工工艺的零件排到相同的生产线上。例如窗框、扇框等都需要切割后再打孔的零件就可以分为一组，压线只切割不打孔可以分为一组。其次进行物料齐套，物料齐套是进行生产前的重要一步，其关键步骤是开料优化，利用系统逻辑结合铝型材物料相关信息生成开料优化图，进而指导生产。例如如果一根复合铝型材标准件的长度为6m，通过门窗订单拆单得到的结果共需要1.4m型材4根，0.8m型材6根，其他长度型材若干，得到的其中一根标准件的开料优化如图4-26所示。

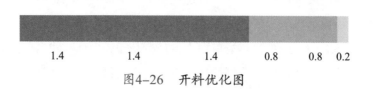

図4-26　开料优化图

对于原材料可以设定余料长度，例如在铝型材标准件中，大于300mm的型材可以作为余料使用，否则就是废料，在下次开料优化时优先使用余料。

（2）仓库管理

在完成物料齐套后需要进行原材料领料。车间生产人员在系统中提出生产领料需求，需求量已经自动计算出并存放于产品物料清单中，该需求随着系统信息流的传递到达仓库管理人员处，仓库管理人员根据需求建立相应的物料出库单，物料出库单由仓管部门主任完成审核，审核结束后就进行物料出库操作，扫描出库单完成物料出库。物料出库后就运送至生产车间进行生产。

对于物料需要设定安全库存，安全库存存在的意义就是设定物料库存警戒线，因为普通物料的库存信息不是每天都进行更新的，如果在某段时间订单量变大，物料消耗加快，库存不足，就需要使用安全库存，在下次采购时除了计划采购量之外，还需要将安全库存补齐。例如将复合铝型材的安全库存设定为50根，在某次生产中由于库存不足将安全库存用掉了5根，在下次采购时除了原本的计划采购量之外还需要将这5根的安全库存补齐。

仓库在经过一段时间后需要进行一次物料汇总，对普通物料的消耗量与库存量进行总结。如果发现某项物料库存不足，就要进行原材料采购。此外，因为外协件（如玻璃）物料需求是按订单进行定制的，所以外协件是每天都需要进行物料汇总的。

（3）物料采购及入库

物料采购首先要在系统中由采购部门发起申购单，申购单中包含具体的物料种类及物料数量，在申购单建立完成之后由主管人员完成审核，审核完成后进行物料采购任务分配，分配给相应的采购人员根据物料的采购周期、采购成本和库存水平分批次完成采购操作。

在铝合金门窗的原材料采购中，会根据不同的物料需求在不同的供应商处进行采购。实际上，在生产中实现原材料零库存几乎是不可能的，因为采购环节永远具有滞后性，不可能马上采购原材料马上就能到。

在采购人员完成原材料采购之后，就要进行物料入库。首先由仓管人员建立物料入库单，建立完成后由主管人员进行审核，接着将原材料运送到仓库门口，由质量检验人员完成来料质检，然后扫描入库单完成物料入库操作。所有的原材料根据类型都必须入到对应的仓库中，例如铝光条、分体色料等入原材料仓库、复合铝型材入标准件仓库、玻璃入玻璃仓库、五金入五金仓库等。每一次物料的出库、领料、入库都要在对应的物料仓库进行，这样才能保证物料利用的准确性。

在原材料的入库、出库中必须遵循的一项规定就是先入先出，如图4-27所示。在

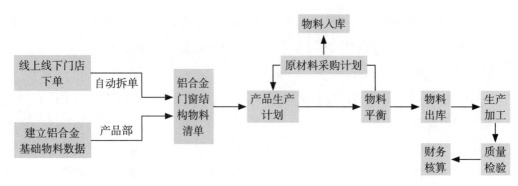

图4-27　原材料流转图

家具生产企业，基本每隔一段时间例如半年都会进行一次原材料盘点，通过ERP系统中物料信息流的记录可以使得这个操作变得更加简单、精确，因为每一次消耗和购买都是通过系统运行的，其数据都储存在数据库中。无论是物料出库还是物料采购、入库、核价等，完全通过系统运行，物料信息流在系统之间准确地传递，整个过程每个环节都有迹可循，都在系统中有相应的记录，如果某件或某批次产品需要进行质量追溯，通过系统就能够及时获取原材料的相关信息。

物料平衡

在家具企业应用ERP系统的过程中，以数据集成平台为基础、通过建立核心数据库，以物料平衡为主线，通过大量集成实时数据，同时整合物料输入输出管理、车间管理、仓储管理，综合形成物料管理。而在制造型企业中，物料平衡原理为物料收货与物料期初库存之和等于物料消耗与物料期末库存之和，也就是（收货要素）收货+期初库存=（消耗要素）消耗+期末库存。考虑到存在加工过程中的一些浪费的情况，因此物料平衡不是固定值，而是在一个可控的范围内。

在铝合金门窗生产过程中，针对狭义定义的物料而言，一般实行的是精准管控，因此对合金门窗的物料平衡为：

收货要素=铝合金原材料投入量+外协件投入量

消耗要素=铝合金原材料消耗量+损失量

在企业运用ERP系统的过程中，每一笔物料的期初库存量、期中入库量、期中出库量、期末库存量和相应的差异量以及每一笔订单的消耗量、盈余量都存储在数据库中，并且可以直接通过页面进行查询，也会产生相应的统计报表，这可以帮助企业实时检测物料自动平衡结果，从而使得相应的统计报表和财务结算能够更加准确，对企业的长期发展具有十分重要的意义。

本案例展示了物料数据信息在系统中产生、流转及分配的全过程，完整呈现出物料信息流是如何在ERP系统中流通的。过程包括物料基础数据的建立，三维零部件实例库的建立，自动下单及拆单等，同时综合分析了物料数据流在生产车间、仓库、采购部门及财务部门之间结算。并对物料数据是如何通过ERP系统实现自动平衡进行了分析，最终在ERP系统中形成了一条完整的物料数据信息流，对企业实现物料管理及物料自动平衡具有一定的指导意义。

4.2.4.2　板式定制家具企业中智能分拣系统研究与应用

案例背景

在大规模定制的条件下，为提高原材料的利用率，降低生产成本，定制板式家具企业的车间生产会采取批量生产模式，也就是将多个订单内的家居产品板件统一排板开料，这种模式为后期的分拣作业带来很大工作量，因此，运用先进的计算机技术和自动化技术，设计和构建智能分拣系统，可以提高分拣效率，降低劳动力成本，减少订单生产周期，提高生产效率和市场竞争力。

智能分拣系统的概念与特点

智能分拣系统通常包括控制设备、分类设备、传送设备和分选通道。控制设备要保证设备性能的良好，能准确识别、接收、处理分类信号，按分类信号指示分类器，按货物种类、货物到达的位置，将货物自动分类。这些分拣需求可以通过多种方式，例如可将条形码扫描、色码扫描、键盘输入、重量检测、语音识别、高度检测及形状识别等方式输入分拣控制系统中，通过对分类讯号的分析，确定特定的货物应该从哪个分类通道进入。分类装置要有完备的信息采集功能，当符合分拣信号的货品经过该装置时，该装置才能发挥功能。分类装置的种类很多，一般可分为推出式、浮出式、倾斜式和分支式，不同的装置对分拣物品的包装材料、包装重量、包装物底面的平滑度等方面的需求也各不相同。传送设备与分拣道口要控制系统的灵敏、准确、高效，让待分拣的商品贯穿通过控制装置、分类装置，并在输送装置的两侧，与几个分拣道口相连接，让已分好类的商品滑下主输送机进行集中包装。

智能分拣系统主要特点可以总结为分拣货物效率高、分拣误差率低、分拣作业基本实现无人化。

（1）分拣货物效率高

在大规模生产中采用的流水线自动化作业模式，所以自动分拣系统不受气候、时间、人的体力等因素的制约，能够高效地进行分拣，并且因为在单位时间内分拣件数较多，所以不受劳动力的影响，能够维持持续高效的分拣速度，其分拣能力是连续运转100h以上，每小时可分拣数千件包装货物。

（2）分拣误差率低

自动分拣系统中分类错误率的高低，在很大程度上决定了分类信息的精确度，而精确度的高低则决定了分类信息的输入方式。采用人工方式进行分类，经常会出现分类失误，甚至有可能造成货物损失的情况。智能分拣系统是以智能信息技术为基础，利用智能设备来进行分类，同时还可以对分类结果进行实时存储，这样不仅可以确保分类的准确率，还可以防止商品的损失和损坏，确保商品的安全性。

（3）分拣作业基本实现无人化

自动分拣系统的一个主要目标就是减少对工人的使用，降低工人的劳动强度，提高工人的利用效率，所以自动分拣系统可以最大程度地降低对工人的使用，基本做到无人化。在分类操作中，要求人工进行操作的有人工控制分拣系统的运行、管理和维护；当配送车到达了自动分拣线的进货口时，采用手动方式进行接货；在分拣线的末端，人工装载已分类的商品货物。

板式定制家具的分拣现状

（1）板式定制家具的生产模式

板式定制家具的生产方式是首先进行销售，然后进行设计，再进行个体定制。板式定制家具的生产方式如图4-28所示，它拥有用户参与度高、对市场的响应能力强、生产信息化应用水平高、库存低等优点。为适应当今消费市场，其以满足消费者个性化需求为第一位，同时兼顾生产效率和市场反应能力。除此之外，在当前智能制造、柔性制造等技术的支撑下，与传统的板式家具生产相比，它更具备了竞争优势。所以，定制类产品将逐渐成为板式家具市场消费的主流。板式定制家具的制造过程主要由开料、封边、加工中心等几个环节组成，在标准化和信息化的支撑下，为客户提供个性化的产品和服务。板式定制家具具有品种多、批量小、工序多、工序复杂等特征，这些特征使得定制家具的分拣处理非常复杂。

（2）板式定制家具的分拣模式

因为定制家具公司的车间生产是以批量生产方式进行的，所以在批量生产期间，相同订单的板材，经过不同的工序，被分配到了不同的车间缓存区。分拣作业需要从大量

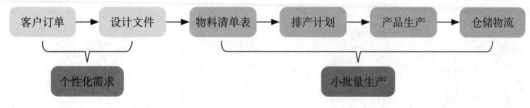

图4-28　板式家具的生产流程

板件中将属于同一订单内的板件分拣出来。对于传统人工分拣模式来说，分拣作业不仅需要耗费大量的时间和劳动力，跨越不同时间段和不同缓存区的分拣作业出错率也比较高，分拣效率十分低下；而且分拣前后板件均需要进行缓存，这也会占用较多的车间面积。较低的分拣作业效率也导致车间整体生产效率降低，产品生产周期变长，总体生产成本提升。

（3）板式定制家具智能分拣系统技术运用

板式定制家具智能分拣系统关键技术分为信息采集技术、智能机械设备、MES系统、WMS仓库管理系统。

信息采集技术是通过射频识别可以实现在不同的状态下对于各类物体自动识别和管理。射频识别是一种通过空间耦合及射频信号来实现的非接触传递式的信息采集技术，体现了计算机技术和通信技术的综合应用。其涉及的高技术领域包括信息、材料等，涉及信息安全和无线通信等不同技术。RFID技术可以通过射频识别的方式实现非接触双向信息识别。RFID技术具有存储信息量大、使用寿命长等优点。近年来，RFID技术凭借其电子标签体积小、记忆容量大、响应迅速及可穿透等特点，采用了条形码信息采集，实现了定制家具企业的在车间内的精准分拣。板式定制家具会把板件的所有信息包括订单信息、制作工艺等形成一个条形码粘贴在板材上，经扫描器读取，信息会输送到控制系统中。

智能机械设备主要包括分拣机器人、输送线设备和货架装置。

在智能分拣系统中，分拣机器人是核心的自动化加工设备，它由计算机控制，可进行编程，它的主要任务是准确地抓取分拣生产线的板件，并放至系统指定的货架位置。在机器人软件技术的控制下，分拣机器人可以让操作手在上下、左右不同方向运动、抓取。当前，常见的夹取方式有：真空吸附或真空吸盘式、内撑式、外夹式等，如图4-29和图4-30所示。

输送线设备包括滚筒机，胶带机、顶动式移动器，顶升机构，阻挡机构。板式家具企业车间生产的产品都是板件，板件抵达分类系统后，基本可以将其看成是一个连续的过程，所以它尤其适合使用滚筒机械来运送，如图4-31所示。以滚筒机为主要结构的

图4-29 真空吸盘式分拣机器人

图4-30 外夹式分拣机器人

运输线，能够对板件产品表面进行有效保护，避免其在运输过程中磨损，减少物流运输时板件损坏率。滚筒输送机最高运行速度为180m/min，能有效保证板材的输送速率。胶带机、顶动式移动器能够在直线上运行，当将板件运送到指定地方时，有可能会出现直线不能达到的情况，这时就需要利用皮带机和顶升移载机对板件进行水平和垂直位置变化搬运。采用胶带机、顶动式移动器与滚筒机相结合，可极大地提高线体板类零件的搬运机动性，如图4-32所示。机械手不能在辊式机床上直接完成对板件的抓放。当板材达到了线体所规定的抓板位置时，需要使用抬起机构将板材抬起，并将板材从辊子上移开，这样就可以由机械臂（顶升机构）完成板材的抓取工作；当机械臂将出库板件置于顶料装置上时，顶料装置依赖于传感器监控其下方的线体是否为空，从而自动判断下落时间，并将板件置于线体辊机上。在采用辊式输送机输送板材时，当板材要停留在输送机体内一定的位置时，由于物理惯性，其停留位置会有一定偏移，这是板材运输中要尽量避免的。

图4-31 滚筒机

图4-32 胶带机、顶动式移动器

　　由于板材的三维形态特征使得它的储存装置有别于普通的货架，因此，它是以书本架型的货架来储存。一个书本架被分割成多格库位，在书本架上，可以将板件按照水平摆放和垂直摆放，小板件可以水平摆放，大板件和中板件可以垂直摆放，每个位置只能摆放一种板件，如图4-33所示。在垂直放置的仓库位置中嵌入了一把毛刷，用来将板件固定在垂直位置上，方便机械臂出库和抓起，并对板件起到一定的保护作用。一般情况下，为了提升存放效率，企业会根据不同板材种类、放置位置的种类与数目设计出不同的放置位置。

图4-33　货架装置

　　MES制造执行管理系统主要针对工厂车间管理，重点关注车间作业情况，以及计划的执行。它是一个过渡执行层，在较高的规划层次与较低的控制层次之间起到桥梁的作用，可以很好地弥补规划层次与控制层次间的差距。MES通过对工厂车间生产过程的实时追踪与分析，可以实现高效调度。通过对上层计划层的订单生产计划进行分析，再将其分解、细化成加工指令，下传至底层控制层，由控制层来控制机器进行订单的生产。在整个生产过程中，MES利用了数据采集和监控技术，能够对订单的生产计划、加工设备的运行情况、产品的加工状态等进行实时掌握，并且将这些信息传输到计划层，让管理人员对其进行检测；管理人员还可以对其进行实时的检测，一旦出现异常情况，就会立即对其进行处理，控制各类机械，完成分拣工作。

　　WMS仓库管理系统是一种综合运用管理系统，是对计划、设计、生产、检测、包装、出库、售后等系列过程的管控和检测。WMS具有数据精确、定位准确、实时掌握情况、详细记录信息的优点。在具体工作中，利用WMS仓库管理系统，不仅可以及时记录相关作业信息，还可以更好地实现纸质信息数据的传输。在此基础上，还可以有效提高信息传递的及时性和精确度，根据目标的需要，对各个作业环节的相关信息进行合理收集，可以及时发现在物流业务中所存在的问题和缺点，从而有效提高物流管理的质量和效率。在最终的分拣过程中，极大地提升了分拣效率，还提高了空间利用率，减少了失误。

板式定制家具企业智能分拣系统的需求分析

（1）客户需求分析

客户需求是一个好的产品设计的起点。只有对顾客的个人需要进行准确分析，并以此为基础来进行产品设计，才能使顾客感到满意，并且对企业具有很强的经济效益。对板式定制家具企业来说，建立一个智能分拣系统，用自动化和智能化的分类作业取代传统的手工分类，是今后发展的趋势，也是目前在批量生产情况下分拣作业的最好办法。目前，国内外已经出现了多种自动分拣系统，其中物流分拣系统、邮政分拣系统等都已经得到了很好的研究和应用。

（2）产品需求分析

根据客户的要求决定选择合适的智能分拣系统的分类模式和所需的设备。但是因为不同公司的车间生产能力不一样，所以要求智能分拣系统的分类能力也不一样，这就造成了在进行方案设计时所需使用的设备数目不同，也就是要不同的资源分配。合理分配资源是一个企业存活和发展的关键，因此给智能分拣系统配备一个合理的设备量，在满足企业需要的分拣能力前提下，降低资源的闲置和浪费。所以在为不同企业进行智能分拣系统方案设计时，需要以其能力为基础，计算出智能分拣系统所需要配置的机械手数量、书本架的库容量以及线体等其他设备的需求量，这样才可以让智能分拣系统满足不同企业的需要。

另外，定制家具板材多种多样，需要较强的识别能力，并且针对板材的尺寸和重量做出适当的处理和分类，可以提高分拣的准确性和速度。板式定制家具企业通常需要从大量不同部件中选择并按照设计图纸组装，因此，智能分拣系统需要具备高效准确、自动化可调节的特点，以满足生产节奏和质量的要求。

（3）布局需求分析

智能分拣系统会对目前的车间生产环境造成一定的影响，因此，在目前车间生产环境下，怎样才能将智能分拣系统高效地建立起来，让它可以更好地与车间生产相结合，并对其进行改进，这与车间设施的规划有着密切的关系。布置时，除了要考虑分拣系统的设施和设备在车间内的位置外，还要考虑到上、下工序的工作单元和辅助工作单元的位置。将以上作业单元与智能分拣系统结合起来，进行新的车间设施布局设计，才可以有效降低物流成本，提高车间的物流效率，让生产变得更加顺利高效。

智能分拣系统在板式定制家具企业中的应用

（1）智能分拣在板式家具生产中的应用

定制家具的分拣程序是生产工序中非常重要的一步，定制家具的生产效率与分拣快慢、正确率有一定的相关性，所以传统的手工分类方法总是有一定的误差。因此，大部分定制家具公司也是首先从产品分类加工过程着手，降低分拣过程中的错误率。由于互联网的发展，"互联网+智能制造"被应用在智能分拣的各个程序中。如尚品宅配，为了克服人工操作的不确定因素，减少定单分类的错误率，采用安川电动机器人替代手工操作，改善了以往人工分拣有较高错误率的情况，出错率从30%左右下降到3%，大大提高了生产效率。索菲亚的智能分拣系统利用六轴机器人加上书本架式的储存结构，完成不同板件的分拣，统筹整个生产过程，缩短整个工序的等待时间，实现智能化生产，大幅缩短交货周期。莫干山智能分拣系统利用二维码识别系统对二维码进行识别，然后由 WMS 软件来决定零件所要摆放的单元格，最后机器人的分类控制系统根据这些信息将零件分别摆放到对应的存放位置。利用WMS系统，实现了ERP和MES的信息共享，从而达到了对板件的智能化分类，提高了生产效率，减少了生产时间。

（2）智能分拣系统对板式定制家具企业的影响

在板式定制家具企业中，智能分拣系统的应用，能够有效提升企业生产效率，缩短订单处理时间，提高企业的响应速度和客户满意度。另外，智能分拣系统的应用，能够减少人工分拣的信息差，避免人力资源浪费，从而降低物流成本。同时，智能分拣系统能够提高货物存储密度，减少储物空间占用，节省物流运营成本。智能分拣系统能够对货物进行快速准确的分类，统计、记录货物信息，为企业提供数据支持，帮助企业优化物流管理，降低废品损失率、错误率等，进一步提高企业的运营效率和管理水平。

智能分拣系统可以利用传感器和相机技术，检测并排除任何缺陷或错误，例如部件尺寸不匹配、表面有损伤等，从而降低产品缺陷率。由于智能分拣系统可以高效、准确地完成客户订单，交货时间和质量都得到了保障。同时，通过检测和排除缺陷或错误，智能分拣系统可以提高产品的质量水平，从而增强客户对品牌的信心和满意度。

在板式定制家具企业中，智能分拣系统在提高生产效率、品质和降低成本方面发挥了重要的作用。但同时，在智能分拣系统的研发和应用过程中也存在一些问题和挑战。

首先，技术标准不统一是一个普遍存在的问题。由于智能分拣系统的技术涉及机器视觉、图像识别、物联网等多个领域，因此技术标准的不一致会影响不同设备之间的兼容性和交互性。其次，数据安全性也是一个需要关注的问题。智能分拣系统通过感知和收集大量的工业数据来进行自适应控制和优化，如何保障这些数据的安全性和机密性是一个值得考虑的问题。最后，智能分拣系统的应用还需要考虑到人机协作的设计问题。尽管智能分拣系统可以减少人力成本和降低人为误差风险，但它仍然需要与操作员协作，如何平衡系统智能化和人机互动的设计则是一项需要解决的技术问题。

虽然智能分拣系统在板式定制家具企业中具有重要作用，但仍需要在技术标准、数据安全性和人机协作等方面进行深入研究和探索，以实现更加智能化和高效化的生产。

案例总结

板式定制家具在生产过程中有大规格、小批量等特点，通过智能分拣系统关键技术的应用，提升了生产效率，提高了产品的准确性和精度，缩短了生产周期，同时降低了人工劳动成本，增强了客户的满意度和品牌信任度，进一步提高了企业运营效率和管理水平。但智能分拣系统的研发和应用过程中仍存在一些挑战和问题，比如技术标准不统一、数据安全性等方面需要进一步加强。因此，未来智能分拣系统的研究和应用需要更多跨界合作和创新思维，并且要根据板式定制家具企业的需求和实际情况进行有针对性的优化和改进，以推动该行业的可持续发展和竞争力提升。

4.2.4.3 智能制造背景下家具行业PDM系统应用研究

案例背景

产品数据管理（Product Data Management，PDM）是管理产品生产全过程以及生产过程中产生的与产品有关的信息技术。它以软件技术为基础，以产品结构为中心，管理CAD/CAPP/CAM/CAE等所有与产品有关的信息，并将这些相关信息和所有与产品有关的过程集成在一起。其中，产品有关的信息包括任何属于产品的数据，如CAD/CAE/CAM的文件、零部件信息或称BOM（Bill of Materials）、产品结构配置、审批信息，甚至产品订单、生产成本、供应商信息等。

家具制造企业实施PDM管理系统，不仅能够管理产品设计开发过程、生产制造过程等不同阶段的产品信息，还可以实现各种数据信息的共享、交换，让企业以"产品"为中心，提高创新能力，降低新品成本，缩短上市时间，增强企业的市场竞争力。家具企业实施PDM的必要性有以下几个方面。

（1）**产品数据管理的透明性**

对家具产品建立产品数据与零部件库，设立相应的权限管理范围，各个部门的工作人员可快速检索到本部门所需信息，保证数据的安全性。并且对工程更改的文件能有效控制最新版本，保证设计与制造信息的一致性。

（2）**管理模式的转变**

PLM管理系统的实施将转变家具制造企业以纸质技术文档管理产品数据信息的方式，进而实现以跨平台的网络、数据库为特征的先进管理模式。

（3）**协同产品开发**

现代家具制造企业的产品开发和制造组织已经不再是在一个地点有一个单独的产品开发部门的模式。网络和协同技术使得研发活动可以在多个地点有序地进行，信息也可以在不同的地点产生。团队成员可以分散在任何地点，但是他们仍然可以利用协同的工作环境，跨越空间、时间和组织的界限而共同工作。

（4）**缩短产品开发和制造周期**

在具有传统组织背景的家具行业中，产品生命周期中的活动是串行执行的，PDM系统采用并行的工作方式将会节省产品开发和制造的时间，缩短产品上市时间，降低产品成本，并且能通过系统对客户和市场反馈数据进行分析，设计出更加满足客户需求的产品。

PDM系统的一般应用流程

一般来讲，PDM系统是一个工具，市面上有很多厂家都有相关的产品，包括达索公司、浩辰PDM、三品软件PLM、参数技术公司（PTC）、西门子PLM公司、上海汉均、安世亚太、盖勒普公司、用友软件、上海思普、启明信息技术股份有限公司、CAXA、艾科斯特、开目、华天、英泰、神州数码、天心天思（SUNLIKEPDM）等，不同的厂家的产品侧重点有所不同，但是大体来说，开发流程如图4-34所示。

主要有以下几个步骤：

（1）**产品需求调研**

这部分内容是指PDM系统厂家会指派技术顾问到客户公司进行需求调研，由厂家顾问和实施公司的主要部门骨干员工一起讨论确定，主要讨论目前公司产品设计过程中的问题和急需解决的痛点。然后PDM厂家会针对这些问题给出一个解决方案，通过后即可具体开始实施。这个过程一般需要反复并充分讨论，针对每个公司的不同情况，厂家会给出最终个性解决方案，一个好的PDM系统项目能否成功实施取决于这一步做得成功与否。

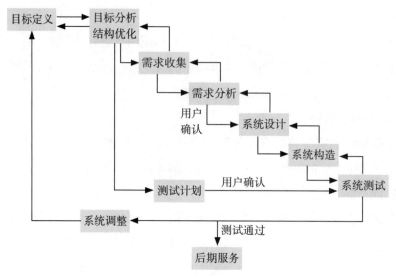

图4-34 PDM系统开发流程

（2）产品基础数据的整理

到了这一步就是项目的具体实施阶段，这一步的主要工作是整理公司产品历史数据，然后按照PDM公司要求整理成统一格式，以方便导入系统。

（3）产品试运行

基础数据整理完成之后，需要将基础数据导入系统，形成数据库。这一步建立完成之后，就可以选择有代表性的产品进行试运行。在试运行过程中，发现问题，再对PDM系统进行完善，以便最后正式上线。

（4）正式上线运行

在上一步问题解决之后，即可正式上线。完成这一步意味着该PDM实施项目已成功完成。

具体方案实现案例——清软英泰PDM

（1）建立统一的企业数据管理平台

不管是数据、文件、图纸，还是零件、BOM，在进行管理时，都需要有一个管理目录，正如在Windows资源管理器中管理文件用到的文件夹，这就是一种目录。

TiPDM2010中采用数据目录管理数据，图文档、零件、BOM等产品数据都存放在数据目录中。TiPDM的数据目录中可以进行权限控制，并且可以绑定文档类型及文档模板，适合ISO9000系列以及TS16949等标准的管理要求。

实现在系统中无须安装浏览工具的在线浏览方式，包含AutoCAD、ProE、UG、

SolidWorks、word、excel等200多种文件的在线查看，并且可以比较两个版本之间的不同点，系统会自动用不同颜色标识不同点部分。

（2）建立数据产品目录结构数

BOM有很多种，TiPDM中的BOM通常是指产品的设计结构，即设计BOM，英泰提供企业定制木板提取BOM，并建立BOM零件与图纸之间的关系。TiPDM2010中能够以树形方式将产品的BOM直观地展现出来，使得产品零部件之间的隶属关系、数量关系清晰明了。基于BOM，可以方便快捷地生成各种统计报表，如标准件汇总表、外购件汇总表、自制件汇总表等。TiPDM2010中的BOM可以进行结构复制、增删节点、子件替换等调整，方便快速创建类似产品，进行产品的改型设计。

（3）建立高效的产品图纸及文件审批流程

技术数据的生效都必须有一个校、审、批的过程，这是由技术数据的严谨性决定的，并在各种管理比如ISO9000、TS16949中也进行了规定。纸介质技术数据需要人工记录评审流程，电子化技术数据的评审需要通过PDM进行，并且能够实现图纸下载、直接签字。TiPDM2010的评审流程可以实现电子图文档的网络评审，评审人员可以在TiPDM2010中对图纸进行浏览批注，并可以将这些评审意见反给设计人员。TiPDM2010的评审流程可以灵活设置。

（4）建立企业研发项目管理体系

项目管理是为了在规定时间内和有限的投资下，使项目达到规定的各种指标。项目管理就是对有限的资源进行管理和分配；对项目的进程进行计划、调度、监视和控制。

例中山某家具厂接到了一个很急的大单，于是各部门全面动员，终于如期到了包装车间，厂长、经理们松了一口气："明天可以按时出货了！"然而没有想到，在包装的时候，组长发现一种抽屉的面板还没有交过来，车间竟然把它忘了。

由以上问题可看出在一条生产线或者是一个生产环节中，其进度、效率和生产能力常常存在着很大差异，这必然会导致在整体运行上出现不平衡现象。与"木桶短板原则"中最短的一条板决定水位高度一样，"生产瓶颈"也是最大程度地限制了生产能力、生产进度和生产效率，发现"生产瓶颈"、找到"生产瓶颈"和解决"生产瓶颈"，是生产管理人员的首要任务。基于企业的具体需求，TiPDM2010采取简洁实用的项目任务管理机制来实现企业项目管理中任务分配、任务管理、项目监控等基本的项目管理功能。

案例总结

PDM不只是一套软件，它是一种技术，它提供了一种组织、管理和利用产品数据的模式、机制与能力。因此，PDM的实施是一项系统工程，它不仅涉及技术因素，同时涉及组织、管理等诸多因素，它要求企业进行有效的组织变革、管理变革与产品开发过程的变革，以适应这一技术的实施。为此，为了PDM的实施，企业必须经过"需求调研→需求分析→初步规划→详细设计→测试→完善"这样一系列循序渐进的过程。结合一些企业实施PDM遇到的问题，特别强调以下几个方面：

（1）PDM的功能配置应当切合企业实际需要

PDM的实施需要投入大量的时间和人力、物力，这对企业来讲也是一种风险。目前市场上可供选择的PDM系统有很多，企业往往眼花缭乱。由于PDM不是即插即用的工具，其选型的优劣会直接影响它实施的质量、效果，甚至是企业的发展。因此，企业引进PDM系统时应特别注意要充分做好调研和咨询分析，将企业实际情况和未来发展战略综合考虑，定出切实可行的目标和实施范围，并按照企业要求进行功能模块的配置和系统的定制，使PDM与企业自身的具体情况、应用背景和企业文化关联起来，以点带面，真正有效发挥PDM系统的作用，为企业增效。

（2）要充分重视产品数据的标准化和流程的规范化

实施PDM时必须高度重视流程的标准化和规范化的问题。标准化、规范化、系列化是现代家具工业生产的前提和基础，各种数据交流离不开标准化。实施PDM，实际上就是要实现企业产品信息的完整性、规范化，达到管理制度的科学化。因此，充分利用产品数据的信息标准化，实现产品零部件的有效分类，统一编码，并通过PDM系统对这些标准件、通用件和典型结构等进行产品数据规范统一的归档管理，有利于企业各部门共享利用产品数据信息。

（3）重视实施队伍的组和人员的技术培训

PDM系统的实施不是几个技术人员的事，也不只是技术部门的事，而是需要从企业的高层到各部门的各类员工共同协作才能完成的工作。企业在引入PDM之前，大都不具备PDM实施经验和二次开发的人才，但由于PDM实施涉及范围广，实施周期又长，因此有效的组织是PDM成功实施的保证。企业在与PDM开发方密切合作的同时，企业内部各部门也应团结协作，共同组成一个实施PDM的专门工作班子，制订详细的实施计划表，并分层开展人员技术培训，以保证工程项目顺利进行和实施效果。在实践中发现问题、解决问题，使PDM逐步完善。因此，有一支良好的实施队伍，以及对企业相关的管理者和使用者分层次、有步骤地进行培训，是PDM实施与推广的成功关键。

（4）企业决策层要高度重视和全力支持

购买一套适用的软件，培养一支精干的技术队伍，对于企业来说并不困难。然而涉及企业固有的生产方法和管理制度的改造则不是只依靠技术人员就能做到的。在PDM系统的实施中，涉及开发团队的重组、产品信息的集成、流程的标准化等各个方面的管理问题。只有争取决策层的大力支持，把实施PDM与企业改制和改革相结合，才能避免走弯路。PDM的重要性和实施难点也就在于其管理上的特殊之处，因此，只有企业领导充分意识到这一点，PDM的顺利实施才能取得最大成功。

4.3
大规模定制生产模式管理

4.3.1　大规模定制的基本内涵

大规模定制（Mass Customization，MC），最早由美国未来学家阿文托夫勒（Alvin Toffler）于1970年在《未来的冲击》（*Future Shock*）中首先提出。1987年，Stan Davis在《未来的理想》（*Future Perfect*）一书中初次明确了大规模定制这一术语，其含义是以高效和低成本提供客户需求的定制产品。

总的来说，大规模定制是一种集企业、客户、供应商、员工和环境于一体，在系统思想指导下，用整体优化的观点，充分利用企业已有的各种资源，在标准技术、现代设计方法、信息技术和先进制造技术的支持下，根据客户的个性化需求，以大批量生产的低成本、高质量和效率提供定制产品和服务的生产方式，是根据每个客户的特殊需求以大批量生产效率提供定制产品的一种生产模式，是实现客户的个性化需求和企业大批量生产的有机结合。

大规模定制在解决客户个性化需求与企业大批量生产之间的矛盾时，主要是以模块化为主的标准化设计体系，以信息交互、管控技术为主的管理方式降低库存成本和风险，实现生产过程的柔性化。将定制产品生产问题，通过家具产品结构和制造过程的重组全部或部分地转化为批量生产，又能满足客户的个性化需求，实现个性化和大批量生产的有机结合，同时为企业提供一个快速反应、有弹性、精细化的制造环境。

该过程的实质是信息采集、传输、处理及应用的过程。其中，信息采集是大规模化生产的直接基础和重要依据。如何应用信息采集和运筹来进行大规模定制家具生产，使其在成本、速度、差异化上取得竞争优势，将是大规模定制的发展方向。

大规模定制家具的技术基础主要由三大关键技术组成：

①工业化生产。机械化、自动化、柔性自动化集成制造系统。

②标准化产品零部件。成组技术、模块化等，部件就是产品，技术、管理、工作的标准化。

③企业信息化管理。人、财、物、产、供、销，资源、流程的"管控一体化"，数字化、网络化、协同化、即时化。

大规模定制的核心思想主要由五方面构成：

①一个中心。以客户需求为中心。

②定制产品目标。低成本、高质量、短交货期。

③产品设计思想。模块化、零部件标准化。

④产品制造思想。精益生产（LP）、集成制造（CIM）、成组技术（GT）、并行工程（CE）。

⑤企业管理思想。敏捷制造、全生命周期信息化管理。

4.3.2 大规模定制体系

4.3.2.1 产品设计体系

大规模定制的产品设计体系主要由三方面组成：产品开发过程、产品设计过程以及数字化协同设计。其中，在产品开发过程中需要对客户需求的获取、管理进行分析，对家具产品进行信息建模，完成定制产品（族）匹配，最后进行定制产品决策与评价。在产品设计过程中需要保证产品符合系列化、通用化、组合化、模块化。进行数字化协同设计时，应完成数字化设计信息系统的建立，对数字化产品建模以及完成数字化产品编码。

在进行大规模定制产品设计时，需要明确的是大规模定制的产品是多样化的，其多样化体现在产品内部多样化和产品外部多样化。产品外部多样化能为顾客提供丰富的选择；产品内部多样化则会造成产品成本的提高、质量的不稳定和订单交付期延迟。减少产品内部多样化、增加产品外部多样化，是大规模定制指导思想的核心。

为了减少产品内部多样化，可以通过对产品的简化（系列化）、统一化（通用化）、最优化和协调化等标准化技术来实现。其中，简化（系列化）技术可以是产品品种及规格的简化，对原材料、零部件品种和规格的简化，或是对加工工艺及装备的简化。产品统一化（通用化）技术可以通过统一共同语言（名词、术语、代号和设计制图）、统一结构要素和公差配合（模数、公差与配合、形位公差、表面粗糙度）、统一数值系列和重要参数、统一产品性能规范（产品性能标准、产品连接部位尺寸）、统一产品检测方法（抽样方法、检测与试验方法）以及统一技术档案管理（标准代号、标准编号、编码规则、产品型号的编制、图样及设计文件编号以及工艺装备的编号规则及方法）等方法实现。而增加产品外部多样化则可以通过组合化与模块化的"拼合和配置"来实现。综上，以简化（系列化）、统一化（通用化）、组合化和模块化为代表的标准化设计方法是大规模定制产品设计体系的核心。

在对产品进行系列化操作时，首先可以制定产品系列参数：制定产品参数，对基本参数的数值分级（系列），制定主参数（标准），如柜体高度和宽度；其次编制产品系列型谱：确定产品族、产品基本系列（基型和变型）、产品系列型谱、型录图库；最后完成组织产品系列设计：基型产品的确定、基型产品的设计、系列产品的设计以及变型系列产品设计。

进行通用化设计时，需要在产品系列设计时全面分析产品的基本系列和派生系列中零部件的共性和个性，共性的零部件作为通用件；在单独设计某一产品时尽量采用已有的通用件，对于新设计的零部件应考虑到能被新产品采用或成为通用件；对于已有产品进行整顿时，应该依据生产和使用中的经验，对可通用的零部件经过分析、实验，实现通用；最后在标准化的必要阶段，需要将通用件编成图册、典型工艺，并将通用件通过生产和使用考验后提升为标准件。

产品模块化是指基于分解与组合、相似性、模数化原理，在系列化、通用化、组合化等基础上发展起来的高级形式。实现"模块化设计"，提高响应柔性，其目的是构造没有变化的单一功能体，通过不同功能体组合将变化进行简化，从而更有利于变化。在进行模块化设计时，首先应明确目标要求，确定拟覆盖的产品种类和规格范围，之后可借助工具和软件实现基型产品设计、分系统设计、模块创建、接口设计、元件设计以及模块配置的操作，进而实现产品模块设计的目的。

4.3.2.2 工艺规划体系

大规模定制下的工艺规划，是指采取一切技术组织措施，保证产品质量。其中包括：编制并贯彻工艺方案、工艺规程、工艺守则及其他有关工艺文件；进行产品图纸的工艺分析，审查零件加工及装配的工艺性能；设计、制造及调整工艺装备，并指导使用；编制消耗定额；设计及推行技术检查方法、生产组织、工艺路线、工作地组织方案以及工作地的工位器具等；进行工具管理（工具的计划、制造和技术监督）；以及对新技术、新工艺、新材料的实验、研究和推广。

大规模定制下的制造和工艺规划体系主要由三部分组成：工艺标准化、工艺规程典型化、典型工艺模块化。其中，工艺标准化包括：工艺文件标准化、工艺术语和符号标准化、工艺要素标准化、工艺装备标准化；工艺规程典型化是指将众多的加工对象中加工要求和工艺方法相接近的加以归类，选出代表性，编制工艺规程；典型工艺模块化是通过分析产品族或零部件族及其典型工艺特点，通过参数化的方法对每个典型工艺进行参数化，形成典型参数化工艺。

4.3.2.3 标准化管理体系

大规模定制下的标准化管理是指以制定、贯彻管理标准为主要内容的全部活动过程，是企业标准化的一个有机组成部分。家具企业标准化管理体系主要由七个体系组成：标准化生产管理体系、标准化技术管理体系、标准化质量管理体系、标准化物资管理体系、标准化设备管理体系、标准化财务管理体系、标准化销售管理体系。

为更好地构建标准化管理体系，企业需要运用信息化系统及工具，主要包括对客户关系管理工具（CRM）、供应链管理工具（SCM）、产品数据管理工具（PDM）、计算机辅助工艺规划工具（CAPP）。

4.3.2.4 质量保证体系

大规模定制下的质量保证体系是指在设计、制造、销售等全过程循环进行建立标准、实施标准、按标准检验和肯定或修订标准的过程，也是一个持续改善的动态过程。需要将"以客户为中心"过程模式重新组建为"管理职责""资源管理""产品实现"和"测量、分析和改进"四大管理过程。

质量保证体系过程的实施主要可以分为检验和实验两个方面。其中，检验可通过检验方式和检验标准两方面进行分类，又可对检验方式进行以下细分：按检验主体，自检、互检和专检；按检验特征，按制作过程：预先检验、中间检验和最后检验，按检验数量：全数检验、抽样检验，按预防性：首件检验、统计检验；按检验目的，出厂检验、型式检验。检验标准又可分为：接收检验标准、中间检验标准和成品检验标准。质量保证体系过程中的实验是指按照程序对产品的一个或多个质量特性进行实验、测定、检查的确定方法。

4.3.3 案例分析

4.3.3.1 基于"互联网+"的大规模智能定制

案例背景

长期以来，满足个性化需求的"高效用、高成本"的定制与"低效用、低成本"的大规模标准化生产之间存在供应难以有效匹配需求的问题。在特定的生产组织、交易和运作技术约束下，生产者不仅无法及时准确地掌握消费者的个性化需求信息，也无法解决众多差异化需求的低成本量产，并进一步表现为大规模生产所需要的需求稳定性条件和消费需求动态性事实之间的矛盾，以及生产者的规模经济与消费者的个体需求之间的"不兼容"。最终，生产者只能寻求标准化生产和非标准化生产的适当组合，并通过"事前"尽可能提供多样化产品的手段来"事后"试错消费者偏好。同时表明，传统意义上标杆企业为代表的大规模定制充其量只是一种生产者主导的"半定制"，而非真正意义上以消费者或客户为中心的"完全定制"。"互联网+"改变了这种状态。事实上，佛山维尚家具公司（以下简称维尚家具）等企业利用互联网这一突破性技术，在几乎可以涵盖所有个性化需求的条件下实现了大规模标准化生产，为解决前述问题带来了极富想象空间的理论与经验素材。由此引入的问题是，在"互联网+"背景下，企业通过何种机制掌握消费者所有可能的个性化需求，并同时实现低成本批量生产，进而达到大规模标准化生产和个性化定制之间的"无缝对接"。

案例分析

研究选择维尚家具这家企业作为案例分析对象是基于如下考虑：

（1）企业"阅历"

企业从传统制造向"基于'互联网+'的大规模智能定制"转型均有10年之久的探索，累积的经验以及目前形成的模式已经非常成熟，维尚家具"基于'互联网+'的大规模智能定制"关键信息见表4-4。

表4-4　维尚家具"基于'互联网+'的大规模智能定制"关键信息

关键信息维度	关键信息
互联网+	创建尚品宅配新居网、维意定制平台，以互联网交易、大数据、机器人等技术创建C2M、O2O定制框架。客户借助PC、手机登录该平台，对家具定制进行体验、下单

续表

关键信息维度	关键信息
个性化	客户通过新居网、维意定制平台预约定制，通过庞大数据库选择产品各种类型与特征，以及可以与设计师通过微信互动、融入顾客各种独特偏好调整产品设计
数据化	①涵盖全国重点城市约60多万个楼盘的198万个房型数据库。②数百家家具企业以及数千名第三方设计师的产品数据库。③依据户型和产品数据库建立约600万个空间解决方案数据库。由此，形成包括房型、尺寸、产品等数据的巨大"云数据库"
智能制造	①拥有家具设计系统、网上订单管理系统、条形码应用系统、混合排产及生产过程控制系统等自动化生产与交易系统。②订单通过"网上订单管理系统"集中到制造中心总部，由电脑系统把定制的家具拆分成各种规格的零部件，并有唯一的条形码与其对应，然后将这些条形码贴在用于生产的板件上，自动生成制造指令，并发送到工厂进行数码化生产。③生产完毕后，系统根据二维码统一打包来自同一订单的产品，统一配送各地；④几乎所有生产由机器人根据数据下达指令
大规模	具有日产1744件个性化定制家具的生产能力

（2）中国情境

家具产业属于传统制造业，因此，相应实践与经验对于其他传统制造企业进行转型升级具有一般借鉴意义。

（3）经营效率

企业在其所属产业普遍亏损的情况下都取得了非同一般的增长速度和良好收益。这表明，它们"基于互联网+的大规模智能定制"所达到的效果显著。维尚家具C2M、O2O定制架构如图4-35所示。

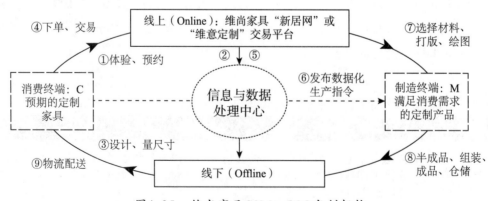

图4-35　维尚家具C2M、O2O定制架构

（4）资料可获得性与可验证性

企业经营模式已经得到官方、媒体的高度关注。相关信息在互联网等媒体上有着广泛传播，不仅有利于收集这两家企业相关实践中的各种信息，也可以通过多方比较来对其信息进行三角验证。

（5）研究对象与研究目的的匹配性

企业领导者已经形成非常成熟的有关"大规模智能定制"的经营理念。

企业大规模智能定制"三化"生产机制解析与展示

通过分析维尚家具的案例，可以得到如下结论：在长期、动态、累积性意义上，"互联网+"通过交易平台和互联网技术创造了可以解构需求黑箱、贯通供求映射路径的数据化虚拟市场，以及涵盖所有消费者个性化需求的数值空间。在此基础上，生产者可以通过对个性化需求的同质化解构、同质化需求的标准化生产、标准化部件的个性化加总来实现大规模智能化定制。其中，基于"互联网+"的数据化、智能化是将大规模标准化生产与个性化定制无缝衔接的"胶黏剂"。

下面将结合案例具体说明实现大规模智能定制同质化解构、标准化生产、个性化加总的"三化"机制。

通过维尚家具"新居网""维意定制"平台，消费者首先进入卧房、青少年房、厨房等"空间分类"界面。针对每一类空间中的家具产品，消费者在其所有特征维度及其参数空间内显示偏好。上述"相同或类似"过程产生的必然结果是在解构消费者个性化需求、个性化与同质化需求的筛选与数据建模、数据累积过程、生产过程等方面的类似机制，见表4-5。

表4-5　类似机制

需求	新居网、维意定制平台供求沟通市场、数据转换、需求个性化与同质化显示、数据积累				供给
解构维度或层次	1	2	3	4……	生产者
消费者个性化或同质化需求展示	家具大类：卧房、书房、青少年房、客餐厅、厨房、全屋……	特征维度：整体衣柜、衣帽间、飘窗、装饰柜、电视柜、定制床……	参数空间（以整体衣柜为例）：类型、开门方式、功能组合……	细分参数空间（以风格为例）：简约主义、田园风、欧式风格、中式风格新实用主义……	①家具个性化需求同质化解构。②同质化需求的大规模标准化生产。③标准化部件的个性化加总。④数据存量与增量之间的互动

从上述对维尚家具大规模智能定制生产过程的解析中不难看出，前文破解大规模标准化生产和个性化定制之间两难问题的"个性化—标准化—个性化""先同质化分解后个性化加总"的转化逻辑与具体生产机制至少在本研究案例情境中可以实现。显然，这是传统大规模定制所不具备的。由此需要进一步分析的是为什么上述过程在"互联网+"背景下得以实现。

"互联网+"与传统大规模定制的智能突破

（1）依托虚拟市场的消费者中心性、规模经济与客户融合效应

传统大规模定制所面对的供求关系完全处于实体空间内，尽管计算机、Auto CAD各种软件等现代生产技术提高了企业搜寻客户需求信息、市场响应以及生产运作的效率，但生产者和消费者处于事实上的两分状态，从而以消费者为核心的定制不可能真正实现。"互联网+"下虚拟交易市场的出现不仅使得供求双方从两分状态走向一体化，更重要的是分布于广大实体空间内服装、家具等消费大众，可以在任何时间、任何空间内向生产者表达其需求信息，并达成交易。以至于所有产品从价值创造的源头上就可以实现消费者中心性而创造真正意义上个性化定制的初始条件。

在虚拟市场以及数据化技术支撑下，服装、家具等消费大众在某一特征维度及其某一参数值方面具有相同偏好的需求可以在一个相对较短的时间内实现"虚拟集中"。这意味着，众多满足规模经济条件的细分市场"即时"涌现，以致在满足个体消费者个性化需求的同时达到同质化需求批量生产的市场规模，进而为生产者在时间、制造两个层面创造规模经济条件。显然，这在传统实体空间的"高时空交易成本"下难以实现，所以传统大规模定制下生产者只能在规模经济和个性化之间适度折中或妥协。与本研究案例相关的一种典型现实是某一特定时空内某种服装款式、家具风格的流行，需求方却不可避免地出现一定程度的同质化"撞衫"的尴尬。

上述效应联合创造了一个连带结果：在低成本意义上提升了消费者主动参与设计的意愿，或者说生产者试图融合消费者知识和思想的可能，使得作为大规模定制重要基础的"顾客共同设计"从理念变为现实。同时，消费大众在网络上的"虚拟集中"为生产者设计无限多样化产品带来大规模参与人及其知识和信息条件。事实上，在生产者有限理性约束下，只有消费大众的无限知识与构想参与设计，创造无限多样化产品，进而满足所有个性化需求才有可能。值得指出的是，在传统实体空间供求两分的状态下，即使生产者具有提供无限多样化产品的能力，也因为搜寻对应消费大众的成本过高，而在收益上变得毫无价值。

（2）依托数据化技术的供求贯通以及模块化设计科学性、产品多样化空间的提升

运用数据化技术，一方面，个性化需求黑箱不仅在特征维度及其参数空间上进行广度、深度分解，实现"透明化"解构，同时使得个性化需求内涵及其信息与其自然人载体得以分离；另一方面，体现在特定产品、材料和部件中的物理信息也可以剥离出来，从而数据化为供求之间的完全贯通创造了"对话语系"。换句话说，借助数据化，传统大规模定制下生产者产品和消费者需求之间的"非标准、非对称性对话"转换成基于数据的"标准化、对称性对话"，这也是前文"个性化—标准化—个性化"转换逻辑与实现过程的技术基础。

借助大数据挖掘技术在规模意义上筛选与区分同质化与个性化需求，生产者就可以根据大数据处理来鉴别、决策与设计同时契合消费者需求和生产者效率的模块化程度，从而提升生产者模块化设计的科学决策能力，同时根据消费者需求增加产品模块化程度的可能空间。而缺乏这一技术，生产者无法确定究竟何种程度的模块化设计才可以满足大众需求。维尚家具如何知道要把衣柜开门方式作为一个特定的特征维度独立出来？显然，只有在大数据处理的基础上，上述决策才具有满足消费需求以及生产效率的科学性。

满足所有个性化需求要求生产者最终要能够创造无限多样化的产品。对此，只有利用大数据及其之间的无穷迭代与组合，并通过部件化及其组合关系加以实现，尽管通过数据建模形成的数字意义上的无限多样化产品与现实生产之间会因为时间和技术滞后而存在一定的距离。

案例总结

在"互联网+"虚拟市场创造以及数据化技术运用下，生产者可以借助前述个性化、标准化、个性化之间的无障碍转换，进而实现传统大规模定制的智能化突破，并在长期累积性意义上逼近Davis在《完美未来》中对大规模定制的愿景刻画——在任何时间、任何地点向消费者提供无限多样化的产品。据此，在案例研究情境下，结合传统大规模定制理论提出理论命题。进一步将传统制造企业进行"互联网+"以及在此基础上实现大规模智能定制的逻辑与机制梳理，如图4-36所示。

通过现实观察、理论推演与案例分析，验证了基于"互联网+"的大规模智能定制实现机理，并进一步分析了其理论与实践含义。可以概括为：在"互联网+"背景下，企业可以依托虚拟供求市场创造与数据化技术运用，揭开需求黑箱、贯通供求映射路径，并借助个性化与同质化之间的两次转换，实现大规模标准化生产与个性化定制之间的无缝衔接。据此，以差异化和全面成本领先为核心的经典定位框架不再适用，而大规

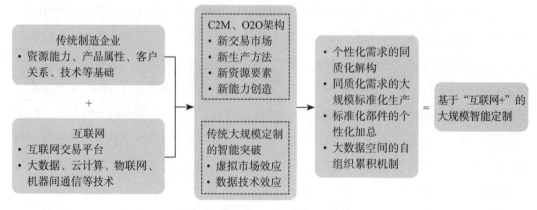

图4-36　维尚家具C2M、O2O定制架构

模智能定制中，数字化资源能力的累积性自组织机制、C2M间接网络效应与赢家通吃博弈结构将催生基于平台与利基的新二元定位。此外，鉴于消费者中心性及其规模的极端重要性，实施大规模智能定制务必培育面向消费终端完美体验的跨界服务能力，以及进行供给侧网络的动态扩展与能力投资。针对中国制造企业而言，大规模智能定制蕴含着相对、绝对与隐性三重GVC跃迁空间。

4.3.3.2 以刀具设计为例的大规模定制设计体系研究

案例背景

本案例通过分析大规模定制设计的常用方法，以刀具设计为例进行具体分析，总结得出大规模定制设计是实现大规模定制生产模式的产品设计体系。大规模定制设计在满足顾客个性化需求的同时，又使得企业保持较低的生产成本和较短的交货期，赢得竞争优势。

根据生产过程分类，大规模定制可分为设计定制化、制造定制化、自定制化、装配定制化。

（1）设计定制化

设计定制化是指根据客户的具体要求，设计能够满足客户特殊要求的产品，在这种定制方式中，从开发设计到制造生产的全部流程完全由客户订单所驱动。

（2）制造定制化

制造定制化是指接到客户订单后，在已有零部件、模块的基础上进行变形设计、制造和装配，最终向客户提供定制产品的生产方式。在这种定制生产中，产品的结构设计是固定的，变形设计及其下游的活动由客户订单所驱动。

（3）自定制化

自定制化是指产品完全是标准化的，但产品是可以客户化的。客户可从产品所提供的众多选项中，选择当前最符合其需求的选项。因此，在自定制方式中，产品的设计、制造和装配都是固定的，不受客户订单的影响。

（4）装配定制化

装配定制化是指接到客户订单后，通过对现有的标准化的零部件和模块进行组合装配，向客户提供定制产品的生产方式，在这种定制方式中，产品的设计和制造都是固定的，装配活动及其下游的活动都是由客户订单驱动的。

大规模定制设计方法

大规模定制的核心思想就是合理利用和管理现有资源，通过对现有资源的快速重组满足多样化的客户需求。企业中，产品资源的标准化和规范化是实现上述目标的重要环节，因此，企业资源管理对于大规模定制企业而言尤为重要。

产品的标准化是指产品构成内容的标准定义及产品构成相关资源的标准定义。产品中大量使用标准零部件有利于降低成本，因此，实现大规模定制的企业应该对影响产品成本较大的零部件进行标准化，通过对其他零部件的变型来满足定制的需求。为了实现柔性制造，还应该考虑对原材料、加工代码等进行一定程度的标准化。

产品的规范化是指规范产品定义的过程和内容，有效控制由于设计随意性而造成的产品构成的多样性，减少企业内部的零件数，从而降低零件管理费用。

产品族设计（Product Family Design，PFD）是在产品设计规划阶段，采用面向产品族设计系列产品的设计思路来进行产品开发，从而满足和实现对不同客户群体以及市场定位的需求，目的是在保证定制产品低成本、高质量和快速性的同时，满足客户对产品需求的多样化和实现技术的简单化。产品族设计包括产品族模型的设计、产品定制化零部件的设计和产品配置模型。产品族设计流程如图4-37所示。

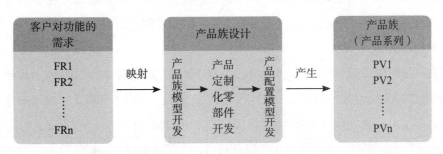

图4-37　产品族设计流程

模块化设计

模块化设计是将产品的某些要素组合在一起，构成一个具有特定功能的子系统，将这个子系统作为通用性的模块与其他产品要素进行多种组合，构成新的系统，产生多种不同功能或相同功能、不同性能的系列产品。

模块化产品指的是通过特定模块的组合能实现多种功能的产品，模块化产品所具有的多种功能应该是自上而下，逐步分解由不同模块所完成各个子功能。

在模块化产品族体系中，自顶向下存在三种不同的层次，分别是：系统层、模块层和组件层。

（1）系统层

系统层是一个完全的装配系统，该系统由不同模块组合而成，通常系统层的模块化程度随其接口的增加而显著降低。

（2）模块层

模块层是由组件层中的不同组件创建而成的。

（3）组件层

组件层被认为是模块化的最低级别，通常由一些标准化的零件组成。在组件层中，标准化是实施模块化的前提条件。标准化组件通常是一些公共组件，是具有完整定义的技术规范，被工业界所广泛接受通用产品的模块化体系。

案例研究

现代制造业的机械加工流程涉及粗加工、精加工、装配、检验、包装等环节。原材料要先经过粗加工（包含铸造、锻造、冲压等工艺）变成毛坯件，根据产品设计参数进行精加工处理（包含切削、热处理、表面处理等），改变产品的形状、尺寸精度和表面质量，最后通过装配、检验、包装等流程得到合格的产品。

刀具产品结构主要由切削部分和手持部分组成，所有刀具都可以分为整体刀具和组装刀具两大类。不同功能的刀具，其刀片样式、结构、使用材料也不同。折刀拆分示意如图4-38所示。

刀具产品制作涵盖了基体材料开发能力、刀具结构设计和刀具涂层等技术难点，工艺分为基体材料和刀具制作两部分。刀的生产工序流程为：剪板（开料）→冲坯→打唛→冲眼→调直→迫刀→热处理→水磨（单面、双面磨）→打砂（打刀背、打刀面、打刀柄）→抛光（手动抛光、机抛）→开刃口（机械开刃口、人工开刃口）→打披锋→钉刀→注塑→批水口→改刀→打水磨砂带→除蜡→表面处理→清洗→激光打标→包装，即刀具企业根据

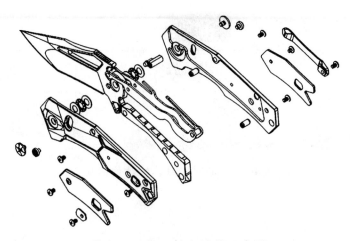

图4-38　折刀拆分结构示意图

需求，选择不同价位、性能的材料，通过对硬质合金毛坯研磨加工、刃口处理、表面处理等深加工工艺制作刀片，经过磨削后得到符合设计要求的刀面基准平面，之后采用钝化等工艺将刀具磨出设计要求的刃口，满足切削需求。

根据不同的应用需求为刀具添加 PVC 和 CVD 涂层，作为化学屏障和热屏障，提高刀具的耐磨性和使用寿命。刀具涂层技术也是刀具制造的核心技术之一。同时，根据应用场景的需求设计刀具的手柄、槽型结构及刀具的模具，制造出精度达标的模具压制模型。压制模型前需要预先计算并控制压制工艺参数，保证压制模型过程中压坯的精度和成品的一致性。最后通过烧结成型工艺得到硬质合金毛坯，烧结成型过程中也需要控制烧结体的均匀收缩，才能得到尺寸一致的成品。

另外，企业可以自行研发合适的材料，但这需要进行不断的迭代设计，研究硬质合金的基体成分和结构，直到材料的硬度和韧性满足设计要求为止，在后续加工制造环节有大量数据积累，才能提高未来刀具的成型质量和性能。

案例分析

Buck，1902年成立于美国的刀具制造商，主要生产户外刀具，因发明了"折叠猎刀"而闻名世界。近年来，刀具技术进一步在新材料的发展、全自动操作系统等方面呈现发展趋势，Buck公司也开始致力于模块化设计的技术工作。根据不同的产品特性、材料选择进行大规模的定制设计，从而满足客户的个性化需求，以下为Buck的定制化服务分析。通过功能分析和结构展开，定制化刀具的结构组成如图4-39所示，Buck定制刀具的模块化不同层次如图4-40所示。

Buck公司通过大规模生产制造标准化的零部件，组装成系列化的基本单元，即刀

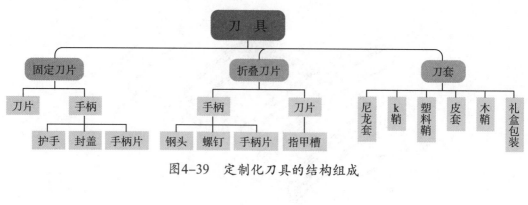

图4-39 定制化刀具的结构组成

图4-40 定制刀具的模块化不同层次

片、手柄等，为每个客户提供了定制化、满足刀具使用的整体功能构造方案，并且每个设计方案可以根据客人需求下单。标准化单元（刀片、手柄等）在规模化的零部件中组装出来，这些零部件在刀具制造标准的基础上，规模化生产、科学的量化管理可减少加工余量，实现开料利用率最大化，从而降低材料成本和人力成本，实现大规模生产和个性化定制。

案例总结

随着日益加剧的全球化竞争，现代制造业开始迅速发展，风格趋于多样化，功能类别也日益更新，制造商们需要寻求实行标准化生产和满足客户个性化定制需求的平衡。在前期产品研发中，企业应该构建合理的设计标准，用系列化的设计标准和系列工序对应每一种产品样式。而模块化设计作为一种创造产品体系的设计策略，不仅可以增加提供给市场的产品类型和服务，还可以减少新产品上市的时间和资源占用。最重要的一点是，模块化技术加速了变异产品的引进，并减少了新产品开发的成本。通用的工艺标准和制造过程的重组可延伸更多的组合变化，用较少的工艺标准制造更多样化的产品。这样企业在满足客户个性化需求的同时降低了库存成本和风险，实现了定制化大规模生产。

　　大规模定制设计的结构应更加柔性和动态，以便于改变。企业应该建立大规模定制设计体系标准，并实施生产，进行市场推广，实现快速发展，取得经济效益。对于制造业来说，大规模定制设计体系的标准化为大规模定制生产提供基础，实现柔性生产过程，既保证生产的高效性和批量化，又满足个性化的定制需求。

4.4
智能管理

4.4.1 智能管理的内涵

　　"智能管理"概念最早由北京科技大学涂序彦教授提出，他认为"智能管理"是人工智能与管理学科、知识工程与系统工程、计算机技术与通信技术、软件工程与信息工程等新兴学科的相互交叉、相互渗透而产生的新技术、新学科，研究的是如何提高管理系统的智能水平及智能管理系统的设计理论、方法与实现技术。智能管理旨在综合利用先进管理理论、方法、技术和系统，提高企业生产质量和效率，拓展价值增值空间，保证生产运营系统安全，满足诸如大规模批量定制生产、个性化小批量生产等现代生产的需求。

　　现代家具企业的智能管理可以分为制造管理和运营管理。制造管理涉及制造过程中从设备、仓储、能源、生产、跟踪、质量等各个方面。如收货和运输、生产和工艺、工程和优化、生产绩效报告及分析、详细生产计划和日程安排、生产资产、工厂/设备维护、原材料和能源采购与库存、生产执行/跟踪和可视化、人力资源和劳动力、质量保证等制造运营管理等，包括：MRP、MES、OEE、APC、SPC/SQC等。运营管理主要处理企业管理和商务运营管理，包括生产需求和供应、产品和生产定义、产品和生产能力、业务和生产绩效等企业计划及商务运营管理，包括ERP、APS、CRM、PLM、CIMS、BPR、BI、SCM等。

　　综合而言，智能管理是以智能、高效、协同、绿色、安全发展为总目标，构建网络协同制造平台，研发高端智能设备，夯实制造基础保障能力。智能制造已经成为制造型企业发展不可逆转的趋势，更是推动我国经济高质量发展的重要路径。与传统制造业注重的低成本、准时制不同，智能制造注重的是定制化、本地化、复杂性和品质。新一轮产业革命与科技革命正在重塑全世界的产业分工格局，中国政府也在加快国内产业结构调整的脚步，顺应当前历史性趋势，开启智能管理新模式。

4.4.2 智能制造管理

智能制造是制造强国建设的主攻方向，其发展程度直接关乎我国制造业质量水平。发展智能制造对于巩固实体经济根基、建成现代产业体系、实现新型工业化具有重要作用。为贯彻落实《中华人民共和国国民经济和社会发展第十四个五年规划和2035年远景目标纲要》，加快推动智能制造发展，我国颁布了《"十四五"智能制造发展规划》，该规划深入实施智能制造工程，着力提升创新能力、供给能力、支撑能力和应用水平，加快构建智能制造发展生态，持续推进制造业数字化转型、网络化协同、智能化变革，为促进制造业高质量发展、加快制造强国建设、发展数字经济、构筑国际竞争新优势提供有力支撑。在此背景下，家具制造业深入实际，紧扣智能特征，以工艺、装备为核心，以数据为基础，依托制造单元、车间、工厂、供应链等载体，构建虚实融合、知识驱动、动态优化、安全高效、绿色低碳的智能制造系统，推动家具制造业实现数字化转型、网络化协同、智能化变革。

智能制造管理是根据企业的生产模式及规律，对智能制造生产过程进行计划、组织、领导和控制，充分利用各种资源和科技手段以实现不同时期的制造目标的企业活动，其管理主体是企业高层、中层及基层，依据智能管理系统实施管理，其管理对象是人、机（固定资产、智能设备）、料（原料、成品等），管理的目的是实现组织目标，合理地利用资源，尤其是科技应用，以获得利润。

当前智能制造管理呈现六大特点：机器化；人机协同；系统化；重视知识管理；大量开发并应用人工智能工具；管理环境智能化。在智能制造方面，布局并构建数字化工厂实现工厂间的联动；在智能监控方面，达成全流程追溯、层层追索的目标；在智能管理方面，实现企业的全面转型升级。

智能制造管理体系又可分为智能成本管理、质量管理、设备管理。其中，智能成本管理是指在物联网、"互联网+"、大数据、云计算等技术的支持下，将企业的成本管理智能化，即将虚拟与现实相结合，通过智能化的信息系统合理规划各项企业成本、优化企业成本结构、量化企业成本管理、强化企业成本战略、合理化企业成本评价，实现企业的长期稳定可持续发展，其特点是需要具备一定的能力、结构变化、管理对象变化、成本管理创新，其管理方法有标准成本法和作业成本法。

供应链管理在智能制造管理体系中也占据重要位置。供应链管理包括管理供应与需求，原材料、备品备件的采购、制造与装配，物件的存放及库存查询，订单的录入与管理，渠道分销及最终交付用户。智能供应链指的是在互联网/物联网环境下，企业利用智能供应链平台和大数据资源，感知、获取消费者（用户）对个性化的产品或者服务的需求，触发相关组织（企业间或企业内）进行跨企业智能预测、沟通和整合供应链上的资源计划，将消费者、线下门店、线上端、渠道商、品牌方、智能物流服务供应商、智能厂方和材料/零件供应商等从原材料到成品交付的各个环节的参与方智能协同，实现智能研发、智能采购、智能生产、智能交付和智能结算，从而满足日益个性化的消费者需求的网链式服务体系。体现生产的敏捷性、信息的统一标准和共享以及管理网络化特征。

💬 **本章思考题**

1. 简述生产计划的内涵。

2. 简述企业生产能力核算方法。

3. 简述MRP、MRPⅡ、ERP解读。

4. 简述ERP的主要功能模块。

5. 简述大规模定制的内涵。

6. 简述智能管理的内涵和主要内容。

第5章

现代家具企业
生产与现场管理

学习目标 ▶

　　了解现代家具企业生产现场管理的标准与要求；了解如何进行岗位设计与流程管理；明确现场管理的基本方法；掌握6S管理的方法与内涵；能够针对现代家具企业的生产现场管理提出针对性的运作办法。

　　在智能制造的大背景下，家具制造业正向个性化定制、信息化生产转型。生产工艺流程是现代家具企业生产过程中的关键，同时在当前信息化、数字化时代背景下，对于家具生产与现场管理将提出更高的要求。因此，如何改善和提高家具企业生产能力与现场管理水平和技术，科学运用先进的管理手段和方法是家具企业急需解决的重要问题之一。

5.1
生产现场管理

5.1.1 现场管理的标准和要求

现场管理是指用科学的管理制度、标准和方法对生产现场各生产要素管理，包括人（工人和管理人员）、机（设备、工具、工位器具）、料（原辅材料）、法（加工、检测方法）、环（环境）五方面要素。现场管理中的人、机、料、法、环也称为4M1E分析法，如图5-1所示。

在家具企业的4M1E中，人（Man）指操作者对产品质量的认识、技术、身体状况等，常受到思想意识、配合度、能力、个体差异等方面的影响；机器（Machine）指木工设备、测量仪器精度和维护保养状况等，包括设备功能、

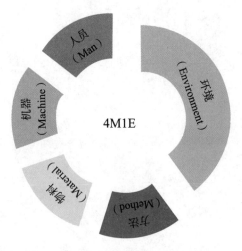

图5-1　4M1E分析法

精确度、设备能力、故障预警等因素；材料（Material）指原辅材料能否达到要求的性能等，需要考虑材料是否及时、适宜、合格等；方法（Method）指生产工艺、设备选择、操作规程等，检测手段方法，需要做到方法合理、过程受控、标准化；环境（Environment）指工作现场的技术要求和清洁条件等，主要包括温度、湿度、灰尘、污染等方面的内容。

家具企业现场管理控制目标主要为Q（质量）、C（成本）、D（交货期）、S（安全）四个方面。具体可以通过一消（消除不增值活动）、二化（标准化、可视化）、三不（现场质量"三不"）、三现（现场、现实、现物）、四M（4M1E）、五S（6S管理）五种方法实现。在进行家具企业现场管理时，问题发生时要先去现场，检查现物（有关的物品），并当场采取暂行处置措施，找到真正原因并将其排除，采用标准化以防止类似情况再发生。

需要注意的是，家具企业进行现场管理时应做到最大程度减少浪费、奖惩运用得当、发挥每个员工的才能和积极性、使设备总处于最佳状态、现时现地管理、遵循6S

基本模式、生产数量要与需求数量挂钩、制度化管理，以实现定员合理、技能匹配，材料工具放置有序，场地规划标注清晰，工作流程有条不紊，规章制度落实严格，现场环境卫生清洁，设备完好、运转正常，安全有序、物流顺畅，定量保质、调控均衡，登记统计、应记无漏。以上为家具企业现场管理的基本标准。

5.1.2　现场管理的基本方法

现场管理的基本内容可以总结为五个方面：改善、减少非增值性活动、坚持现场质量"三不"原则，员工多能化，执行过程（三部曲）。

（1）改善

改善需要遵循以下十条基本原则：

①改善的都是不合理的。

②强调理由是不思进取的表现。

③立即改进，及时比正确更重要。

④反复追问为什么，总能找到问题根源。

⑤许多问题的解决，就在于否定不可能。

⑥更应该重视的是不花大钱的改善。

⑦不要追求完美，完美都是从不完美开始的。

⑧最清楚改善的是处于第一线的操作人员。

⑨只要是改善，最小的事也值得去做。

⑩改善永无止境，没有最好，只有更好。

（2）减少非增值性活动

首先需要明确凡是超过生产产品必要的最少量的设备、材料、零件和工作时间的部分都是浪费。同时，美国管理学家认为凡是超出增加产品价值所必需的绝对最少的物料、机器、人力、场地、时间等各种资源的部分都是浪费。

（3）坚持现场质量"三不"原则

①不制造不良品。这是每个现场人员首先必须保证的，只有不产生不良品才能使不流出和不接受不良品成为可能。

②不流出不良品。作为操作者，一旦发现不良品，必须及时停机（线），将不良品在本工序截下，在本工序内完成处置，并提出防止再发生对策。

③不接受不良品。后工序人员一旦发现不良品，将立即在本工序实施停机（线），

并通知前工序。前工序人员需要马上停止加工，追查原因，采取对策。

（4）员工多能化

①适应接单内容和作业内容的频繁变化。

②适应生产计划的变更。

③提高生产作业人员自身能力。

（5）执行过程（三部曲）

主要包括班前计划、班中控制、班后总结三步。

①班前计划。主要分为提前准备、班前交接管理、班前会议、人员派工四部分。

a. 提前准备时，根据计划的任务量和交货期进行布置。计划内容主要包括人员数量、设备数量及状态、原辅材料的到位情况、相关配套设施的到位。

b. 进行班前交接管理时，需要了解上一个班的交接内容，重点应注意的是：异常情况及处理措施。

c. 班前会作为小组精神传达的主要表现形式，包括对上一个班的总结、本班工作安排、人员激励（正激励与负激励）、制度宣贯、士气提升等内容；时间控制在10～15min为宜；语言简洁、简短、清楚（重点需重复）；最后会议表态需要参会成员对会议内容一致达成共识。

d. 因生产过程中人员变动，造成个别岗位需要临时补充人员，这时需进行人员派工，派工要求因岗定人、因人施教、重点检查、注重沟通四方面。

②班中控制。班中控制是指班组长在所管辖的区域内为完成既定生产任务而进行的支配和指挥工作。需要控制的内容主要包括产量和质量、安全、成本、交货期、人员配置五方面要素。

a. 产量和质量的具体展开包括产量（原料配给、人员出勤、设备运转、核定生产效率）、质量［人员卫生（穿戴洗手、操作过程卫生）、工具和器具卫生（残留、目视）、设备卫生（残留、目视）、工序质量标准和判定标准（原料、半成品、成品）］。

b. 安全包括水（是否滴、漏）、电（是否破损、接触水、负荷）、气（是否泄露）、汽（是否冒、滴、漏）、设备（有无跑偏、异响、漏油、漏电等）、人（有无违规违纪操作）、原料（有无污染等）。

c. 成本控制主要包括物耗（各种原料、包材等损耗指标）、能耗（生产单位产品所消耗的能源指标，主要为水、电、气）两方面。

d. 交货期指完成生产任务所规定的交货期限、各工序的生产效率（品项、人员、设备）、成品生产周期以及最低库存量（产成品量）。

e. 人员配置包括生产技术员（工艺员）、质量检验员（现场品管）、核算统计员（生产统计）、设备安全员（机修）、生活卫生员（保洁）、材料管理员（半成品库管）。

③班后总结。包括班后会、生产记录、工作日志三方面。

a. 班后会的内容包括本班任务达成情况、质量方面出现的问题和纠正措施、设备在运行当中的问题、人员的违规违纪和处理意见、隐患点的收集等方面。

b. 生产记录需要完成生产报表的填写，做好交接班记录。

c. 工作日志需要记录当天处理事务、员工纠纷、任务安排合理程度的思考，并进一步优化自身的管理行为和方式起促进作用，便于次日工作开展，对提升个人管理水平起循序渐进作用。

进行现场管理时，也可以采用目视化管理的方法。目视化管理目的在于明确告知应该做什么，做到早期发现异常情况，使检查有效；防止人为失误或遗漏并始终维持正常状态；通过视觉，使问题点和浪费现象容易暴露，消除各类隐患和浪费。其遵循以下三个原则，即视觉化：标示，标识，进行色彩管理；透明化：将需要看到的被遮隐的地方显露出来；管理界限标示：标示正常与异常的定量界限，使之一目了然。

进行目视化管理时，需要注意以下要点：从远方也能辨认出；任何人使用也一样方便；在想要管理的地方做标示牌；任何人都容易遵守，容易更改；易知正常与否，且谁都能指出；有助于把作业场所变得明亮、整洁；有助于维持安全、愉快的环境。在具体实施目视化管理时可遵循以下实施顺序。

首先，管理前需要完成清扫任务，包括空间清扫、天顶清扫、墙体以及地面清扫等。需要注意的是清扫从上到下做；禁止吹与拍打；需要使用真空吸尘机或抹布擦拭；要求全员（无例外）参与。

其次，正式实施顺序1——划区，即对工厂、办公室、产品仓库等区域进行划分。该步骤的要点在于需要用柱子划分区域，应标示横向区域（A，B，C……）、纵向标示地址（01，02，03……），分区挂牌要明显。

之后进行顺序2——地面、排管按用途涂颜色，对于不同的空间，需要区分作业区域颜色、通道颜色、仓库颜色、排管颜色以及设备颜色等。该步骤的要点在于需要选定合适的颜色如休息室：宁静的颜色；通道尽可能划直线；应保持地面平整；注意排管颜色优先并标示排管方向。

顺序3——划线，包括区域线、通行线、门开闭线、存放场线、再加工物品及不良品区域划线、作业台区域划线、出入口线等。划线时应尽量用直线；保证划线容易识别、移动；需要减少有棱角的部分；角落避免直角；各线之间用颜色区分。

顺序4——贴挂牌，包括工厂厂牌、生产线标牌、工程标牌、机械挂牌、预备品保管台标牌、搬运工具标牌等。

顺序5——库存定标示，包括定位、定品、定量三方面。定位指标示场所、标示地址；定品为标示搁板品种以及标示物品品种；定量则是指标示最大量、标示订货点以及标示最小量。

顺序6——标示设备管理详细项目，包括清扫，给油检验标示、项目、作用、周期、油种、检验界限标示、油位、计量器类、油度界限、标示检查顺序、阀门开闭标示、排管内流体流向等方面。

综上，现场目视管理的内容主要包括以下八个方面，即：

①人员管理（组织结构图、紧急联络图、岗位管理板等）。

②机器管理（仪表的工作范围，设备状态、注油点标示等）。

③材料管理（看板方式、材料标示牌、订货点指示等）。

④环境管理（通道标识、场所标示、门标识、线体标识等）。

⑤标准管理（作业指导书、QC工程图等）。

⑥生产管理（产量达成指示、异常警报指示灯等）。

⑦质量管理（关键质量点、控制图、检查表等）。

⑧安全管理（安全警示、消防MAP、应急网络图等）。

5.1.3 案例分析

5.1.3.1 以海太欧林集团为例分析其生产工艺流程

案例背景

海太欧林集团有限公司的生产车间主要包括软体车间、板式车间、木工车间、钢制品车间、屏风车间、喷涂车间、油漆车间和中转车间。

（1）软体车间

软体车间建成于2015年，车间建筑面积约6254m²，员工60余人，主要生产沙发、座椅。车间拥有80%以上专业技术人员，3条沙发生产线，3条座椅精生产线，沙发椅子各拥有2条零散订单生产线，1条批量生产线，并拥有先进生产设备，如精密推台锯、泡棉直切机、断簧机、日新电车等。

沙发生产工艺流程如图5-2所示。沙发一般分为三部分，即左扶手、右扶手以及座背。首先进行开模，包括木工模、裁皮以及裁海绵；其次，各部分可以同时进行相关工作，木工组进行钉架、打底、崩弹簧、崩松紧、崩布等，裁剪组对海绵和皮料进行车

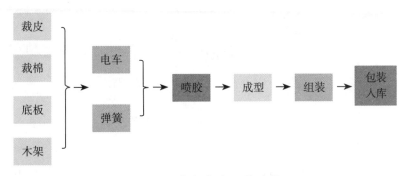

图5-2　沙发生产工艺流程

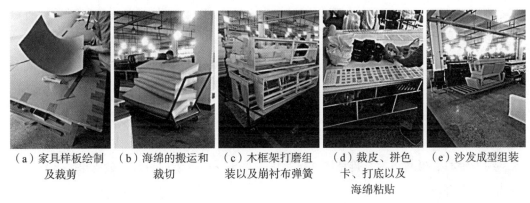

（a）家具样板绘制　（b）海绵的搬运和　（c）木框架打磨组　（d）裁皮、拼色　（e）沙发成型组装
　　及裁剪　　　　　　裁切　　　　　装以及崩衬布弹簧　卡、打底以及
　　　　　　　　　　　　　　　　　　　　　　　　　　海绵粘贴

图5-3　沙发车间现场情况

裁，在海绵和框架粘贴好之后，送入成型组进行蒙形，再送入安装组进行组装，最后包装入库。现场情况如图5-3所示。

（2）板式车间

板式车间成立于1998年，当前车间建筑面积为8000m²。员工队伍中技师占10%，中高级技工占70%以上，人均月产值可达8万～10万元。本车间所有产品材料均采用E0级标准环保三聚氰胺板，主要生产办公工作站、会议桌、文件柜等板式家具。车间拥有德国豪迈锣铣封边全自动CNC、伊玛直线封边机、激光封边机、豪迈PTP数控全自动排钻等一流设备。全面推行TPM管理设备，TQM、QCC品管圈持续提高产品质量。

板式车间生产工艺流程如图5-4所示。板式车间主要对板件进行开料、封边和钻孔，再进行组装。主要进行活动柜、文件柜等柜类的生产。而一些柜体的大批量生产也主要在该车间进行。

板式车间主要有4条生产线，分别为：文件柜生产线、活动柜生产线、L形板生产线和直面板生产线。除此之外，还有一条自动化生产线，但该条生产线一般用于大批

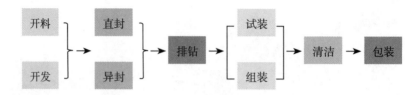

图5-4　板式车间生产工艺流程

量生产，小型加工一般不会用到，所以平时处于待机状态。该车间还有待检区、余料存放区和3个包装区，可以对板式家具进行包装。该车间主要材料为三聚氰胺板，厚度主要为18mm和25mm，规格主要为1.2m×2.4m、1.5m×2.4m、1.8m×2.4m三种。直线封边中最方便快捷的为激光封边，并且三聚氰胺板不可以做异形边，只可做直边；该车间的异形封边为手工封边；最后包装时会将板件的五金件等配件一起打包，配套发送。

（3）木工车间

木工车间工艺流程如图5-5所示，主要有7个区域，分别为热压区、冷压区、开料区、加工中心、机封边区、排钻区和试装区。该车间主要生产班台、会议桌、文件柜、茶几、沙发等产品。

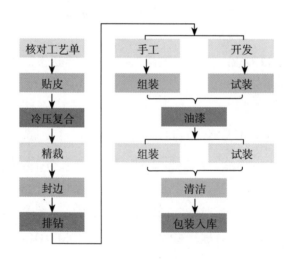

图5-5　木工车间工艺流程

开料区主要材料有白橡木、胡桃木、榉木等，主要对椅架、沙发架、茶几架等受力承重部分进行开料；除了实木外，剩余材料大多为中纤板与刨花板。刨花板木屑粗，强度好一些，不易变形，可用于承重；中纤板细腻，强度没那么好，可用于边部异形边铣型。木皮的切割主要有两种方式，即平切和旋切。平切木纹纹理漂亮，多用于桌面装饰；缝木皮有专门的缝皮机，机器有专门的胶线对木皮背面进行缝制，缝过的木皮正面看不出缝制的痕迹；贴木皮需用热压胶贴，冷压则适用于框架的处理，一般冷压6~8h，之后装饰组、手工组进行细的手工工艺，包括对纹理、编号等。

（4）钢制品车间

钢制品车间是海太集团比较大的生产车间，创建于2015年。车间建筑面积6500m²。车间员工约100人，其中技师占15%，高级技工占30%，中级技工占40%。车间拥有国内外一流生产设备：数控剪板机、数控冲床、激光切制机、数控折弯机。数控弯管机及配套附属设备近百台。主要从事五金制品和钢柜生产，设有模具制作、五金制品、钢柜生产线。

钢制品车间工艺流程如图5-6和图5-7所示。钢制品车间主要生产钢柜，以医疗家具为主，因此材料等级高，并且由于一些操作的危险性和特殊性，部分地方护有围栏，无法近距离观察。该车间人员相对较少，大部分工作基本都是由机器完成，并且环境通风很好，基本没有粉尘，规章制度也更为严格。

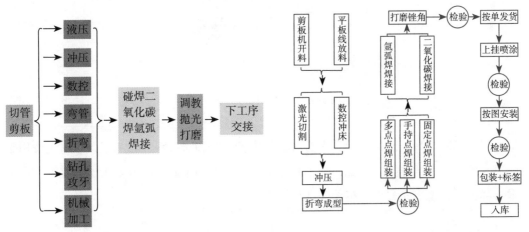

图5-6　钢制品车间工艺流程　　　图5-7　医疗家具生产工艺流程

钢板板材厚度一般为0.6~1mm，除了特殊厚度工厂会一张一张买，其他1mm以下厚度用卷料，卷料钢板品质有保障，并且成本比直接一张一张购买低很多，同时在裁切过程中不会有余料，用多少裁多少。除此之外，有两种不同焊接方式，两个板重叠在一起焊接的是碰焊，无法重叠在一起的情况则用二氧化碳焊接。上件区需要进行表面处理（热水洗）、银化（淋化，对药物材质有要求）、表潮、镀膜、封烤、喷粉、固化等步骤；钢制品环保性、耐用性更好，多用于医疗康养家具。

（5）屏风车间

屏风车间是海太集团组建最早的生产车间，创建于1996年。当前车间建筑面积为8000m²。员工队伍中技师占10%，高级技工占40%。车间拥有德国、意大利、中国台湾生产的数字化开料锯、数显铣钻床、冲床、攻丝机、自动铆钉机等先进设备和工具。车间主要生产系列屏风卡位、高隔间、戴蒙、贝格、兰斯工作站、会议台等。

屏风车间工艺流程如图5-8所示。屏风车间主要进行板材、铝材和布料的开料裁剪，以及铝材的冲压，而板材的一些开槽、铣槽工序则在软体车间完成，之后将其组装、质检、再包装。屏风车间主要有2条生产线和5个区域，分别为机加工生产线、包装生产线、铝材开料区、半产品区、组装区、包材区和组装—生产区。

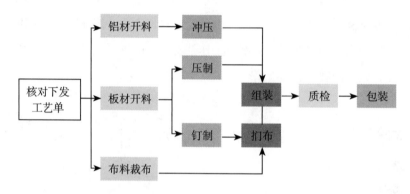

图5-8　屏风车间工艺流程

屏风车间是最安静的车间，主要对铝材进行切割和对布料进行加工，铝材主要用于屏风与屏风之间的连接，因此，为了满足模块化需求和不同产品的要求，连接方式也丰富多样，并且屏风布料也有很大的选择空间。

（6）喷涂车间

喷涂车间创建于2015年，车间建筑面积为6328m²。车间员工约50人，其中技师占15%，高级技工占30%。车间拥有国内外一流生产设备，粉末喷房由天坤公司量身定制，整个喷涂线全长400m，可轻松喷涂各种粉末、复杂异形工件，确保喷涂品质。喷涂车间工艺流程如图5-9所示，主要设备为：自动喷房、纯水机组、喷涂系统、全自动喷淋线、中央控制柜以及全自动热水锅炉，如图5-10所示。

（7）油漆车间

油漆车间创建于2002年，当前车间建筑面积为10000m²。在岗员工38人，其中高级技工占60%。车间拥有进口砂带机、砂光机，磨边机等高性能设备。车间整体百叶窗全通风设计，特种岗位操作过程全抽风设计，以及员工全配套劳保用品发放，保证安

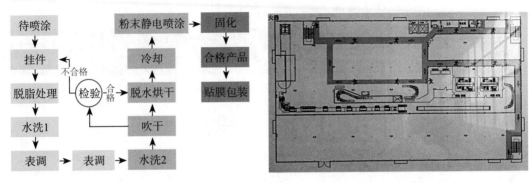

图5-9　喷涂车间工艺流程　　　　　图5-10　喷涂车间规划图

全、高品质油漆作业。油漆车间工艺流程如图5-11所示，主要设备为：废气排放处理设备、直线辊涂砂边机、卧式砂带机、UV底漆辊涂设备、中央空调加温设备以及平板自动砂光机。

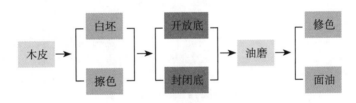

图5-11　油漆车间工艺流程

案例反思

（1）问题分析

通过对车间情况调研，总结出现场的主要问题，见表5-1。

（2）优化建议

依据表5-1的问题总结，提出以下优化建议，见表5-2。

案例总结

对于家具生产车间的设计，不可局限于机器或系统本身，还要考虑环境以及工人的舒适度，选择正确且符合人因工程学的设计、合理的工作器具摆放、安全舒适的作业空间等。遵守这些标准，不仅可以帮助工人防止由于长时间生产而造成的重复性劳损和其他相关疾病，还可以有效提高员工的工作效率、空间利用率和货物出入库效率。

表5-1 车间问题总结

车间名称	存在问题	具体表现
喷涂车间	生产监控不足，问题应对被动	喷涂的核心工艺流程处于封闭的加工环境下进行，外界无法观测工件的加工进程。因此，生产管理人员无法保证加工操作是否满足工艺标准，也无法及时掌握加工进度。一旦某道生产环节出现问题，将无法被快速感知，生产管理人员无法及时制定应对措施，这为解决生产问题带来了巨大的滞后性。而喷涂生产恰是连续性的批量生产模式，问题解决滞后将会造成大量不合格品，加剧成本压力，延误生产计划，影响订单交付。目前，喷涂车间的生产管理主要依靠生产人员巡视观察，凭借经验进行检测与问题排查，管理上显得十分被动
	能源消耗粗放，欠缺分析与优化	在能源的使用上，只考虑是否满足生产计划，却忽略如何最少使用能源满足需求。对于所涉及的能耗数据，仅有一个总量统计，没有在时间与设备等方面的分布统计，难以有针对性地制定节能优化方案
板式车间	车间区域划分不合理	车间中组装区和封边区的工具均放在较远的区域，延长了操作距离。与生产流程关联不大的文件处理区域占用了较多的生产面积，清洁区、试装区面积受限，作业时出现占用其他区域的现象
	工作台、工具柜布置待改善	组装区作业用的工作台尺寸及布局设计不合理，空间利用率较低，导致工人长期站立向前弯腰作业，加剧脊椎疲劳程度。异形封边区工具柜为不透明柜，工人无法提前获知所需工具位置，需要多次翻找，耗费时间
	部分器具有待改良	封边区平板运输推车给工人取板造成不便，工人需重复前往身后的传送带弯腰搬运板材到操作台进行封边，作业移动涉及范围较广，不仅使工作周程增长，降低工效水平，还加大对员工腰部的损伤。异形封边区使用的刮刀形状为扁平状，易导致工人手部变形
软体车间	工作区域划分需要改善	各个区域虽有划分，但是区域线破损、脏污，标志线不清晰
	工作文件容易混乱	文件夹需要有顺序地排列，但是经常会出现排列顺序错误、出问题等情况
木工车间	工具布置待改善	工具物品的摆放不清晰、不整齐，出现丢失无法立即确认和发现，工具摆放不够有序
	工作环境有待改善	通风排尘还需进一步优化，车间中还有木屑和粉尘
油漆车间	车间区域划分不合理	板材存放区与操作区距离过远，作业移动涉及范围较广，不仅使工作周程增长，降低工作效率，而且来回移动给工人带来操作不便
	工作环境有待改善	车间可以闻到明显气味，长期在该环境下工作对员工健康产生影响，空气换气通风装置等需要更换或调整

表5-2　车间优化建议

车间名称	存在问题	具体对策
喷涂车间	工作环境有待改善	利用室内补风进行废气二次收集。对喷涂车间各工位送室外新风，在维持喷涂车间内空气清新的同时减少室内外空气流通量，通过喷漆间补风使整个喷涂车间维持微负压状态，实现废气的二次收集，加强喷涂件在车间内干燥过程中无组织逸散废气的收集
		增加新风送入，利用原有管道引入厂房外新风（非室内污染空气），风量远大于规范要求的30m³/h，改造后采用斜吹式送风，将新风从喷台顶部偏后处送出，斜吹的新鲜风流直接吹向工人呼吸区域，不经过喷涂区域，减少了喷漆工人作业时与有毒有害气体的接触。通过送风速度和角度的调整，确保工作环境有害物接触浓度低于规范要求值
板式车间	工具柜台布置待改善	由于组装工作时工人需长时间保持站姿状态，且还需连续不断地进行打钉、安装辊轮等操作，对工人的耐力消耗较大，致使其出现注意力不集中、工作节奏变缓、工作失误率高等现象。因此，对该工作台进行了科学优化，在工作台面上加垫板，以达到理想高度
	工具柜布置待改善	目前异形封边区工具柜与工作台中间隔有一条固定的辊筒运输带，工人需挪动运输带上待处理的板料、跨过运输带才能靠近工具柜，且由于工具柜内部不可视，工人寻找工具时常常需要开关多个柜门才能找到所需要的工具，造成大量时间浪费。依据工具放置的场所、方向和位置一般应相对固定，方便拿取，避免因寻找而产生走路、弯腰等多余动作的工件器具摆放原理，工具柜的设计应以方便寻找、获取工具快速为目的，现将工具柜柜门由原来的不透明木柜门改装成透明柜门。透明柜门可以让工人对柜子内部工具一览无余，帮助工人获知工具位置，节省大量的寻找时间
	工人取板过程中腰部前弯以辨识信息后搬运板材	此动作有轻微危害，长期工作易使工人疲劳，且易对其腰部造成损伤。因此，将原本用作运输的平板推车改为带卡槽立式推车。优化后立式推车将板材隔开，开料工人可直接从推车上取板，节约时间
软体车间	工作区域划分需要改善	各个区域的颜色应更加鲜艳丰富，通过层别设定加工流向、作业区域、设备的放置方式、运输的工具与方式、通道的规划，形成一个有序的作业空间
	工作文件容易混乱	为方便使用，在资料文件夹上画斜线，一旦文件夹混乱了，即便从远处也能看出问题

续表

车间名称	存在问题	具体对策
木工车间	工具布置待改善	为了对工具等物品进行管理，很多企业采用工具清单管理表来确认时间序号、名称、规格、数量等信息，但使用工具清单管理表较为烦琐，而且无法做到一目了然。应通过行迹管理将物品的形状勾勒出来，将物品放置在对应图案上，画出每件工具的轮廓图形以显示工具搁放的位置，这样有助于保持工具有序存放，某件工具丢失便能立即发现
	工作环境有待改善	木工车间的主要污染源是木屑和灰尘，预防清扫的办法是在木材加工设备上加上排尘管道，这样机器设备加工木材所产生的木屑和灰尘，绝大部分会被管道直接抽走
油漆车间	车间区域划分不合理	板材存放区与操作区距离过远，来回移动给工人操作带来不便。优化后立式推车提高板材运输效率，节约时间。同时存放区与操作区之间增加暂存区，方便存放
	工作环境有待改善	空气换气通风装置需要更换或调整。增加新风送入，新鲜风流直接吹向工人呼吸区域，不经过油漆喷涂区域，减少工人作业时与有毒有害气体的接触

5.1.3.2 以A企业为例分析大规模定制家具的仓储管理研究

案例背景

大规模定制家具的快速发展，让多品种、小批量以及短交付周期成为家具制造业的一大特征，这也对家具企业的仓库管理带来了巨大压力。

现阶段大规模定制家具企业通常采用信息化技术与数字化设备在生产环节达到了降低成本、提升效率的目标。而随着标准化技术的应用，虽然有助于减少产品内部的多样性，简化生产过程，优化生产管理，但这给企业仓库带来了仓储作业效率低、物料周转速度慢、仓库管理和调度不足等问题，影响了企业生产的正常进行。

本案例在对大规模定制家具企业仓库管理现状调研的基础上，针对企业仓库管理存在的问题与弊端，分析并归纳现有行业内仓库信息化管理程度高企业的仓储管理特征，提出了面向大规模定制家具企业的信息化仓库管理优化策略。

大规模定制家具仓库管理现状及问题

（1）仓储模式老旧导致物料周转速度慢

目前大多定制家具企业的仓储管理模式已经和日益提升的客户需求标准以及企业自身管理要求发生了不匹配现象，其仓储管理模式还停留在早期发展模式里，逐渐跟不上企业的发展需求。而许多中小型家具企业的仓储管理中，数字化智能设备占比较低，仍旧以传统人工驾驶叉车以及人工作业等进行货物的转移与码放。仓储人员在接收物品时，经常需要一次扫描一件物品，这就容易引发因人工疏忽而导致仓储管理疏漏，在后续检查库存时由于产品堆叠不正确而无法实时有效地获得产品数据的问题。另外，在交付过程中，由于工作量很大，叉车司机也难以完全按照仓库车辆管理制度运送产品。传统的仓储模式由于人工占比较大，使得仓库中物料周转效率低，降低企业物流的效率、准确率和安全性。

（2）车辆调度无序导致仓库安全隐患大

部分家具企业的运输人员在将原材料或成品货物运送到仓库交付时常常会以电话、微信等方式进行联系。这种传统的交流方式易导致车辆调度混乱无序，仓储管理层面无法实时追踪到车辆信息，常出现多台车辆共同卸货的情况，这将导致仓库堵塞，安全隐患大，大幅度降低物流效率。当企业生产任务较多时，车辆调度的不及时也将导致货物大量积压和厂区交通混乱，易发生安全问题。车辆调度存在问题也会导致库存积压严重。

（3）信息化管理缺失导致生产效率低

仓储环节在物流供应链中起着桥梁作用，高效的物流供应链离不开高效的仓储管理，这就离不开信息化的管理作为基础支撑。目前部分定制家具企业还没有使用仓储相关的管理系统，信息化管理水平较低。而已使用仓储管理系统的大规模定制家具企业也大多为B/S（Brower/Server）结构WMS（Warehouse Management System）仓储管理系统，其功能和流程如图5-12所示。但此系统在信息处理速度和安全性方面存在缺陷：当大量信息需要录入时，系统易出现反应延迟较高甚至崩溃的情况，这就可能导致数据全部丢失，造成严重后果；跨浏览器访问会出现卡顿以及无法访问的情况；服务器之间的交互需要请求响应模式，通常需要工人手动刷新界面，增加任务量。大规模定制家具企业往往采用通用的仓储管理而不是针对板式家具仓库的定制化设计，而WCS（Warehouse Control System）仓库控制系统的缺失，也将导致企业生产效率低下。

（4）提升定制家具仓库管理水平的必要性

①提升企业仓库空间利用率。大规模定制家具企业采用自动化立体仓库是迫切提升

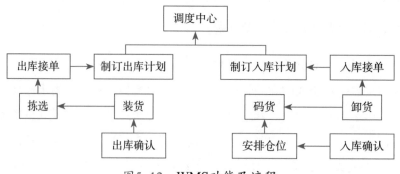

图5-12　WMS功能及流程

空间利用率的有效手段。自动化立体仓库可以在原有存储面积上利用垂直空间将仓储量扩大到之前的4~7倍，大幅提高空间利用率，降低企业资源成本。

②提高企业产品质量和周转率。首先，传统仓储模式人工参与度很高，这就导致企业人力成本较高，生产效率较低；其次，由于家具企业制造的特殊性，家具部件半成品会积累到一定的数量之后再运送到下一个工段，这种情况就容易导致货物的积压，堆积在底层的货物无法实现先入先出。企业提升仓储管理水平，可以加快物料的流通速度，在一定程度上降低了企业的生产成本与资金压力。

③促进企业全面实现信息化管理。传统人工清点货物不仅费时费力还有错误率高、效率低等问题。提升企业仓储管理信息化水平可以让企业中在仓储及物流环节实现自动化管理，避免信息化"孤岛"的出现。管理者可以实时了解仓储空间的状态，及时对企业的生产计划做出规划与调整。

案例分析

针对大规模定制家具仓储管理的现状及问题，企业仓储管理优化可以分为构建立体仓库、仓储设备升级与运行过程优化、仓储信息化管理平台搭建三大仓储管理优化策略，优化思路如图5-13所示。

（1）立体仓库构建

自动化立体仓库又被称作高层货架仓库或自动存取仓库，是涵盖了存放、分发、输送、管理等多种功能的新型企业仓储模式。其组成部分包括：主体货架、出入库控制平台、在线监控平台、自动运输线、堆垛机、AGV等智能设备。通过利用RFID（无线射频技术）、AGV（自动引导运输车）和堆垛机等自动化技术与设备，实现产品原料从入库到成品再出库等一系列环节全程自动化。自动化立体仓库根据不同分类标准的具体分类情况见表5-3。其中主要的两种立体仓库类型如图5-14所示。

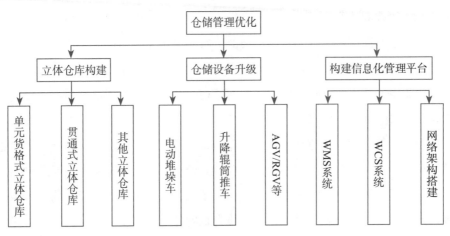

图5-13 仓储管理优化策略

表5-3 立体仓库分类

序号	分类标准	类型
1	货架高度	高层（15m以上）；中层（5～15m）；低层（5m以下）
2	货架构造	单元货格式；贯通式；自动化柜式；条型货架
3	货架与货物的关系	一体型；分离型
4	装取货物机械种类	货架叉车；巷道堆垛机
5	货物存取形式	拣选货架式；单元货架式；移动货架式
6	仓储功能	储存室；拣选式
7	与生产联系紧密程度	独立型；半紧密型；紧密型

（a）单元货格式立体仓库　　　　　　　（b）贯通式立体仓库

图5-14 两种立体仓库

①单元货格式立体仓库是目前在各领域应用最多的一种立体仓库类型，其主要特征是每一层货架都是由同一尺寸的货格组成的，每两排单元货架组成一个单元，每个单元之间都有一条通道，便于自动堆垛机在通道行驶并对左右两排货架上的货物进行存、取等操作。由于单元货格式立体仓库中间留有通道，其在仓储面积上的利用率较低，大约2/3，但是在垂直空间的利用率较高。

②贯通式立体仓库又称流动型货架仓库，是一种密集型仓库，这种仓库货架之间没有通道，可以看作一个整体。这种货架的独特之处在于每层货架的每一列纵向都是贯通的，每一个贯通的列都可以放入货物形成一个单元，每一单元的货架一端高一端低，通道具有一定的坡度，通过安装滑道、辊道或者货物托盘底部安装滑轮，使货物在单元格内从高端向另一端滑行。货架的安装方式也可以水平安装，达到提升空间利用的效果。

自动化立体仓库的优势主要有：提升空间利用率，利用垂直空间可以将储存量扩大4~7倍，同时减少企业建设成本；提高货物周转速率，采用自动化立体仓库可以有效减少传统人工作业导致的效率低，错误率高等问题，加快货物流通速率，加快企业整体运转速率；实现货物的精准储存，传统人工作业容易因操作不当或管理不当导致物料质量存在问题，自动化立体仓库可以精准控制仓储环境，保证物料处于最适宜条件下储存；实现信息化管理，自动化立体仓库高度集成性可以让管理者实时进行调整与决策，避免信息"孤岛"的产生。

（2）仓库设备升级

①先进设备的应用。针对大规模定制家具企业，仓库的设备选择如图5-15所示。考虑到仓库作业通道空间有限，平衡重式叉车因车身及转弯半径较大的作业特点，企业在条件允许的情况应该可以选用车身尺寸更小、作业半径更小、起升高度更高的电动堆垛机来进行仓库内托盘的存取。针对存放大尺寸2400mm×500mm胶合板的载具选择，考虑到存储商品特性、载具尺寸、货位装置特点等，为实现装卸次数最少、存取作业最快捷、最省力的目的，可采用升降辊筒推车。而作为连接存储与分拣、客户与商品之间的"纽带"自动引导小车（AGV，Automated Guided Vehicle）在立体仓库的作用也是至

（a）电动堆垛机　　（b）升降辊筒推车　　（c）自动引导小车　　（d）有轨引导小车

图5-15　仓库设备选择

关重要的。中小型企业相比于成本较高的AGV，也可以选择有轨引导小车（RGV，Rail Guided Vehicle），其具有结构简单、安装便捷、影响因素少、稳定性强、故障率低等优点。

②设备运行过程优化。由于大规模定制家具生产模式的特殊性，需要企业将个性化定制与批量化生产进行有机结合。家具企业的原料种类复杂程度提升，而自动化立体仓库一旦建成其尺寸就无法再进行调整，容易导致储存发生混乱。因此，可以从对硬件设备运行过程的优化角度解决上述问题。针对上轻下重、分区储存以及短距离出入库的原则对货物在出入库进行货位安排优化处理，根据企业的要求可以：按照出入库的频率高低进行分区储存；按照货物的属性，如重量、尺寸、规格等进行分类储存；按照货物出入库时间进行随机储存；货物共享货位作共享储存。而自动引导小车的数量以及运行路径也是影响输送系统最主要的元素。通过优化软件科学计算出AGV小车的最佳行驶路线，可以有效提升工厂运输效率，减少无效劳动。而有轨引导小车的行驶路线由于依赖轨道，因此企业在工厂建设时应该充分考虑轨道的路线设置以达到效率最优化的目的。

（3）构建信息化管理平台

①采用WMS仓储管理系统来实现数字化管控。WMS仓储管理系统主要是通过信息传递、并采用条码技术或RFID技术，对仓储管理进行优化的工具，管理者可以实时查看呈现的仓库数据，以便于对仓库管理进行指导与调整，提升作业效率。B/S结构的WMS仓库管理系统的优点：前期成本低、网页客户端无需更新、易于跨平台；但其系统稳定性和安全性较弱、无法实现复杂功能应用，无法进行大量数据的处理与分析。C/S（Client/Server）结构的WMS仓储管理系统其优点有：操作更加流畅、稳定性更强、安全性更高、系统可实现复杂功能的增加、可以完成大量数据的处理与分析，但是其需要安装客户端，需要专用服务器，系统升级困难等都是不足之处。不同的企业应该根据自身具体情况综合考量使用B/S结构还是C/S结构的WMS仓储管理系统。

②WMS管理系统增加功能模块及简化信息处理流程。常规WMS系统有入库管理、出库管理、垛位管理、设备管理以及参数设置等基本功能，而大规模定制家具企业为了达到对生产的快速响应和建立以模块化为主的标准化设计体系的目的应该在其WMS系统中引入设备管理、预警、异常处理、查询统计等新功能模块，以知悉订单规律、货位情况、货品周转率等信息，为企业生产计划的制订提供标准，功能模块及具体功能如图5-16所示。同时，针对信息处理环节，可以根据企业具体情况特点在相应模块进行简化信息处理的操作，如根据定制订单和电商订单特点增加摘果法及播种法的不同拣选方式的辅助选择，并针对不同拣选方式设定做最简信息处理过程。

③通过采用WCS仓储控制系统连接WMS仓储管理系统和硬件设备，可以实现实时

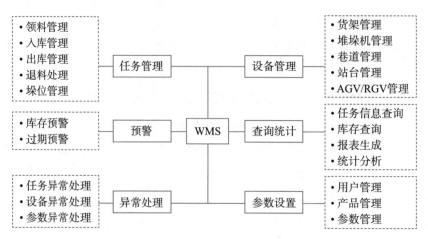

图5-16 WMS新功能模块结构图

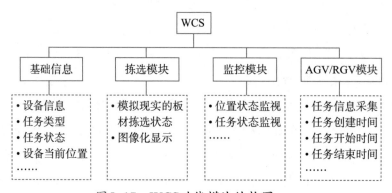

图5-17 WCS功能模块结构图

接收仓储管理系统下发的信号，快速精准地完成仓储管理系统的指令。其主要功能模块分为基础信息模块、拣选模块、监控模块以及AGV/RGV模块，如图5-17所示。基础信息模块可以抓取所有设备的信息，包括其激活状态、手动状态、运转状态，堆垛机的垛号、任务类型，AGV/RGV的垛号、任务状态、当前位置等。拣选模块可以模拟现实的板材拣选状态，以图像化的形式对拣选模块的任务进行实时显示。监控模块可以对各设备的位置状态以及执行任务进行重点显示与监控，改变具体模块的垛号以及编码等任务信息实现设备的调度过程。AGV/RGV模块可以接收并显示控制系统反馈的引导小车的任务信息，如位置信息、任务状态、任务创建时间、任务开始时间、任务结束时间等，可以一个或者多个关键词进行信息查询统计。

④搭建仓储空间网络架构。工业以太网能够实现管理层、控制层、设备层之间两两相互进行数据信息交互。作为目前应用范围最广的现场总线类型，工业以太网具有信息交互速度快、准确性高、同步率高、兼容性强、成本低等优势。通过对A企业的调研分

析，发现其仓储占地面积大，完全采用工业有线以太网对远距离设备的网络通信布置工作容易造成混乱。仓储现场除了输送设备、计算机等固定设备外，还有堆垛机、AGV/RGV等各种移动设备。基于此，笔者搭建了一套由点—点到点—面的仓储现场立体网络架构，可以使工业以太有线网和工业以太无线网有机结合，保证所有硬件设备以及软件之间实现实时数据交互，如图5-18所示。

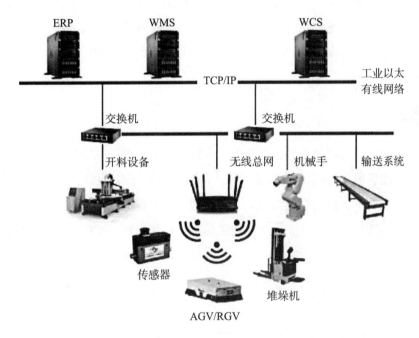

图5-18　仓储空间网络架构

（4）具体案例分析

以A企业进行信息化仓库管理优化的效果分析。该企业是目前国内行业内进行大规模定制生产制造的典范，拥有一条信息化程度较高的智能生产线，基本实现从智能原料仓出发，每一板件经历开料、打孔、封边、分拣、包装全程不落地，不经人手的生产模式，达到分拣包装、仓储管理、物流转运等环节自动化和数字化。通过调研总结，并结合前文对大规模定制家具仓储管理的优化研究可知，该企业的仓库管理已经基本达到智能化。仓库方面，率先采用自动化立体仓库，对企业仓储管理实现信息化管理，不仅提升了空间利用率、实现特殊材料储存还能实现企业的均衡生产；设备方面，除了采用电子堆垛车与AGV的结合，还投入大量机械手设备在生产管理中，能够有效平衡该企业物料入出库频率高的痛点，降低时间成本，减少转移物料压力，提高生产稳定性；系统方面，采用稳定性和整体性更高的C/S结构的WMS仓储管理系统结合WCS仓储控制系统可以实现出入库物料的管理与记录,对仓库运行的指导与规范以及为企业生产提供标准。企业通过近半年的系统运行,其仓储管理效率得到明显改善与提升,体现在:自动化程度提升,通过采用自动化立体仓库以及电动堆垛车和AGV等设备的投入使用,提升了空间利用率,降低了人工参与度,以出料区为例,工人由原来的20人/班减少到8人/班;信息化程度提高,通过C/S架构的WMS仓储管理系统与WMS仓库控制系统的协同作用,对电动堆垛机和AGV等硬件设备实现自动化信息化控制,提升生产效率;智能化程度提升,通过多个系统之间的协同运作、数据的无缝对接以及软件的智能运算,实现信息高效共享、降低错误率的同时,也提升了企业资源配置合理性和物料利用率,企业整体智能化程度提升。

案例总结

本案例面向大规模定制家具企业仓库管理提出了一种通过采用立体仓库、优化设备管理以及信息化管理的有机结合共同构成的信息化仓储管理优化策略,以达到降低仓储成本、提高作业效率、提升仓储管理能力的目的。由于我国家具企业信息化建设起步较晚以及定制家具产品的复杂性,企业的仓储信息化管理仍处于初级阶段,具体的管理应用模式还有待进一步研究与提高。

5.2

岗位设计与流程管理

5.2.1 生产率与人的行为分析

生产率一般指单位设备(如一台机床或一条自动生产线)或设备的单位容量(如高炉的每立方米容积),在单位时间(如每小时、每昼夜)内出产的合格产品的数量。如果指每个工人在单位时间内生产的合格产品数量,则称为劳动生产率。它是衡量生产技术的先进性、生产组织的合理性和工人劳动的积极性的指标之一。

生产率的提高是由于资本或劳动力效率的提高,但将资本生产率和劳动生产率分开计算常常不可能，通常情况下，生产率这一概念一般限于劳动生产率。生产率是有效运用创意和资源，提高产品和服务的附加价值，是某段时间内每一单位劳动投入所得的产量，以较少的资源投入生产出较多的产品即是生产率提高。

生产率的计算方法为系统输出的产品或服务除以所使用的资源，如式（5-1）所示。

$$生产率 = \frac{系统输出的产品或服务}{使用的资源} \tag{5-1}$$

影响生产率提高的因素很多，也很复杂，如图5-19所示。既有人的因素，也有物的因素；既有宏观的因素，也有微观的因素；既有客观的因素，也有主观的因素；既有历史的因素，也有现实的因素；既有管理的因素，也有政策的因素；还有教育、科技和文化的因素。这些因素中，有的是生产系统本身的构成因素，有的则是生产系统外部的环境因素，在提高生产率的过程中，它们相互影响，相互制约，共同发挥作用。从生产率测评的角度看，既有一个国家或部门的生产率水平测评，也有微观组织（如企业）的生产率测评，不同经济规模组织的生产率的影响因素也不相同，表现出一定的层次性。

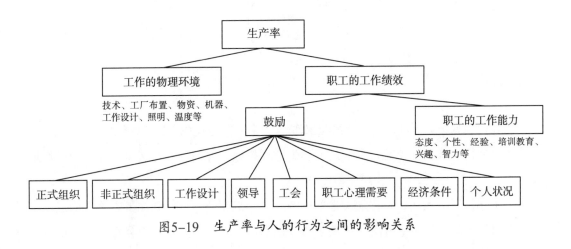

图5-19　生产率与人的行为之间的影响关系

对于企业来说，影响生产率的因素可分为硬因素和软因素。其中，硬因素为企业的技术因素，主要指企业生产产品或提供效劳所必须的生产技术和生产装备的技术水平，包括企业的产品、厂房设备、技术工艺、材料和能源等。软因素则是指企业中操作者行为因素，指操作者的心理需求和感情变化对生产率的影响，包括人、组织机构、工作方法以及管理方式等。

人的行为在生产管理中产生着较大的影响，因此，在生产工作中应强调工作形式的多样化、工作内容的丰富化以及工作扩大化等，进而有利于企业的生产管理。

5.2.2 岗位设计与工作测量

岗位设计是指确定具体任务和责任、工作环境以及完成任务，以实现生产管理目标方法。岗位设计需要满足两个目标：满足生产率和质量的目标以及职工满意度目标，即能使工作平安、有鼓励性，能使工人有满足感。

岗位设计的主要内容为5W1H，如图5-20所示，包括：Who，谁来做？即人员安排；What，做什么？即明确任务；Where，何处做？指地点安排；When，何时做？代表计划安排；Why，为什么做？意在有何激励；How，如何做？表示工作方法。

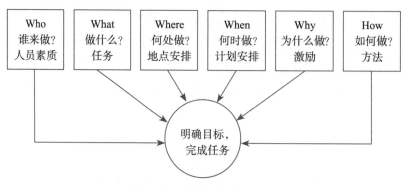

图5-20 岗位设计5W1H

在现代家具企业中进行设计和组织工作位置时，考虑的关键点主要有以下七个方面：

①应使机床或工作位置达到最高劳动生产率指标，并使工人花费最少体力和操作最安全。

②工作位置的大小，根据加工零部件的尺寸、机床外形尺寸和加工方法来确定。

③机床的操纵装置、开关、制动装置等，都应放在离工人不远而且很方便的地方。

④工作台标高一般为0.8m，当女工占多数时，可采用0.7m，材料堆高度可与工作台高度相同。

⑤工作位置中的材料堆应设置在工人随手可取之处，且要保证安全生产。当工人要在材料堆与工作台之间走动时，材料堆离工作台的距离应为0.4～0.7m；不需要走动时，距离应为0.3m以内；当工人要在两材料堆之间工作时，其距离不大于1.2m。

⑥为避免材料供应的间断，有时必须考虑设置材料的缓冲仓库或中间仓库。

⑦对于需要进行陈放的工序，应该组织连续式的工作方式，即在陈放时间内工人不必等待，可转入另一制品或零部件的加工。

工作测量又称时间研究，是指在一定的标准测定条件下确定工人作业活动所需的时间，并制定出时间标准或定额的一种科学管理方法。在工作测量中，计算生产产品时间消耗结构时需要确定产品基本工作时间和无效时间，其中产品基本工作时间包括作业时间和宽放时间。宽放时间除以作业时间得到宽放率，如式（5-2）所示。工作测量中，工时定额又称标准工作时间，是指在标准工作条件下操作人员完成单位特定工作所需时间。

$$宽放率 = \frac{宽放时间}{作业时间} \tag{5-2}$$

进行工作测量的方法主要有测时法（直接时间研究）、预定时间标准法（PTS）、模特法、工作抽样法（间接时间研究）四种。各自计算方法如下：

①测时法（直接时间研究）。首先，选择观测对象；其次，划分作业操作要素 n，制定测时记录表；在记录表上记录观察时间，计算各项作业要素的平均值 t_i，如式（5-3）所示；后计算作业观察时间 T，如式（5-4）所示；最后进行效率评定并考虑宽放时间比率，确定标准作业时间。

$$t_i = \frac{1}{n}\sum_{j=1}^{n} t_{ij} \tag{5-3}$$

$$T = \sum_{i=1}^{m} t_m \tag{5-4}$$

②预定时间标准法（PTS）。通过制作基本动作标准时间表进行工作测量。

③模特法（MOD）。在模特法中，模特法的动作分类可以分为移动动作、终止动作、身体动作以及其他动作四种。在计算中，1MOD=0.129s。

④工作抽样法（间接时间研究）。首先，设计观测方式，并决定观测的时间长度和以及最初的样本数；其次，选择随机的观测时间通过观察和获取数据；之后，检查是否需要更多的样本数；最后，进行数据计算、分析，得出结论。

5.2.3　案例分析

5.2.3.1　基于联合作业分析的现代板式家具开料岗位研究

案例背景

M企业是一家以板式家具生产为主的定制家居企业，该企业的板式家具生产主要包括开料、封边、开槽钻孔、分拣、包装五大加工区域。整体布局规划清晰，各个工序之间配备有输送带，可以加强彼此间的联系，操作者只需要输送板材至加工设备处，不需要在各个流程之间来回走动，这样既降低了操作者的工作强度，又可以提高车间整体加工效率。

开料工序设备及人机作业系统分析

（1）开料工序设备配置

开料工具从最早的框锯发展至推台锯，再到电子开料锯的普及。开料设备在家具生产中的运用越来越广泛，其功能主要是利用成型刀模，通过冲裁动作而获得人们所需的片材或半成品。在板式定制家具加工中，开料设备主要用于多层板、细木工板、中纤板、刨花板等板材精密裁切，其主要特征为锯片转速高、运行平稳、生产能力大、板材端面光滑，具有精准、高效、节能、省工、环保五大特点。目前常用的开料设备有精密裁板锯（推台锯）、立式开料锯、电子开料锯、数控开料加工中心。

精密裁板锯俗称推台锯，属于传统的木工机械设备。优点：价格便宜，一般在1万～2万元。缺点：机器操作复杂，需要专门的木工师傅对板材进行优化排版，板材的利用率一般在60%～80%，必须两个人才可以操作，加工效率低，不能加工异形，加工精度已经远不能满足当前市场的需求，而且机器的危险系数比较大。

立式开料锯的圆锯片直接由电机带动，整个锯架由另一电机带动链轮传动，沿着导轨上下移动。机架下部带有刻度尺，由定位挡板控制规格尺寸。这种设备具有较高的精度和较高的生产能力，而且占地面积小。立式开料锯分带刻痕锯片的和不带刻痕锯片的，其通常是纵横双向都可进行锯裁。

电子开料锯就是自动化设备、自动定位自动送料装置，人机一体化操作，工人在触摸屏上输入开料需要的尺寸数据，启动机器，机器自动运行，对需要加工的板材进行精准裁切，可以取代推台锯和往复锯。电子开料锯配备送料机械手拖动板料进行自动定位、自动送料、自动裁切。高精密伺服系统控制送料精度，电子尺执行精度补偿，有效保证板材锯切端面完好的同时，提高了工作效率。

数控开料加工中心，又称数控开料设备、数控排钻开料中心，是集自动定位、垂直打孔、开槽铣型（或雕刻）、优化开料等功能于一体的数控加工中心。配备刀具库或不同刀具轴，可减少换刀时间以及加工异形问题的出现，并对接设计与加工软件，自动排版优化下料，是目前灵活性、性价比、生产效率和板材利用率都比较高的一类数控开料设备，能真正实现个性化定制生产。

（2）人机作业系统的变化

传统板式家具生产，是一种典型的生产推动型模式，这种模式属于大批量少品种规模化生产。在这种模式下，主要采用人工操作系统或半自动化系统进行生产，如图5-21所示，这两类系统都需要人控制和提供动力。人工操作系统包括人和一些辅助机械及手工工具，通过人直接把输入转变为输出。半自动系统由人来控制具有动力的机器设备，相比人工操作系统，提供的动力相对较少，主要通过人在闭环系统中对机器反馈的信息不断反复调整，达到人机系统正常运行。一般情况下，这两种人机系统采用串联的结合方式，人与机任何一方停止活动或发生故障，都会使整个系统中断工作。

为了迎合大批量多样化的定制生产需求，企业正逐步从传统人机系统向自动化人机系统转型。在这类系统中，信息的接受、储存、处理和执行等工作，全部由机器完成，人的主要作用是管理和监督。人机结合方式为并联或串、并联混合，如图5-21所示。人、机两者可以相互取代，具有较高的可靠性和效率性，为了安全运行，系统会对可能产生的意外情况设置预警和应急处理功能。

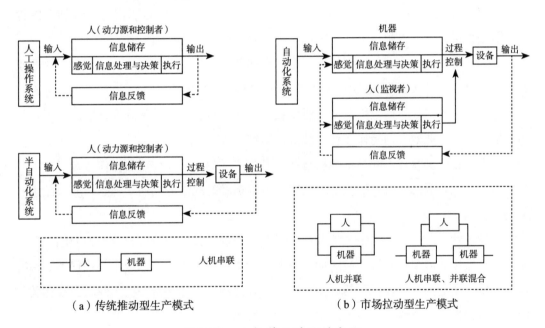

图5-21　人机作业系统的变化

M企业板式家具开料工序分析

（1）开料工序工艺流程

本案例研究对象是M企业开料岗位的人机联合作业情况，岗位观察对象的工作空间布局如图5-22所示。此次研究的是目前企业采用较多的半自动化人机作业系统，这类系统由人来控制具有动力的机器设备，生产过程中，人需要提供少量的动力，对系统进行某些调整或者简单操作，主要的结合方式是人机串联，同时会有协同作业人员。在加工周期内，机器设备（电子锯180）处于全面运行状态，主要流程可分为两大部分：原始大型板件的调运和板件的自动加工。

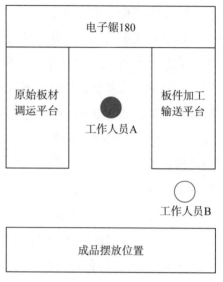

图5-22　开料岗位作业布局

操作者由工作人员A和工作人员B组成，其中A是主要作业者，B是协助作业者，主要经历了四个流程：

①板材搬运。板材的输送是裁板加工流程的起点，与搬运有关的因素主要是工件的位置和工件的重量。对于原始大幅面板件，先由机器调运至加工窗口左侧，再由人工搬运至窗口，对正后送入加工。而对于需要二次加工的板件，则是直接通过人工搬运至加工窗口。

②边料拾取。机器在加工板材过程中，会间断性产生一定的加工余料，对于这些废弃材料的处理，主要是通过操作者手动拾取，拾取次数不定，每次拾取时间在2～3s。电子锯设置有废料收集桶，拾取量与原始板件尺寸规格、对正步骤的准确度、加工构件的数量相关，拾取效率则受操作者主观因素影响较大。

③成品收取。每种不同规格的板材加工完成或二次加工时，需要操作者及时收取和二次输送。在收取的同时，操作者往往需要根据板件的规格进行初步筛查，并张贴不同条码标签。

④设备管理。这一步骤主要涉及操作者对电子锯设备操控面板和数控面板的控制。作业前，操作者需要设定好相应的加工参数，设置好加工流程。作业中，根据不同情况及时调整机床的加工动作，包括调整旋钮、输入控制指令和手持操控。同时，在相关作业完成后，作业人员必须对设备的进行关闭、检测、维护等。

（2）关键工序分析

关键工序是指对成品的质量、性能、功能、寿命及成本等有直接影响且工艺复杂，对工人技艺要求高、对产品可靠性质量形成有重要影响的工序。开料岗位的关键工序主要是板材搬运和成品收取。板材搬运流程需要操作者注意板件的对正，对于不同的操作者，搬运的效率和对正的精准度也会有所不同，这会影响后期边料产生的量以及加工构件规格的精准。成品收取步骤很考验作业人员的工作熟练度以及判别能力，对于明显不合格的产品，操作者应及时筛选并作废处理。虽然标签是根据已定程序进行打印出签，但难免会存在极少部分的漏印或错印，这时操作者需要及时判别并对程序进行修改，以防影响后面的加工。此外，该步骤也会涉及对已加工板件的二次加工，操作者要正确分拣出二次加工规格的板件，并及时输送至加工窗口。板材的收取、筛选、贴签、二次输送如果均由一人完成，则需要操作者具备较高的熟练度和专注力，这就导致操作者容易因长时间作业而产生很高的疲劳度，一般在这一步骤会有另一人协同作业，以提高加工效率和准确度。

基于人机联合作业对开料工序分析

联合作业分析是指当几个作业人员共同作业于一项工作时，对作业人员时间上的关系进行的分析，以及排除作业人员作业过程中存在的不经济、不均衡、不合理和浪费等现象的一种分析方法。其过程是以作业人员的各种作业流程为基础（进行详细的观察和记录），然后使各作业人员的作业时间坐标一致，最后合并绘制出联合作业分析图。

（1）存在的问题

本次观察为A幅面板材（1220mm×2440mm）的加工周期，最终加工成13种不同规格的构件，其中B1-3和B3-H规格板件经历了二次加工过程，见表5-4，是改善前的联合作业分析图。电子锯180处于全周期运行状态，时间利用率为100%，工作人员A的工作时间与空闲时间相对平衡，时间利用率为61.4%，处于正常范围内。但工作人员B前期的空闲等待期明显过大，约占观察周期的1/3，时间利用率为43.3%，存在一定的无效作业时间。总体上，工作人员A与工作人员B的工作效率不平衡，工作人员A的工作负荷明显大于工作人员B。

表5-4　改善前的联合作业分析表

| 工作部门：3号车间 | | | 产品名称：×××| | | 作业名称：开料 | | |
| 图号：××× | | | 工作人员：××× | | | 研究者：××× | | 日期：××× |
电子锯180	时间/s	状态	工作人员A	时间/s	状态	工作人员B	时间/s	状态
板材调运				26				
加工A	45		收取B1-3，输送B1	29			69	
加工B1	55			13				
			贴签C1-3，D，输送B2	42		搬运C1-3，D	31	

续表

电子锯180	时间/s	状态	工作人员A	时间/s	状态	工作人员B	时间/s	状态
加工B2	55			26			16	
			贴签EFG，输送B3	29		搬运EFG	39	
加工B3	35			16			26	
			贴签H，输送B3-H	19		搬运H	9	
加工B3-H	20			10			8	
			贴签I1I2	10		搬运I1I2	12	

名称	周程时间/s	工作时间/s	空闲时间/s	时间利用率/%
电子锯180	210	210	0	100
工作人员A	210	129	81	61.4
工作人员B	210	91	119	43.3

（2）分析改进

从现行方法中可看到工作人员A工作效率相对合理，工作人员B存在长时间等待，现对上述联合作业表运用"5W1H"技术进行提问和"ECRS四原则"进行分析改进：

①工作人员B主要的辅助工作是什么？能不能将他的工作合并到工作人员A的工作中？

答：工作人员B的工作主要是将加工完的成品分类搬运至成品摆放区。工作人员A的主要工作是控制设备及短暂输送板件、筛选、贴签、收取边料。这些过程是按周期进行的，如果将工作人员B的工作与A合并，会打断整个加工流程，影响加工效率。

②为什么工作人员B前期会存在大量的空闲等待时间？能不能在该时间段内安排工作人员A的部分工作给B？

答：前期的大量空闲等待时间是由于在机器调运大型原始板件，以及进行第一次加工时累计产生的。工作人员B无法完全取代工作人员A的某一个工作步骤，但可以从旁进行辅助。

③工作人员B的作用是必须的吗？有没有舍去这部分的办法？

答：在单人操作可接受生产效率范围内，工作人员B的工作是非必须的，其作用主要是解决因为长距离运输带来的机器加工过程不连贯、效率降低问题。如果生产输送带能进一步细化到岗位，工作人员B的工作是可以省去的。

（3）优化措施

为了平衡工作人员A、B的负荷，缩减无效时间，考虑从"短期—中期—长期"三个角度，对现有联合作业进行改善优化（图5-23是岗位优化简意图）。

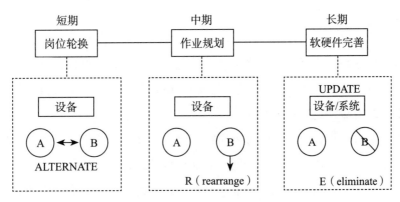

图5-23　岗位优化示意图

①岗位轮换。岗位轮换主要是A和B作业人员之间的交替作业，由于一块原材的开料是一个连贯的过程，任意停止或替换都会产生一定的误差，甚至是错误，因此岗位轮换必须是周期性的，即在加工完一个周期后工作人员A、B可以轮替，这种做法可以达到平衡作业人员的工作负荷，但并不能减少人员成本、提高生产效率，只适用于短期内对人员工作强度的优化。

②作业优化。作业优化是目前多数企业提高生产线效率的方法，主要是根据"ECRS四原则"进行优化。此处，可以对时间利用率较低、存在一定空闲时间的作业人员B的工作进行调整（Rearrange）。通过分析联合作业图可以得出，工业人员B的大量空闲等待时间存在于前期调运和加工初始原材，由于工作人员B的工作无法与工作人员A进行合并，为了提高其时间利用率，主要考虑对其前期的空闲等待时间补充安排工作，例如增加废料整合处理、对部分板件的复检等环节。岗位作业分析适用于当前绝大多数中小企业，并且可以有效优化生产岗位、生产线，提高个体和整体的生产效率，这是一种适用于中期发展企业的有效方法。但从长远角度出发，为了将降低人员成本、提高生产效率做到极致，达到最终的全自动化生产，甚至是"无人"生产，还是要将目光放在生产设备、管理系统等软件和硬件方面。

③软硬件的完善。智能化、信息化时代，"人"逐渐从生产者转变为监管者，机械生产取代人工生产是未来生产制造企业的大方向、大趋势。M企业拥有一定现代化生产

设备和管理系统，但达到全自动，"无人"生产还有很长的一段距离。针对目前的开料岗位，影响其生产效率的主要在于工作人员B的分拣工作。从长远发展看，B的工作完全可以被机械设备代替，企业可以在软硬件上进行完善，增加自动分拣设备、配备智能分拣系统等，这样不仅缩减人员成本，同时可以长期提高生产效率，达到高质量可持续发展。

案例总结

人机联合作业是现代板式家具制造企业的重要生产方式，也是目前绝大多数企业正在应用的生产方式。合理配置人机系统、分析人机作业问题、提出人机作业优化，对生产岗位、生产线有着举足轻重的影响。

本案例针对M企业的开料工序进行研究，重点从开料岗位工艺流程、开料关键工序进行分析，基于联合作业研究现存问题，并从岗位轮换、作业优化、软硬件完善的角度提出岗位优化措施，不仅能够缩减企业人员成本，同时可以长期提高生产效率，实现高质量可持续发展。

未来人机作业系统是朝着全自动、智能化方向发展，由"人"向"无人"的生产方式转变是大型高端企业发展的最终目标。

5.2.3.2 以Q企业为例分析其床垫包装流程改进程序

案例背景

流程程序分析作为现场管理与改善的一套理论方法，其突出特点是投入少、见效快、效果好，非常适用于传统家具制造行业。Q企业作为一家床垫生产制造商，拥有独立成体系的床垫生产车间，通过实地调研，发现车间存在空间布局不合理、员工工作分工不均、生产线路拥堵情况严重等一系列问题。因此，以床垫芯生产至包装作业流程作为研究对象，通过对生产线运作现状、作业流程分析进行透彻、翔实的分析，再使用"ECRS原则"和"5W1H"方法对生产车间存在的问题进行改善，以达到减少人员成本、提高生产效率的目的。

案例分析

（1）流程程序分析

流程程序分析作为工业工程程序分析中最基本、最重要的分析技术，以生产过程中部分作业流程为研究对象，通过将加工工艺划分为加工、检查、搬运、等待和储存五种状态加以详细观察与记录，非常适用于找出对搬运、储存、等待等隐藏成本的浪费，其常用符号见表5-5。

　　流程程序分析借助于各式流程程序图以及流程程序线路图，对生产现场进行全面的记录和分析，并运用"5W1H""ECRS四原则"分析技术持续改善作业操作，以便发现更深层次的问题。

表5-5　流程程序图常用符号

符号	名称	含义
○	加工	按照生产要求使原材料、部件、半成品或成品的形状、质量、特性等产生变化的过程
□	检查	对原材料、部件、半成品、成品的特性进行测量判断
→	搬运	研究对象从一处到另一处的移动
D	等待	工作附近的临时存放
▽	储存	为了控制目的而保存研究对象的活动

（2）床垫包装作业程序改进

　　虽然包装作业程序相较于其他生产流程较为简单、加工所耗时间不长、工序较为简单，但所需要的人力较大，作为床垫生产作业的最终步骤，若包装步骤烦琐、效率低下，则将导致生产线的拥堵，从而对床垫生产流程的加工效率产生影响，因此对于床垫包装流程的改进与优化显得十分重要。

（3）作业程序分析

　　根据床垫车间现场的作业情况，运用流程程序记录符号，分析记录床垫物料从包扎完成到包装完成的整个作业过程，并据此绘制成流程程序表，见表5-6。

表5-6　改善前床垫作业流程程序分析表

区域名称	步骤	工作说明	时间/s	距离/m	加工	检查	搬运	等待	储存
包扎区1	1	将床芯搬至工作台上	2.65		○	□	→	D	▽
	2	将棕垫放置床芯上并且铺平	6.97		○	□	→	D	▽
	3	用气枪钉将棕垫钉在床芯上	13.82		●	□	→	D	▽

续表

区域名称	步骤	工作说明	时间/s	距离/m	加工	检查	搬运	等待	储存
包扎区1	4	将床垫手动翻面	3.09		○	□	→	D	▽
	5	将毛毡与另一种材料铺在床垫另一面	19.26		○	□	→	D	▽
	6	用气枪钉将毛毡与材料钉在床芯上	14.05		●	□	→	D	▽
穿芯区/包扎区2	7	将床垫芯从包扎区1搬移至穿芯区	9		○	□	→	D	▽
	8	将绳子穿刺过床垫芯	34		●	□	→	D	▽
	9	将绳子打结	19.96		●	□	→	D	▽
	10	将床垫芯搬运至运输线轨道上	25.76		○	□	→	D	▽
	11	床垫在运输轨道上移动（时间不固定）		13500					
包扎区3	12	搬运床垫芯至工作台	5.68		○	□	→	D	▽
	13	将外部软垫层放置在床垫芯某一面	10.26		○	□	→	D	▽
	14	用气枪钉将外部软垫层固定	17.69		●	□	→	D	▽
	15	将床垫手动翻面	6.58		○	□	→	D	▽
	16	将外部软垫层放置在床垫芯另一面	9.25		○	□	→	D	▽
	17	用气枪钉将外部软垫层固定	20.77		●	□	→	D	▽
	18	将床垫侧面软垫层套在床垫上	10.41		●	□	→	D	▽
	19	将床垫芯搬运至流水线轨道上	3.14		○	□	→	D	▽
	20	床垫在运输轨道上移动（时间不固定）		45750					
围边区	21	将床垫搬运至工作台上	17		○	□	→	D	▽
	22	整理床垫侧面软垫套	16.33		○	■	→	D	▽
	23	在侧面软垫套的四个拐角处放置转角软垫	26.87		●	□	→	D	▽

续表

区域名称	步骤	工作说明	时间/s	距离/m	加工	检查	搬运	等待	储存
围边区	24	将床垫移动至适当作业位置	15.15		○	□	→	D	▽
	25	将侧面软垫套与床垫某一面进行缝合操作	32.78		●	□	→	D	▽
	26	取床垫参数表单并缝合在床垫上	21.3		●	□	→	D	▽
	27	继续进行缝合操作	20.75		●	□	→	D	▽
	28	检查并思考中国结的缝合位置	8.86		○	■	→	D	▽
	29	取中国结并缝合在床垫上	7.17		●	□	→	D	▽
	30	完成剩余的缝合操作	67.68		●	□	→	D	▽
	31	用机器将床垫翻面	11.87		○	□	→	D	▽
	32	将床垫移至适当工作位置	9.34		○	□	→	D	▽
	33	将侧面软垫层与床垫另一面进行缝合操作	134.47		●	□	→	D	▽
	34	将床垫搬运至生产线上	12.77		○	□	→	D	▽
	35	将床芯工程流程卡放置在床垫上	1.31		○	■	→	D	▽
	36	床垫在运输轨道上移动（时间不固定）		11220					
包装区1	37	取下床芯工程流程卡，进行工作记录	18.36		○	■	→	D	▽
	38	修剪某一面床芯	18.27		○	■	→	D	▽
	39	将床芯手动翻面	6.27		○	□	→	D	▽
	40	修剪床垫另一面	53.6		○	■	→	D	▽
	41	用工具吹拂床垫表面	5.86		○	■	→	D	▽
包装区2	42	准备足够长度的透明包装袋	8.24		○	■	→	D	▽
	43	将床垫搬运至工作台	8.09		○	□	→	D	▽
	44	使用透明包装袋进行包装	4.59		●	□	→	D	▽

续表

区域名称	步骤	工作说明	时间/s	距离/m	加工	检查	搬运	等待	储存
包装区2	45	在两个拐角放置保护性软垫（防磕碰用）	12.81		●	□	→	D	▽
	46	检查并铺平透明包装袋	8.89		○	■	→	D	▽
	47	剪刀剪断透明包装袋	3.6		●	□	→	D	▽
	48	在另外两个拐角处放置保护性软垫	6.71		●	□	→	D	▽
	49	继续使用透明包装袋进行包装	28.24		●	□	→	D	▽
包装区3	50	准备足够长度的不透明包装袋	8.43		○	■	→	D	▽
	51	将床垫搬运至工作台	5.52		○	□	→	D	▽
	52	不透明包装袋二次包装床垫	53.35		●	□	→	D	▽
	53	移动床垫至推车上	4.05		○	□	→	D	▽
	54	将床垫运送至储存区			○	□	→	D	▽
	55	暂时储存			○	□	→	D	▼

根据表5-6统计可知，改善前整个床垫包装作业流程中，加工工序为20项，耗时551.02s；检查工序为10项，耗时148.15s；搬运工序为21项，耗时198.38s；等待工序为0项；储存工序为1项；轨道运输床垫过程3项；共55道工序。

（4）作业问题分析

根据表5-6现场作业流程的整理归纳，运用"5W1H"提问技术，分别对床垫包装作业的加工、检查、搬运、等待、储存五个方面进行逐项提问思考和细致分析，以便发现其中隐藏的深层次问题，具体内容见表5-7。

表5-7 "5W1H"提问技术

序号	问答	提问分析
1	问	包扎区1工作过程中，出现个别工人闲聊时间过长、劳动时间过短的现象，是否可以改善该情况？
	答	可以。包扎区1的工作人员可进行裁剪，无须3人进行工作，2人同样可以完成该区域工作，通过裁减不必要劳动力，以达到削减成本的目的

续表

序号	问答	提问分析
2	问	在包扎区1工作未完成期间，包扎区2人员完全处于空闲状态，是否可以优化？
	答	可以。可增设包扎区1的工作台数量，从而使穿芯区域工人劳动时间更连贯，减少人员的空闲时间
3	问	床垫芯从包扎区1运至包扎区2的过程中存在不必要的搬运步骤，是否可以优化？
	答	可以。使包扎区1和包扎区2合并到一条路线上，缩短搬运距离，减少搬运时长
4	问	包装过程中搬运工序过多、包装区的工作过于细化，是否可以进行优化，以减少操作工序，缩短消耗时间？
	答	可以。包装区2与包装区3的独立工作区域可以合并为一个整体，通过将包装工序合并的方法减少床垫的搬运次数。区域合并后，该工序的工作人员可进行削减，进一步减少占地面积与人工成本，提高该区域的利用率的效果。如修剪床芯、吹拂床芯表面、搬运床芯至包装工作台可通过多人合作以达到紧密衔接工作的目的
5	问	床垫从包扎区域运输至围边区时会出现拥堵在运输轨道上的现象，是否可以改善？
	答	可以。拥堵最严重区域出现在第20道将床垫搬运至工作台上工序、第37道取下床芯工程流程卡，进行工作记录工序之前。主要原因：①围边工序耗时较长；②包装工序工作台过少；方法一：可通过增加围边区工作人员、方法二：增设包装工作台、方法三：延长床垫运输线路以改善床垫拥堵的现状
6	问	床垫在运输至包装区域的过程中，出现拥堵现象的情况同样严重，是否可以改善？
	答	可以。方法一：进一步放缓运输轨道的行进速度，从而给予包装区员工足够的时间包装床垫；方法二：增设床垫包装区，缓解包装区人员工作压力，从而达到缓解床垫拥堵在运输轨道上的目的

（5）作业问题改进

通过对床垫加工作业问题详细分析，运用"ECRS四原则"进行流程方法改进。在改进优化时，应首先考虑取消（Eliminate）原则，对于难以取消的工序，再考虑合并（Combine）、重排（Rearrange）以及简化（Simple），最终结合实际情况得到如下改善方案：

重排第13道将外部软垫层放置在床芯某一面的工序，与第10道将床芯搬运至运输轨道上合并。再将床垫搬上缓慢运作的运输轨道时，将外部软垫层放置在床垫表面上，简化作业流程。

重排第23道在侧面软垫套拐角处放置转角软垫的工序，与第18道将床垫侧面软垫层套在床垫上的工序合并，再合并第22道整理床垫侧面软垫套工序。在套上侧面软垫层后直接放置拐角软垫至床垫的四角处并进行整理，改成一次操作工序，优化作业流程。

重排第50道准备足够长度的不透明包装袋的工序，放置在第42道准备足够长度的透明包装袋工序之前，取消第51道将床垫搬运至工作台。该步骤重排、取消工序前提条件为取消包装区3，将包装区3的工序与包装区2的工序合并，将2个工作台包含的工序整合至一个工作台上完成，简化作业流程。

将以上改善方案结合生产现状进行归纳整理，得到改善后的床垫包装作业流程程序分析表，见表5-8（由于篇幅原因，省略与改善前相重复的工序）。

表5-8　改善后作业流程程序分析表

区域名称	步骤	工作说明	时间/s	距离/m	加工	检查	搬运	等待	储存
包扎区1	1	将床芯搬至工作台上	2.65		○	□	→	D	▽
	2	将棕垫放置床芯上并且铺平	6.97		○	□	→	D	▽
穿芯区/包扎区2	7	将床垫芯从包扎区1搬移至穿芯区	9		○	□	→	D	▽
	8	将绳子穿刺过床垫芯	34		●	□	→	D	▽
	9	将绳子打结	19.96		●	□	→	D	▽
	10	将床垫芯搬运至运输线轨道上，将外部软垫层放置在床垫芯某一面	—		○	□	→	D	▽
	11	床垫在运输轨道上移动（时间不固定）		13500					
包扎区3	12	搬运床垫芯至工作台	5.68		○	□	→	D	▽
	14	用气枪钉将外部软垫层固定	17.69		●	□	→	D	▽
	15	将床垫手动翻面	6.58		○	□	→	D	▽
	16	将外部软垫层放置在床垫芯另一面	9.25		○	□	→	D	▽
	17	用气枪钉将外部软垫层固定	20.77		●	□	→	D	▽
	18	将床垫侧面软垫层套在床垫上，将拐角软垫放置在4角，整理床垫	—		●	□	→	D	▽
	19	将床垫芯搬运至流水线轨道上	3.14		○	□	→	D	▽
	20	床垫在运输轨道上移动（时间不固定）		45750					

续表

区域名称	步骤	工作说明	时间/s	距离/m	加工	检查	搬运	等待	储存
围边区	21	将床垫搬运至工作台上	17		○	□	→	D	▽
	34	将床垫搬运至生产线上	12.77		○	□	→	D	▽
	35	将床芯工程流程卡放置在床垫上	1.31		○	■	→	D	▽
	36	床垫在运输轨道上移动（时间不固定）		11220					
包装区1	37	取下床芯工程流程卡，进行工作记录	18.36		○	■	→	D	▽
	38	修剪某一面床芯	18.27		○	■	→	D	▽
	41	用工具吹拂床垫表面	5.86		○	■	→	D	▽
包装区2	50	准备足够长度的不透明包装袋	8.43	—	○	■	→	D	▽
	42	准备足够长度的透明包装袋	8.24		○	■	→	D	▽
	43	将床垫搬运至工作台	8.09		○	□	→	D	▽
	53	移动床垫至推车上	4.05		○	□	→	D	▽
	54	将床垫运送至储存区			○	□	→	D	▽
	55	暂时储存			○	□	→	D	▼

根据表5-8统计可知，改善后整个床垫包装作业流程中，加工工序减至19项；检查工序减至9项；搬运工序减至19项；等待工序、储存工序不变；共51道工序。由于改善后的工序未能在工厂试行以检验具体效果，因此工序改善后的所耗时间、搬运距离未能提供确切的数值，如第10道、17道工序改良后的时间，第39道工序改良后的搬运距离。

企业平面布局改进

合理的生产设施布局不仅能有效减少生产所占作业面积，利于企业生产规模的扩大，还能缩短物料搬运距离，提高物料运输效率，降低生产成本，也便于企业生存管理。该床垫企业二层车间的主要区域包括包扎区、围边区、包装区。企业原平面布置如图5-24所示。

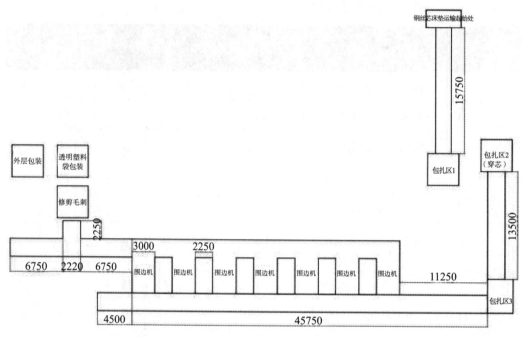

图5-24　企业原平面布置图

（1）企业布局存在的问题

①工作区域衔接不流畅。包扎区1与包扎区2的工作区域未能和床垫运输轨道保持在同一条线路上，额外增加了搬运距离。

②作业单元数量配置不合理。随着围边区同时工作的人员数量上升时，直接导致运输至包装区的床垫数量增加，最终造成床垫拥堵在运输线路上。不仅增加包装区的工作压力，围边区的工作将因此而停滞，对生产流程的效率造成极大的影响。

（2）企业布局改善

针对以上问题，对工厂二层平面布局进行调整。企业改善后的平面布置如图5-25所示。

改进内容包括包扎区工作区域工作线路保持在同一条线路上、增设包装区域的工作台。

（3）改善效果评价

通过对流程程序分析表5-6和表5-8的对比分析，整理后得到改善前后效果对比，见表5-9，其具体改善效果如下。

①改善后的床垫包装流程更加合理。通过对包装作业分析改进，加工工序重排1道、合并1道，检查工序1道、合并1道，搬运工序重排1道、合并1道、取消1道，使整个床垫作业流程得到简化，工作效率也得到了提高。

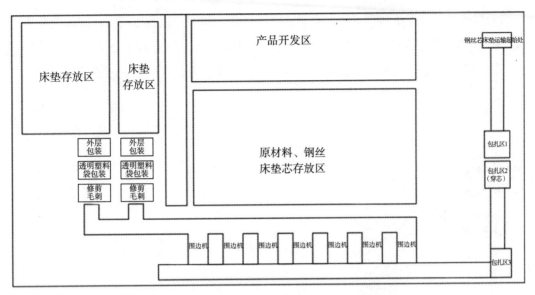

图5-25　企业改善后平面布置图

表5-9　改善前后效果对比

项目/工序	工序数			时间/s			距离/m		
	改善前	改善后	效果	改善前	改善后	效果	改善前	改善后	效果
加工	20	19	减少1	551.02	—	—	—	—	—
检查	10	9	减少1	148.15	—	—	—	—	—
搬运	21	19	减少2	198.38	—	—	—	—	—
储存	1	1	0	—	—	—	—	—	—
合计	52	48	减少4	897.55	—	—	—	—	—

②改善后的人员分配更合理。通过"5W1H"方法，对包扎区、包装区中存在的人员分配不合理情况进行调整，能够有效缩减劳动力成本。

③改善后的床垫运输线路拥堵现象得到改善。通过对工厂第二层平面空间布局进行改进，包装区域工作台的增设将提升床垫的包装进度、缓解包装区员工的工作压力，不仅提高了包装的整体效率，还有效缓解了工作人员的作业疲劳感。

案例总结

本案例用应用流程程序分析法对Q企业床垫包装作业进行实证调研，在很少甚至不需要资金投入的情况下对现场生产管理、人员操作、时间产能等方面进行细致的分析优化，改进作业中存在的运输线路拥堵、人员分工不均、工作台配置不合理等一系列问题，提高了作业效率，降低了人体疲劳以及生产成本，取得了一定的改善效果。

5.3
6S管理

5.3.1 6S管理概述

6S最早源于日本，内容包括：整理（SEIRI）、整顿（SEITON）、清扫（SEISO）、清洁（SEIKETSU）、素养（SHITSUKE）、安全（SECURITY）。之后在美国发展为清理（Sort）、整理（Straighten）、清洁（Sweep）、保持（Standardize）、不断改进（Sustain）、安全（Safety）。如今6S管理（图5-26）在中国企业管理中得到广泛应用。

图5-26　6S管理

6S管理的对象：对"人"，对现场员工的行为准则进行管理，即做到规范化；对"事"，对员工工作方法、作业流程进行管理，即实现程序化；对"物"，对工作中物品的管理，做到规格化。在实施6S管理时，需要强调的是地和物的明朗化以及人的行动上的规范化，并且需要明确6S是一种行动，是集合活动来改变人的思考方式和行动品质，从而改变公司的管理水准。然而，在实施6S时需要注意以下3个方面：

①6S速成（在没有进行计划、宣传、引导，甚至基层员工都不清楚什么是6S的情况下，就大张旗鼓地实施6S）。

②责任人落实不到位（管理者不重视）。

③基层员工抵制。

对于企业的员工来说，员工在6S活动中的责任主要有以下9个方面：

①自己的工作环境不断整理、整顿，物品、材料等不可乱放。

②不用的东西要立即处理，不可使其占用作业空间。

③通道必须经常维持清洁、畅通。

④物品、工具及文件等要放置于规定场所。

⑤灭火器、开关箱、电动机、机器设备等周围要时刻保持清洁。

⑥物品、设备要仔细放、正确放、安全放。

⑦保管的工具、设备及所负责的责任区要整理。

⑧泡沫屑、材料屑、边角料等及时处理，置于规定场所。

⑨配合公司或部门检查，及时有效地整改不合格项。

对于企业的管理人员来说，管理人员在6S活动中的责任同样有以下9个方面的内容：

①配合公司的政策，全力支持与推行6S活动。

②积极参加有关6S教育培训，掌握6S实施技巧。

③认真阅读6S活动的相关资料，并向部属解释说明。

④在部门内进行6S宣传，积极参与公司6S各项活动。

⑤规划部门内工作区域之整理、定位工作，并认真点检。

⑥依据公司6S进度表，全面做好整理、定位、划线标示作业。

⑦协助部属克服执行6S的障碍与困难。

⑧协助或参与公司6S检查评比工作。

⑨监督所属6S工作的执行情况及改善项目的完善与申诉。

5.3.2 6S管理误区及其分析

虽然当下越来越多的企业开始实施6S管理，对6S管理的了解也越来越清楚，但有些企业在实施6S管理时仍存在以下误区。

（1）误区1：工作太忙，没有时间做6S

6S管理是工作的一部分，是一种科学的管理方法，6S和效率、品质等一样，是工作内容重要的一部分，可以应用于生产工作的方方面面。其目的之一就是提高工作效率，解决生产中的忙乱问题。

（2）误区2：6S就是大扫除

6S活动不仅要把职场搞干净，最重要的是通过持续不断的改善活动使职场管理水平不断提升，并且让员工养成良好的习惯。

（3）误区3：6S我们早就做过了

6S是一项持续推进的工作，只有不断深化，活动才能成形，才能提升水准。只有深刻地理解并灵活地运用6S管理的技巧，找出突破口，如有的企业当前的主要问题是质量问题，就要从质量问题入手，在建立体系过程中，专项进行质量攻关，取得明显效果，让公司领导和员工对6S管理的成效有所信服。

（4）误区4：看不出6S能带来多少效益

6S管理无论对于企业还是个人来说都有价值。对企业而言，6S是企业最基础的管理，通过这种基础管理提高企业管理水平，带来无限商机。对个人而言，可以提升管理水平，提高文化修养。

（5）误区5：6S活动就是6S检查

6S活动是一项自己的经常性的工作内容，对于别人的检查也是帮助提高自己。

（6）误区6：公司员工素质差，搞不好6S

做好6S管理要发动全员参与，6S管理本身是培养员工形成良好习惯的过程，目的是提高员工的素养，以员工素质差为理由，认为搞不了6S是完全错误的。就是文化水平高的员工，如果不认真执行6S管理规定，同样会造成6S推行障碍。所以，推行6S成功的关键在于各级管理人员有决心和有正确的意识。

（7）误区7：用威胁、考核让员工全力工作

可以设置质量目标完成情况看板，对各月客户投诉率和订单履约率进行公布，并分析原因，放置在车间容易看到的地方，让员工知道月度指标完成情况及原因，给员工一定的压力，同时，列明解决问题的措施，使员工知道如何去改善。

5.3.3 案例分析

5.3.3.1 以G家具企业为例分析其6S现场管理模式

案例背景

随着产业全球一体化的推进，人们对于美好生活的向往，对产品品质提出了更高的要求，这引发了家具企业对生产制造过程中的管理提出改进和反思，6S管理模式和体系化管理方案势在必行。

6S现场管理是用于生产现场有关质量管控的方法和工具，在家具企业日常生产运作中，重点对五元素标准化实施现场管理，即"人、机、料、法、环"，其中的各项要素具体指人（生产者和管理人员）、机（工装、设备机器等）、料（原材料、各种辅料等）、法（工艺方法）、环（生产者及管理人员的工作环境）。6S现场管理不仅能够改善工作环境，还能进一步提升产品的质量，提高员工的工作效率，管理思路不断推动着企业变革和创新，去适应新的市场竞争，成为其他管理体系的坚实基础。

基于此，通过对G家具企业生产现场的观察和问题的提炼及整顿改善，在原有现场管理基础上，充分发挥6S管理模式的优势，促进现场管理水平的改善，以达到提高工作效率、提升产品品质、降低生产成本、确保运营及人员安全、提升员工整体素质的目的。

案例分析

（1）6S现场管理内涵

6S现场管理简称"6S"，其内涵主要包括整理、整顿、清扫、安全、清洁和素养六要素。6S现场管理在家具企业应用中可用于改善各生产环节，提高企业的现场管理的整体效率，通常该理念可被应用于办公室管理、仓库管理等现场管理活动中，成为企业基础性活动管理的重要方式，在现场管理的过程中可达到生产成本的节约，生产竞争力的提升，并能够为员工营造良好的生产作业环境，是现代企业管理的重要方法。

随着各家具企业逐渐形成国际化，全球信息化社会和工业链已初具雏形，追求高速度发展的公司更加注重企业运作和战略性布局，因此又赋予6S新的内涵：速度（Speed），即迅速达成目标，高效完成企业任务；简洁（Simplicity），即方案制定形式简洁清晰；战略（Strategy），即站在世界角度着手企业运营战略思考；真诚（Sincerity），即踏实且诚心诚意服务经营企业，以客为先，认真对待客户；微笑（Smile），即工作氛围简单轻松，工作态度饱满积极向上；安全（Safety），即作为有效管理和企业运营的基本前提。6S赋予新内涵，助力企业在现场管理中向更好、更强、更高效层面迈进。

（2）6S现场管理在家具企业实施中的优势

①6S现场管理的主要优势在于提高企业的生产效率。对家具企业生产现场进行整理、整顿和清扫，有效保持整洁有序，做到现场生产工具、设备等放置合理，便于取用，这样可大幅度提高效率，同时还能节约现场使用空间，为员工提供舒适、整洁的工作环境。通过每日擦拭、保养和检查，使机械设备保持良好的运营状态，有利于延长机械设备的使用寿命。

②6S现场管理保证产品质量，通过清理生产车间、合理摆放零配件和工具设备，并对保管的物品数量进行规定，提高工作流程中对物品的检查和操作，有利于增强工作前后工具与设备的清点效率，避免人为误差导致的零部件装配错误，以提高产品质量。

③6S现场管理有利于保证工作现场的安全性，定期安全隐患检查和分析，及时整改，有利于降低作业现场安全隐患。设定相应的安全标识，做好安全教育工作的培训、督导和教育，应用有效制度和技术预防措施，消除现场活动中存在的安全隐患。

④6S现场管理可调动员工工作积极性，提高员工素质。对员工的生产作业行为有效指导和检查，确保作业现场干净整洁、明亮有序，使员工养成良好的工作习惯，在长期工作实践中增强员工的综合素质水平，如图5-27所示。

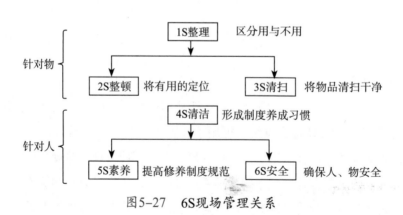

图5-27　6S现场管理关系

整理是区分用与不用的物品，整顿是将有用的物品归类，清扫是将生产现场中垃圾、杂物清扫干净，然后形成习惯，进而提高整体素养，确保员工、文件等安全。6S现场管理分为对物和对人两个部分，在企业管理过程中人与物的共同整顿才能达到有效管控。

查找家具企业现场管理存在的问题

（1）利用3U-Memo方法记录问题

3U指Unreasonableness、Unevenness、Unreasonableness：凡是工作现场不符合运营规范的状况即为不合理，现场生产指标出现不正常的波动即为不均匀，以及现场实际消耗高于正常水平或者产出低于正常水平等记录在册，方便后续跟进。在6S管理过程中，利用3U方法观察现场问题有两个办法：一是巡视法，即带着问题意识发现问题、分析问题；另一个是位置固定法，即以每5min为一个时间点仔细观察设备，发现是否异常，以及是否有改善的余地。发现3U问题随时随地做记录，排查问题点和隐患，要充分发挥3U-Memo表的作用，见表5-10。

表5-10　3U-Memo记录问题点

部门	姓名	日期
观察对象		
着眼点：□不合理　　□不均匀　　□浪费或无效		
问题描述：	改善前图片：	
改善对策：	改善后图片：	
改善成果显示：	65S推行委员会评审结果：	

以G企业中1S整理为例，"不要物"包括：

①地面上。废纸、灰尘、烟蒂等杂物；油污、错误划线；不使用的设备、工件夹具、模具；不使用的办公用品、垃圾筒；破垫板、纸箱、抹布、破纸箱；呆料或过期样品。

②桌子或椅子上。破旧的书籍、报纸；破椅垫；陈旧无用的报表、账本；损耗的工具、余料、样品。

③墙壁上。蜘蛛网；过期海报、看板；无用的挂架、废弃钉子、电线；过时的标识、标语。

④吊着的。工作台上过期的作业指导书；已经不使用的电线、电灯；不使用的样板、模板；更改前的部门牌等。

整理、整顿是让需要的物品随取随到，清扫则是保证取出的物品可以正常使用。措施如下：

①建立清扫责任区（室内外）。划分各责任区与责任人；各责任区应细化各自的定位。

②规定例行扫除的内容，每日、每周的清扫时间和内容。

③清扫过程中发现不良之处应加以改善：墙壁、天花板脱落；死角擦拭不到的地方；地面破损、走线无盖的地方。

④清扫用品、工具本身应保持干净并归位。

⑤保持通知、文件等书面文稿整洁：定期整理个人及公共档案资料，丢弃不用的档案资料等。

通过罗列整理出需要整理的"不要物"，按照第二个方法每隔5min观察一次设备周边的环境，发现不良情况及时拍下，每隔5min定点观察，以1周为时间段周会上及时反馈，且督促相关人员做好整改工作，以及以拍照形式为改善后情况做好记录，防止后续类似问题的发生。

（2）利用鱼骨图分析存在的问题

针对G家具企业现场的生产情况，从人、机、料、法、环五个要素进行分析，并绘制如图5-28所示鱼骨图，能够清晰看出问题所在，并在后期得到良好改善。

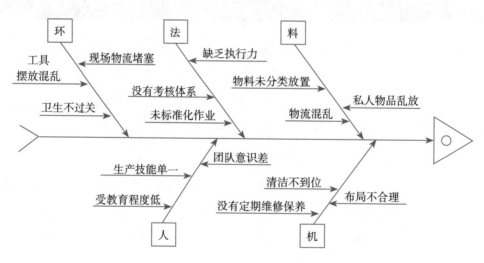

图5-28　鱼骨图分析问题点

在G家具企业生产车间中，有发现操作工受教育程度不一，多以小学、初高中为多，一般只负责自己手头上工作，且机械重复，操作技能也仅限于封边机操作，特别是班组长会严厉训斥操作效率低下的操作工，导致原本不熟练的操作员效率更低，在周会上由于该组成员任务分配不均，团队效率低下，导致整体效率不高。在封边机设备方面，存在设备老化和残料、废料淤积的现象，而且由于长时间不抹机油，导致设备在运转过程中卡顿现象严重，这些都是由于长时间不清理所致。在现场还发现设备布局不合理，功能区划分不清晰，致使整顿力度不够。在物料方面，在操作区域存在存放私人用品现象，比如将随身携带的手套直接放置在封边机旁边，看板需要的马克笔也随意放置，这些都存在物料未经分类而导致杂乱无章的问题，而且在现场还发现由于设备间距离较远，有些操作工直接徒手搬运，安全隐患无处不在。在方法层面上，比如新来的操作工会接受入职基本培训，而老员工则感觉吃老本，其实在具体的工作过程中是需要不断学习，应具备严格的考核标准和体系化的作业方法，有了较为完善的考核系统后还需要严格的执行力。在环境方面，由于工作夹具的随意放置导致需要用时到处寻找，进而导致效率低下，企业现场会定期安排打扫卫生的工作，但是敷衍了事的现象特别严重，很多卫生死角都是肉眼可见的，导致现场工作环境较差，进而恶性循环，形成不必要的安全隐患。

在安全方面，家具企业应培养安全意识，通过遵守企业安全行为，要求降低工作中的人身伤害和财产损失。"安全"具体要求如下：

①工作时一定要穿戴好工作服、工作鞋帽、手套、口罩等防护用品。

②遵循标准作业指导书要求。手不可伸到机器内，对高速运转部位不可用手去触摸；未经操作培训、安全教育的人员不能上机操作设备；设备故障时及时通知专业人员检修；定期做好设备保养工作；停电时要及时切断电源，有齿轮传动部位要加防护罩；设备检修时要挂检修告示牌。

③做好安全预防工作。不要将加工品、材料等超出线外放置；不要把物品用一种不安全的方法放置，堆积时不要超过规定限高；不要在灭火器、消防栓、配电盒、出入口等放置东西；不要随意将安全装置取出或移动；消防器材箱内不可放置任何杂物。

④做好消防工作。在工作场所严禁吸烟；在生产区域进行明火作业，应事先向安保部书面申报；定期检查电力配线，正确使用保险丝；定期检查消防器材；发生火灾时及时报告或根据火势情况拨打火警电话。

家具企业生产中只有将安全生产牢牢刻在每个人的心中，才能确保企业正常生产运行。

采用目视管理、定置管理方法规避风险

（1）目视管理方法运用

目视管理包括色彩管理和形迹管理。通过以上整理、整顿、清扫和安全的梳理之后，对于家具企业的生产车间中一定会存在各种醒目的标记，而目视管理是对生产现场标识进行管理，能够使管理工作变得清晰透明，信息传递更加快速有效，以提高工作效率。

①色彩管理。通过划线与颜色差异来区分各物品和区域，使工作现场井然有序。划线由粗至细依次表示通道线、工段区域线和物品定位线，并通过线的颜色来区分物品属性，下面是列举出该企业所使用的相关标识，标识划分如图5-29所示。

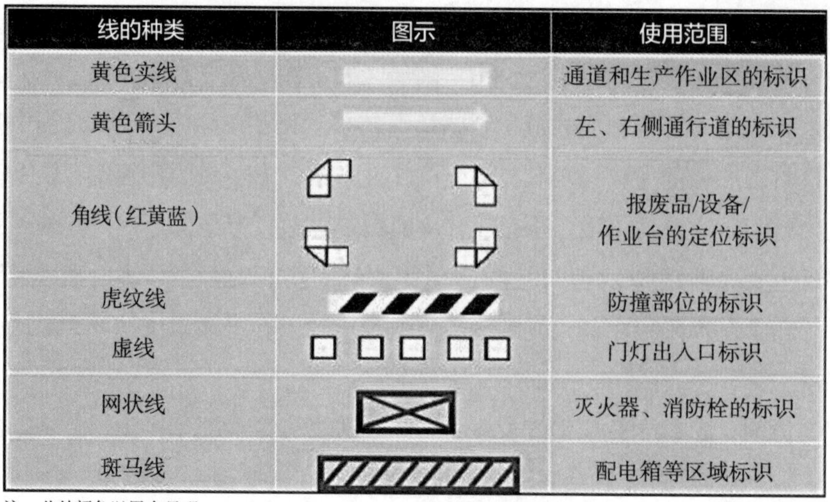

线的种类	图示	使用范围
黄色实线		通道和生产作业区的标识
黄色箭头		左、右侧通行道的标识
角线（红黄蓝）		报废品/设备/作业台的定位标识
虎纹线		防撞部位的标识
虚线		门灯出入口标识
网状线		灭火器、消防栓的标识
斑马线		配电箱等区域标识

注：此处颜色以黑白呈现。

图5-29 标识划分

在G家具企业中列举出黄色实心线，用于功能区的划分，表示通道和生产作业区的标识；黄色箭头表示左、右侧可通行；而黄色胶带四周折角围圈的标志表示废弃物、设备等存放区域，一般用于短暂的存放，后期统一处理；实心黄色线上带有黑色斜线的图标示为虎纹线，表示防撞部位的标志；而黄色虚线则表示门灯出入口；红色网状线是消防安全标志，表示灭火器、消防栓的固定摆放区，区别于红色斑马线，主要是配电箱固定摆放区域。

②形迹管理。形迹管理是每个工具或零部件根据外形放置在唯一固定的位置。通过形迹管理，这些作业工具和设备零部件等有明确数量、位置和容器，方便管理与统计。

依据形迹管理，在家具企业中"整顿"的具体操作应严格按照管理进行整理、整顿，如图5-30所示。对于板件加工，规定堆高标准一般不得超过1.2m；不良品的区域应标识；危险处标识"危险"字样，危险品应放置到特定的位置；无法按规定位置放置的物品，应挂暂放标示牌；区域划分线应用油漆进行划线标识；成品、半成品、在制品零件等的存放位置、品名、编号、数量、累计数应予以标识；设备名称及使用说明书予以标识；模具、模板应标识清楚名称；工具按用途予以区分，工具箱、工具车按单位予以划线。

（2）定置管理方法应用

定置管理是对工作环境以及操作动作进行分析，对生产现场的人员配置、设备老旧、物料存放以及工作场所进行定点定位管理，有效缩短操作工拿取工件时间以及物流运输过程中所消耗的时间，同时降低工人的操作强度，提高人机作业效率。

按照定置管理的方法，制定"三定原则"，即定点、定容、定量。如图5-31所示，将设备依次存放在黄色区域内并队列排放整齐，将需要操作的工具摆放在规定摆放地

图5-30　设备存放区域

点，方便后续操作时快速拿取，缩短工作时间，提高工作效率。因此，整顿就是把留下来的必要的东西依规定位置分门别类排列好，明确数量，进行有效标识。其目的就是消除找寻物品的时间；让工作场所一目了然；创造整洁有序的工作环境；限制过量的物品堆积，创造一个有约束及自我提升作用的工作环境。

图5-31　设备定置管理

（3）PDCA循环改善效果验证

全面质量管理中，PDCA循环是应当遵守的科学程序。所谓的PDCA，即Plan（规划）、Do（施行）、Check（检验）和Action（处理）。PDCA循环中现场管理是有顺序的，按"规划—施行—检验—处理"进行，并且一直循环进行下去的科学程序。因此，PDCA循环是一个只有开始没有结束的过程。

6S管理循环改进可从以下阶段入手，在计划阶段，要仔细分析G家具企业目前的现场管理现状，并对其中问题进行剖析，找出原因并给出具体的解决方案；在执行阶段，需要就具体方案提出执行策略并将其落实；在检查阶段，要检查方案与具体执行情况是否一致，如不一致，则要查明具体原因；在改进阶段，最主要的是对前述阶段的问题点进行汇总，对不足之处予以完善，而尚未处理和解决的问题将进入下一个PDCA循环中，如图5-32所示。

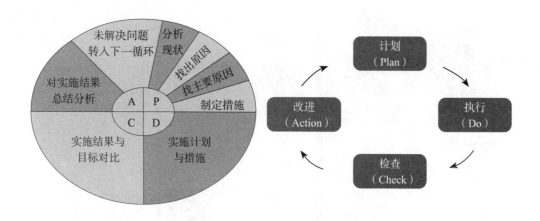

图5-32　PDCA循环改善

在整个6S现场管理阶段，最主要的问题是整顿。G家具企业中存在功能区划分不明确的现象，由于现在广泛智能化，设备大都排列整齐，但并未按照6S的方法在规定的区域内粘贴定位线；其次是在整顿初期预期是对企业中乱扔乱放的现象给予杜绝，分析得出主要原因是员工长期以来所形成的惯性思维。针对以上情况，按照定点巡视法的管理方法，将搜集到的不合规图片给予张贴，在周会上给予通报，杜绝方法则是采用罚款形式给予警告。通过一段时间的观察发现，员工逐渐开始拿取器具能够放置在特定规定区域，周会上整理搜集的数据不合格量也逐渐减少，但是对于仍然屡教不改的员工，需要进行新一轮的PDCA循环，以求达到全员高素质作业，提高工作效率。

案例总结

6S现场管理是现代家具企业所践行的高效先进管理理念和方法，区别于其他管理体系和管理模式，是一种着重于具体实施落地的项目管理方法，从效果上能够整体提高企业的工作效率，它能从现场管理的角度对现场进行改善，使员工的工作环境更加整齐有序，进一步提高产品质量，减少现场安全类事故的发生，并且实时贯彻员工以预防为主的安全生产理念。6S现场管理有利于企业建立符合自身的现场管理方式，提升员工参加生产劳动和各种竞争的积极性，继而良性循环，提高员工工作效率，树立更远大的企业形象和目标。

5.3.3.2 现代家具企业6S管理体系构建与改善

案例背景

6S管理体系是将多元化业务与资产划分为战略业务单元，并将其作为利润中心进行专业化管理的合适方法。许多中国公司在实施了6S管理后，都取得了良好效果，海尔就是其中之一。但是，大多数中国公司尚未成功实施6S现场管理模式，逐渐突显出竞争力不足的缺陷。近年来，我国家具制造企业管理水平取得了长足进步，但目前多数企业尚未采取6S管理方法。部分家具制造企业已经意识到了这个问题，并积极引入一些先进的管理方法，以期尽快使企业管理水平大幅提高，适应日益增长的外贸需求。

基于此，笔者在目前家具企业的管理体系基础上建立一套适合现代家具企业的6S管理体系，主要包括家具企业6S现场管理推行前期准备工作的梳理，推行中的6S现场管理内容层次化与合理化。

6S现场管理对家具企业管理带来的变化

6S现场管理可以在改善家具制造企业形象、节约木材资源和确保安全生产方面发挥作用。实施6S现场管理以降低家具生产时所不必要的能源消耗。开展清洁生产、安全生产，提高员工素质、简化作业流程、实现人性化和标准化管理。6S现场管理适合于管理所有家具企业，并且可以在企业发展中发挥推动作用。

（1）提高企业形象和员工意识

实施6S管理，可以清理工作环境，提高员工士气，提高客户满意度，并鼓励更多的客户与企业合作。通过实施6S活动，员工隶属关系意识得到提高。在一个干净整洁的环境中工作，在某种程度上满足了员工的成就感。

（2）保证安全和产品质量

减少事故的可能性是许多公司特别是家具制造公司追求的主要目标之一。实施6S后，家具制造车间将显得更加宽敞明亮。通过长期实施6S现场管理模式，可以培养员工真诚负责的工作作风，减少安全事故的发生。

（3）减少资源浪费，提高工作效率

由于企业中各种不良现象，诸如人力资源和效率等因素正在给家具制造公司造成浪费。6S现场管理模式明显减少了人员浪费，压缩了制造时间和空间，并降低了产品生产成本，有利于增加企业利润。

（4）可以有效促进标准化

标准化是一种非常有效的工作方式，可以使员工的工作更轻松、更快捷和更稳定。

6S现场管理模式促进了工作的标准化，并建立了员工良好的工作习惯和制度。

构建改善6S管理系统的必要性

（1）家具企业6S管理体系建设面临的问题

①6S现场管理意识不明。

a．一线作业人员意识问题：6S现场管理在生产现场推行过程中遇到的阻力多来自从业年限较长的老员工，老员工在过往较长工作年限内的粗放式生产环境下养成了随意散漫的作业习惯和固化的思维模式，对6S现场管理带来的改变较难适应。

b．6S现场管理推行组织成员的意识问题：家具企业在成立6S现场管理推行组织时，其成员以生产管理部门人员兼任为主，辅以少数其他部门人员兼任。而目前家具企业中的生产管理部门人员多数从基层一线做起，以技术专长，管理思维欠缺，且自身也形成了一定的工作习惯和管理的思维模式。在推行时，组织成员会对6S现场管理理论生搬硬套或者完全听从外聘辅导老师布置的任务去推行6S现场管理工作，意识上不去了解6S现场管理的精神核心，前者生搬硬套导致6S现场管理开始即失败，后者完全服从命令导致外聘导师合作结束后，推行组织成员陷入对后续工作的开展思路和工作落实束手无策的危机，生产现场管理状况迅速倒退，这些都不利于企业6S现场管理工作的健康发展。

②专业技术层面问题。6S现场管理推行过程中面临着大量现场改善工作，在整顿阶段，涉及包括现场的重新规划布置、工作位的设计、家具零部件及半成品载具的设计和优化等工作；在清扫阶段，涉及包括机器设备的改良、工艺的更新改善等工作，这些工作均涉及专业技术层面的需求，现场作业人员与生产管理者的专业技能高低决定了现场改善提高的效果及6S现场管理推行的效益。

③执行力层面问题。6S现场管理是一个全员参与性的管理项目，从公司高层到企业一线人员都应积极参与才能取得项目成功。但目前家具企业推行6S现场管理普遍的现象是推行工作只有部分人在落实执行。同时，高层领导的极少参与，让企业人数最多，且最需要积极参与6S现场管理工作的一线人员未感受到公司高层推行6S现场管理的决心。在家族式的家具企业中，常出现个别人员不执行职责范围内的6S现场管理工作，高层领导会特批允许其不参与的情况，使得6S现场管理推行组织备受打击，企业全员产生不公平感，6S现场管理的执行情况大打折扣。

（2）构建改善6S管理系统的必要性

①意识引导，培训先行。在实施的第一步，应进行全员意识培训，培训6S管理相关的理论知识与案例分析。只有建立在全员对6S管理的了解和基本认同的基础上推动

才能顺利进行。

②设定部门，划分责任。根据6S生产管理推行细则，建立6S管理委员会、6S管理办公室，并对各部门经理和各分管项目科长、6S生产管理专家进行权责划分。

③深入调研，制订计划。深入生产现场，对现场存在的问题进行调研和分析，制订实施精益生产的计划，包括实施计划、月度计划和年度计划。计划应该包括项目、分析、责任人、完成时间等，并进行记录。

④丰富文化，营造氛围。文化变革和生产现场改进两者必须完成并且相辅相成。许多项目的实施经验证明，项目成功的关键是公司领导要身体力行地把生产方式的改善和企业文化的演变结合起来。公司管理层持之以恒地到生产现场聆听基层的声音，并对正在进行中的改进活动加以鼓励，这无疑是很必要的。

⑤全员改善，重点实施。精益生产实施的过程，既是各种精益工具不断学习运用的过程，也是全员不断参与、持续改善的过程，以及全员改善习惯的养成过程。因此，在生产改善中，应全员参与，从6S管理开始，让现场走向有序化，减少一些明显的浪费现象，提高全员的改善意识。

⑥精益求精，持续改善。6S管理下的生产是一个永无止境、精益求精的过程，它致力于改进生产流程和流程中的每一道工序，尽最大可能消除价值链中一切不能增加价值的活动，提高劳动利用率，消灭浪费，及时发现问题，持续进行改善。

（3）开展6S活动的措施

经过对某现代家具企业调查和分析生产现场的环境问题后，将通过以下措施来开展6S活动：

①营造良好的改善氛围。通过宣传培训，让公司员工正确地了解6S管理，并且能够潜移默化地意识到自己的问题，并设法改掉陋习，养成良好的习惯。

②制定相关的管理制度。6S管理的推行要有据可依，按计划对生产现场进行改善，规范生产现场工作秩序，营造整洁、舒适的工作环境。

③建立有效的监督机制。6S管理在生产现场的实施需要每一位员工的参与并监督，不断地培养管理人员与操作人员的责任心和持续改善的意识。

④建立合理的考评机制。将6S管理融入员工奖惩和绩效考评中，提高员工6S改善的积极性，并且促进6S管理办法的推行。

（4）推行6S的步骤

①项目成立与登记。家具企业将6S管理项目纳入精益课题改善项目中，因此实施按照课题改善项目流程和要求进行。根据《家具企业精益生产管理推行细则》，先将6S管理项目进行登记在《精益课题改善项目登记表》中，上交至精益办公室，由精益办公

室协助共同完成6S管理项目。

②设置6S推行专员。现代家具企业首先从6S生产现场管理开始着手，不断地对生产现场进行改善。为现代家具企业设立6S推行专员，其主要工作任务：制订6S的详细实施计划；安排6S教育、培训工作；制定6S的评分及考核标准；建立完善检查与监督体系；负责组织检查和统计检查结果。公司的各部门被划分为多个6S责任区，各责任区分别为：木工车间、涂装车间、成品仓库、原材料仓库、总务公共区域以及设备科区域等。

③制订6S管理推行计划。6S推行计划分为前期准备和活动开展两个阶段，其实施过程见表5-11。

表5-11　6s管理推行计划

分类	项次	项目	第一月	第二月	第三月	第四月
前期准备	1	6S推动组织架构研讨	●			
	2	6S推动组织架构确定与会议公告	●			
	3	逐步推进的培训	●			
	4	制定推行办法	●			
	5	分批培训与稽查	●			
	6	仓库及现场6S问题拍照	●			
	7	部分区域改善确认		●		
	8	车间6S管理培训		●		
	9	车间主要区域责任人培训		●		
活动开展	10	厂区通道区域划分		●		
	11	各区域自行整改		●		
	12	定期检查与统计			●	
	13	各责任区场所清洁活动实施			●	
	14	各责任区场所自我点检及实施			●	
	15	稽查问题点的改善			●	
	16	6S改善辅导及提高				●
	17	全公司6S定期稽查及评比				●
	18	各责任区6S推展的总结和交流				●
	19	6S管理制度、标准的设计、制定				●

④制定6S管理推行方案。现代家具企业的6S推行专员成立以后，各车间领导和工艺组组长带领员工进行生产现场改善。编制了《6S管理推行办法》，详细介绍了6S的概念、基本内容、目的、适用范围、各部门职责、具体工作程序、管理内容以及考评内容

等。6S推行专员不定期对生产现场进行考核评分，记录现场存在的问题，保证6S管理办法的正常运行。

由于各责任区各具特点，如生产车间的木屑和粉尘是所有家具制造企业的通病，其6S改善工作量远远大于其他责任区域。因此，根据各责任区域的总面积、人均面积、设备及物料数量以及6S改善工作的难易程度等方面，制定6S现场管理评分标准，安排每周进行一次6S检查工作。

⑤6S活动的宣传、教育培训。6S现场管理活动的正常运行，离不开公司全体员工的高度重视和积极参与。在6S现场管理具体推行前需进行宣传，营造6S改善的气氛，让公司的所有员工都怀揣着现场6S改善的决心。6S现场管理推行宣传的主要形式有：通过海报、宣传栏、报刊、电子邮件等形式向全体员工宣传介绍6S管理活动；利用早会宣讲、部门例会等部门内部形式，向大家普及6S现场管理的知识，并鼓舞部门员工学习和改善；举行一系列6S现场改善趣味性活动，带动员工的积极性和改善意识。在6S推行的过程中，需要员工对6S现场管理有一定的认识基础，尤其是管理者，需要对员工进行教育培训。教育培训的形式多种多样，主要有：聘请6S管理指导专家，通过课堂授课或者现场示范的方式现对管理人员进行培训；组织公司管理高层参观、访问一些引用6S现场管理较成熟的公司，相互交流相互学习；通过部门例会的方式，由各部门主管向部门成员传授6S现场管理的相关知识，尤其是生产现场的员工，更应该了解6S现场管理相关内容。通过对员工的培训，可以让员工了解6S现场管理可以为生产带来实际效益，并且使员工自觉地做好现场改善工作，创造一个安全、整洁、舒适的工作环境。

⑥6S现场管理的推行。6S现场管理可以分三阶段推行：

第一阶段为适应期。按《6S管理推行办法》以及《6S管理推行计划》推行、检查和评比，但不实施奖惩。在适应阶段，各部门负责人带领部门员工进行现场改善，尤其是木工车间和涂装车间是6S现场改善的重点区域。6S推行专员依据《6S问题点评分标准》对各责任区域的现场进行每周一次不定时的检查，并且将问题点记录到《6S问题点记录表》，同时拍照留存。6S推行小组将相关的问题点告知责任区域负责人，各责任区域根据相应的问题点及时进行改善。

第二阶段为调整期。对制定的《6S管理推行办法》《6S问题点评分标准》等进行调整改善，以保证6S现场管理的顺利进行。

第三阶段为正式推行。按照《6S管理推行办法》正式进行检查、评分考核。推行专员每周不定时地进行检查、记录，并提出整改通知。

⑦6S现场管理的考评。企业每月将各责任区6S评分活动排名公示，并对现场6S情

况排名第一、第二的部门给予适当的奖金鼓励，并发放流动旗帜，对排名倒数第一的部门进行合理的罚款，奖金和旗帜的发放将在每月度改善分享会上进行。每月6S现场问题将在月度改善分享会上与员工共享，分享的内容主要包括：典型6S问题点通报、整改情况通报、评分结果通报、案例分析、6S知识分享、管理者发言、奖金发放、流动旗帜发放等。

（5）6S管理的具体实施

本文6S管理的具体实施以6S管理中的整理为例。整理的主要内容是区分有用与无用的东西，将无用的东西清除出现场，只留下有用的东西。无整理造成的浪费包括空间的浪费、使用物料架的浪费、零件或产品变旧而不能使用的浪费、管理不要物的浪费等。因此，需要对生产现场进行及时整理。整理的处理方法见表5-12。

表5-12　整理的处理方法

整理对象	处理办法	再发生防止对策
长期滞留料	先返库、确认可否再利用、计划调节	设计变更前先使用完现有材料
外协来料多	返库或转入临时区域	计划、工艺、外协、仓库共同协调，控制来货数量
上工序送料多	返回上工序或转入临时区域	下工序是客户，按需求配送
长时间待料半成品/不配套零部件	转入临时存放区域	计划、工艺、采购、仓库共同协调，做好配套、保证供应
不可再使用的设备、工装等固定资产	按流程报废处理	做好设备维护和保养
长时间待修件	转入指定维修区域	在规定时间内及时修理
过期的文件、资料	按流程作废处理	确定文件保管周期、定期确认
生产、加工的废料	按流程报废处理	制定处理周期及时清理，集中管理
私人物品	从工作区域内撤出	设更衣室，方便员工更衣

整理的实施步骤为：

①在需要整理的地方，全部清出。

②区分有用和无用的物品，并进行分类。

③利用现有空间，根据不同的类别、使用频度和用量确定相应的位置。

整理效果如图5-33所示。

（a）整理前   （b）整理后

图5-33   生产现场整理前后对比图

案例总结

6S现场管理不仅能改善家具企业生产环境，促进安全生产、清洁生产，而且可以提高生产效率，提升产品品质和服务水准，将整理、整顿、清扫、清洁、素养、安全进行到底，并且将生产管理等各个环节制度化。这些都是为了减少资源浪费，提高工作效率，也为改善家具企业其他管理活动奠定基础。通过详细阐述6S现场管理在家具企业各阶段发挥的不同作用，提高解决企业领导层和技术人员的认识，为推动家具企业做好实施6S管理体系前期工作，实现企业管理简单化、规律化，结合企业实际情况进行运用等提供理论参考。

本章思考题

1. 简述现场管理的标准和要求。

2. 简述现场管理的基本方法。

3. 简述工作测量的方法。

4. 什么是6S管理？如何消除意识障碍？

第6章

现代家具企业改进
与维护管理

6

学习目标 ▶

要求了解精益生产形成的背景；精益生产的内涵和体系；明确设备磨损的类型；掌握TPM和质量管理对现代家具企业的意义。

传统生产管理方式常常存在生产过剩、库存过高、缺货现象严重、废品率高等问题，给企业带来了不小的损失和压力。随着市场竞争的加剧和消费者需求的多样化，如何有效管理生产流程、引进和应用先进的管理技术、实现生产与需求的匹配、降低成本、提高效率和质量，成为家具企业面临的重要问题。

6.1

精益生产

6.1.1 精益生产概述

生产系统的发展经历了手工单件生产模式、大批量生产模式、精益生产模式三个阶段，如图6-1所示。

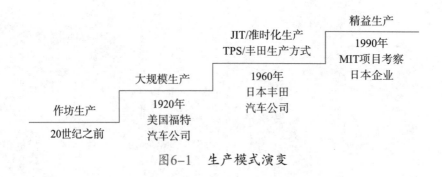

图6-1　生产模式演变

手工作坊式生产模式也称单件生产模式，这种模式主要以小批量和定制生产形式为主，生产效率低，生产周期较长，小库存，产品价格高，质量难以持续保证，服务的市场面狭窄。单件生产模式下的生产物流管理一般是凭借个人劳动经验和师傅定的行规进行管理，因此个人的经验智慧和技术水平起了决定性作用。随着技术的发展，手工作坊式生产模式大致可分为三个阶段：第一阶段的特征是按照每个用户的要求，每件产品单独制作，产品的零部件不完全相同，不具有互换性，制作产品依靠的是操作者积累的经验和高度娴熟的技艺。第二阶段是第二次社会大分工的结果，手工业与农业相分离，形成了专职工匠，手工业者完全依靠制造谋生。第三阶段是以瓦特蒸汽机的发明为标志，形成近代制造体系，但使用的是手动操作的机床；从业者在产品设计、机械加工和装配方面都有较高的技艺，大多数从学徒开始，最后成为操作整台机器的技师或作坊业主。

大批量生产是指产品能重复大量生产，生产制造商对产品的整个生产过程负责，其中包括原材料购买、产品加工到出货的全过程。20世纪初，美国福特汽车公司首先建立了世界上第一条自动生产线，标志着大批量生产模式的产生。生产活动中渐渐不再依赖于操作人员的经验和技术，而是利用机械设备进行批量生产，因此，不需要工人具有很高的技术。与手工单件生产模式相比，这种生产模式大大提高了生产效率，缩短了生产周期，降低了生产成本，并使产品质量得到保证。

精益生产（Lean Production）方式是丰田公司在福特汽车生产模式上利用科学的管理方法和技术手段对生产活动中的各个环节进行改善、不断探索的结果。20世纪50年代的日本经济萧条，资金严重短缺。日本丰田汽车公司只是一家规模很小、技术落后、生产率低下、没有竞争力的小公司。负责人认识到丰田公司缺乏资金，不能照搬美国的大量流水生产方式，于是开始了日本式汽车生产的探索与实践。经过二十多年的努力，逐步形成了独特的生产方式，即丰田生产方式（Toyota Production System，TPS）。丰田生产方式实行的是由后面的工序拉动前面的工序进行生产（即拉动式生产），强调准时化（即每道工序"只是"在后工序需要的时候，"恰好"按照后工序所需的数量，"及时"生产后工序所需要的质量完美的产品）。丰田生产方式在日本的汽车企业中得到了广泛应用，使日本的汽车工业实现了腾飞，并取得了明显的竞争优势。由于丰田生产方式的独特性和有效性，特别是其强调准时化生产，被越来越多的企业认识、研究和应用，人们为它另起了一个名字—JIT（Just In Time）。

JIT，一般译为准时制生产或准时生产制，是在日本丰田汽车公司生产方式的基础上发展起来的一种先进的管理模式。随着它的不断完善，现在JIT不仅是一种组织生产的新方式，而且是一种旨在消除一切无效劳动与浪费、实现企业资源优化配置、全面提高企业经济效益的管理哲学。通过JIT思想的运用，日本企业管理者将精力集中于生产过程本身，通过生产过程整体优化，改进技术，理顺物流，杜绝过量生产，消除无效劳动和浪费，有效利用资源，降低成本，完善质量，达到以最少的投入实现最大产出的目的。日本企业在国际市场的崛起，引起西方企业界的普遍关注。追本溯源，西方企业家认为，日本企业在生产中采用JIT管理思想，是其在国际市场上竞争取胜的基础，因此，20世纪80年代以来，西方经济发达国家十分重视对JIT的研究，并将它运用于生产管理。据有关资料，1987年已有25%的美国企业应用JIT，目前绝大多数的美国企业已在应用JIT。

1985年，MIT筹资500万美元，确定了"国际汽车计划"（IMVP）的研究项目，组织53名知名教授，用了5年时间对14个国家的90个汽车装配厂进行实地考察，对西方的大量流水生产方式与日本的丰田生产方式进行了对比研究，并于1990年出版了《改变世界的机器》一书，第一次把丰田生产方式定名为精益生产方式，并从5个方面论述了精益生产的特征：

①以用户为"上帝"。将用户纳入产品开发的全过程，以多元化和高品质的产品、尽可能短的交货期和优质的服务来满足用户的需求。

②以"人"为中心。充分发挥一线员工的积极性和创造性，使员工积极参与改善。

③以"精简"为手段。精简机构，简化流程，去掉一切多余的环节和人员，实现零库存。

④团队工作和并行工程。

⑤准时供货方式。

精：即少而精，不投入多余的生产要素，只是在适当的时间生产必要数量的市场急需产品（或下道工序急需的产品）。益：所有经营活动都要有益有效，具有经济性。精益生产以客户价值为导向，以消除过程中浪费为根本思想，主张在制造业领域通过一系列管理技术工具，降低成本，增加利润，全面消除各个区域（客户关系、产品设计、供应链和工厂管理）浪费，以更少的人力资源、库存、时间、空间来生产产品，快速响应客户需求，以最经济有效的方式保证产品高质量，从而在提高品质、降低成本、缩减交货期等方面达到行业内领先水准，打造企业核心竞争能力。

从生产系统的发展历史来看，精益生产方式较手工作坊式生产和大批量生产的优势明显，见表6-1，主要体现在产品质量更高、制造成本更低、生产效率更高。精益生产与手工生产方式、大批量生产方式有明显区别，主要表现是精益生产以客户需求为导向，强调生产交付过程准时完成。以精简的团队实现高效的工作，以客户质量为准绳，实施全面质量管理，以此强化企业全员质量意识，从而保障产品的高质量交付。企业各生产单位高效有序协作，共同实现经营目标。

表6-1 生产运作方式对比

项目	生产方式		
	手工生产方式	大量生产方式	精益生产方式
产品特点	完全按照顾客要求	标准化，品种单一	品种规格多样化，系列化
加工设备和工艺装备	通用、灵活、便宜	专业、高效、昂贵	柔性高、效率高
分工与工作内容	粗略、丰富、多样	细致、简单、重复	较粗、多技能、丰富
操作工人	懂设计制造，具有较高的操作技艺	不需专门技能	多技能
库存水平	高	高	低
制造成本	高	低	更低
产品质量	低	高	更高
权力与职责分配	分散	集中	分散

精益生产的核心理念是消除浪费，严格按照"精"和"益"的相关要求对企业的生产发展模式进行管理。由于机器和人员超负荷、工作计划制订不合理、工艺方法不正确等原因，企业在不同生产环节存在不同程度的浪费，见表6-2。

表6-2　企业生产中的八大浪费类型

浪费类型	特征
生产过剩	生产了顾客不需要的产品而造成的库存
搬运浪费	货物的盲目运输，搬运中不产生附加价值的行为，缺乏效率的运输
等待浪费	工序配合不当造成的等待，生产由于各种原因不得已中断时，在工作时间员工只能继续等待企业生产的恢复
不良品浪费	企业对于产品、原材料的质量等方面把控不够严格，导致出现不良产品，不能满足消费者的需求
动作浪费	由于生产物料、生产工具和工位摆放的位置不合理，对生产工具的操作方法不正确等原因导致无法创造一定价值的相关动作和作业所造成的浪费
加工浪费	不必要的加工所造成的浪费
库存浪费	原材料、半成品和部分成品堆积所造成的浪费
管理浪费	企业的生产管理制度不合理，造成企业管理的自主性不强，员工工作缺乏积极性，需要额外的人力、物力去监督所造成的浪费

为了全面杜绝这种浪费问题，必须注重多余生产要素的有效消除，其中自动化和准时化生产相对有效，这些都有助于生产管理技术和手段的有效创新与改革。

企业实行精益生产管理的过程通常是以客户为中心，按客户需求准时化生产为前提，以生产现场重点推进5S管理活动和全面生产维护活动为基础，以看板管理、准时化生产、工业工程技术为手段，以全员参与为核心，实行全面质量管理为保障，不断减少企业生产活动中的各类形式的浪费，达到精准高效运营，从而提高企业整体利润最大化。

6.1.2 精益生产体系

1996年，《精益思想》一书出版，提出精益思想的五大原则：价值、价值流、价值流动、需求拉动和尽善尽美，如图6-2所示。此后，精益思想在许多领域得到了推广应用，产生了精益管理、精益物流、精益营销、精益供应链管理等。

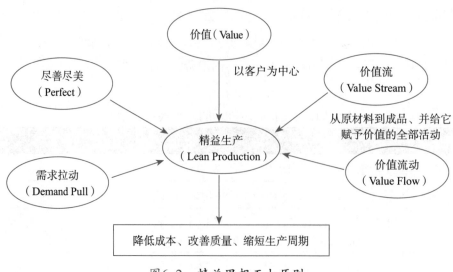

图6-2　精益思想五大原则

　　精益生产的基础是计算机网络支持下的并行工作方式和小组化工作方式。在此基础上的三根支柱就是准时生产（JIT）、成组技术（GT）和全面质量管理（TQM），如图6-3所示。生产一线的工作小组是企业集成各方面人才的一种组织形式。计算机网络支持下的小组工作方式是指在计算机网络的支持下，由企业各部门专业人员，如计划调度、技术、工艺等人员组成的面向项目的综合工作组，将解决现场存在问题作为工作首要任务。一个工作小组全面负责一个产品型号的开发和生产工作，并及时根据实际情况调整计划。现场工作小组是一种高效运转的生产组织，能迅速有效地解决现场中出现的问题。

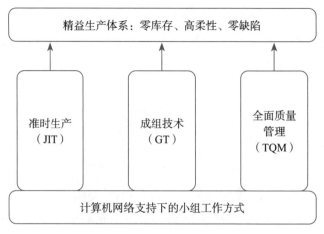

图6-3　精益生产体系

（1）准时生产（JIT）

JIT的基本原理是根据需方的指令，将所需的品种按预订数量在所需时间送到指定的地点，不少送，也不多送，不迟送，也不早送，送的货品全部保证质量。也就是在适当的时间，把适当的物品以适当的数量送到适当的地点。要求品种合适，拒绝不合适的品种规格；要求数量合适，不少，也不多；要求时间合适，不迟，也不早；要求地点合适；质量合适，百分之百合格。具有可以实现线边零库存、最大的节约、最大限度地消除废品损失等优点。最初，JIT只是作为一种减少库存水平的方法，而今，它已成为一种管理哲理，包含特定的知识、原则、技术和方法。只要企业正确加以运用，通过减少浪费，提高产品质量和生产经营效率，JIT就能大幅度提高企业在市场上的竞争能力。

（2）成组技术（GT）

充分利用事物间的相似性，将许多具有相似信息的研究对象归并成组，并用大致相同的方法去解决相似组中的生产技术问题，以达到规模生产的效果，这种技术统称为成组技术。合理运用成组技术，将企业的多种产品部件或零件，按一定的相似性准则分类编组，并以这些组为基础，组织生产各个环节，实现多品种小批量生产的产品设计、制造和管理的合理化。从而克服传统小批量生产方式的缺点，使小批量生产能获得接近大批量生产的技术经济效果。

（3）全面质量管理（TQM）

全面质量管理（Total Quality Management），简称TQM，是企业全体员工和各部门参与，综合运用现代科学和管理技术，控制影响质量形成的全过程，以经济手段研制、生产和提供用户满意的产品和服务为目的的系统管理活动。通俗讲就是人人参与质量管理，在以质量为中心的前提下，对企业的所有员工培训相关质量要求。

企业经营的最终目的是要获取最大的利润。而如何获取最大的利润，却因经营思想不同而导致做法不同，企业实施精益生产的最终目标是通过达到零库存、高柔性、零缺陷三个子目标，通过持续不断的完善，从而获取更大的利润。

零库存管理又称JIT适时制生产，是一种特殊的库存管理理念。库存一般体现在企业物料的一进一出能否合理优化存放，零库存并不是要求企业没有任何库存，不管是一个企业还是一个国家都不可能做到真正的零库存，因此，零库存并非针对所有的"库存"。对于一个企业来说，零库存的目的是减少人力、物力资源和提高物流运力的经济效益。

所谓企业柔性，在短期内，是指企业现有的资源和设备有效地适应外部环境变化的能力；长期来看，它反映企业使用新资源、新发明、新方法并整合融入目前生产系统的一种能力。随着市场需求日趋个性化和多样化、市场竞争日益白热化和复杂化，新产品层出不穷，生命周期越来越短，企业柔性已越来越成为决定企业竞争力乃至兴衰存亡的关键因素，是企业在剧烈变化的环境中获得永续发展的一个非常重要的因素。

传统生产管理很少提出无缺陷的目标，一般企业只提出可允许的不合格百分比和可接受的质量水平。它们的基本假设是：不合格品达到一定数量是不可避免的。而精益生产的目标是消除各种引起不合格品的原因，在加工过程中每一工序都要求达到最好水平。实行零缺陷是企业提高产品质量、降低成本、增强员工责任感、提升企业形象的重要手段。但是实现零缺陷需要制定标准化操作流程、培训员工、引入先进设备、建立完善的质量管理体系等，同时还需要应对人员培训难度大、成本高昂等挑战。企业需要根据自身情况制订合理的实施计划，并不断完善和优化，以达到最终目标。

6.1.3 精益生产的实施条件

6.1.3.1 精益生产的总体要求

（1）合理设计产品

通过产品的合理设计，使产品易生产、易装配，当产品范围扩大时，要求不增加工艺过程。通过提高产品系列化、标准化和通用化水平，充分利用现有典型工艺过程和工序来实现加工和装配，加强产品模块化设计工作，减少产品结构复杂性，利用积累的丰富经验和资料，设计出优异产品。

（2）生产同步化

工序间不设置仓库，前一工序加工结束后，加工件立即转入下一工序，装配与机械加工几乎平行进行，产品被连续地生产出来。生产同步化一般采用U形车间布置，如图6-4所示。

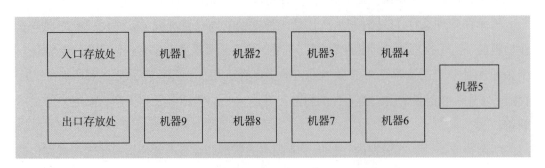

图6-4　U形车间布置

（3）生产均衡化

要求物流完全与销售周期同步，即从采购、生产到发货各个阶段的每一个环节都要与销售周期同步，这就要求实行混流生产、一个流生产、准时化采购和全面质量管理。

（4）缩短作业转换时间

在生产现场，从一种产品换到另一种产品时，通常都要做许多"切换"动作，此时往往要使生产活动停下来，造成时间上的浪费。因此，如何缩短作业切换时间就成了实现生产同步化的关键问题。

（5）弹性配备人员

在传统生产系统中，通常实行"定员制"，相对于某一群设备，即使生产量减少了，也仍然有相同的作业人员才能使这些设备全部运转。而精益生产通过职务定期轮换创造出一种全新的弹性配置作业人数的方法。弹性配置作业人数通过削减人员来提高生产率、降低成本。

（6）质量保证

预防不合格品的发生，要从产品开发设计、操作者、机器、模具、工具、材料、生产过程、验证方法等方面保证不出现不良品，强调从根源上保证品质。

6.1.3.2　精益生产的实施工具

精益生产的实施工具逐渐被各国企业的生产管理过程采用，并结合不同行业的特点，不断创新。在几十年的研究和实践过程中，精益生产理论体系逐渐发展、完善和成熟。国际上通用的精益生产实施工具总结如下：

（1）5S管理

所谓5S就是通过整理（Seiri）、整顿（Seiton）、清扫（Seiso）、清洁（Seiketsu）、素养（Shitsuke）五个项目对企业现场生产进行管理，相当于我国企业开展的文明生产活动。5S起源于日本，企业进行5S活动的目的是改善生产现场环境、提升生产效率、保障产品品质、营造企业管理氛围以及创建良好的企业文化。

（2）看板管理

看板管理是实现准时生产的管理工具和手段。管理看板是把希望管理的项目通过各类管理板显示出来，使管理状况尽人皆知的管理方法，从而解决生产信息传递的不及时问题。管理类看板主要用来展示现场管理运作状况，常见的有：生产计划看板、生产线看板、质量信息看板、现场布局看板、发货动态看板等。生产看板在企业现场生产物流控制系统中的布置如图6-5所示。

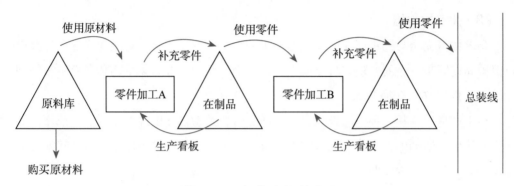

图6-5　现场物流控制系统

（3）拉动式生产

拉动式生产运作计划系统和看板管理是准时生产的两个重要内容。拉动式生产是指一切从市场需求出发，根据市场需求来组装产品，借此拉动前面工序的零部件加工。每个生产部门、工序都根据后向部门以及工序的需求完成生产制造，同时向前向部门和工序发出生产指令，如图6-6所示。拉动式生产和推动式生产存在明显的区别，推动式生产按工序往后推动，往往会存在生产过剩的风险，造成不必要的浪费；拉动式生产是按照市场需求，反推前工序的用量，这种方式有效减少了产品的库存。

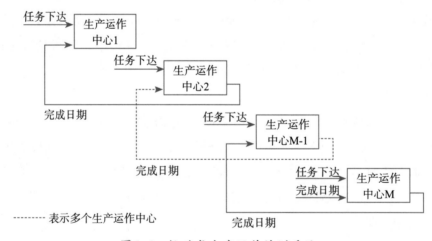

图6-6　拉动式生产运作计划系统

（4）生产线平衡

生产线平衡是对生产线的全部工序进行负荷分析，通过调整工序间的负荷分配使各工序达到能力平衡（作业时间尽可能相近）的技术手段与方法，最终消除各种等待浪费现象，提高生产线的整体效率。这种改善工序间能力使之平衡的方法又称为"瓶颈改善"。

（5）价值流程图

价值流程图运用精益制造的工具和技术来帮助企业理解和精简生产流程。价值流程图的目的是辨识和减少生产过程中的浪费。浪费在这里被定义为不能够为终端产品提供增值的任何活动，并经常用于说明生产过程中所减少的"浪费"总量。价值流程图对生产制造过程中的周期时间、宕机时间、在制品库存、原材料流动、信息流动等情况进行记录，有助于形象化当前流程的活动状态，并有利于对生产流程进行指导，向理想化方向发展。

（6）全面生产维护

全面生产管理（Total productive management，TPM）是指在传统全员生产维护的基础上，扩充至整体性的参与，以追求所使用设备的极限效率而培养出企业抵抗恶劣经营环境的体制。全面生产维护特点是全效率、全系统、全员参与。

6.1.4 案例分析

6.1.4.1 JIT管理技术在家具企业中的应用研究

（1）重视员工多种技能的培训

工人必须是多面手，能操作与维护不同的设备，因而减少因人员缺勤造成的停工，同时增加工人对职业的荣誉感。在JIT的实施过程中，要成立合理化小组和质量控制小组，提倡合理化建议，将体力劳动与脑力劳动结合起来。遇到问题一定要找出问题发生的根源，并运用工业工程和其他方法将问题彻底解决，使之不再发生。JIT认为，不懈进取与一个组织整体效果的提高有着密切关系，必须为每一位员工所接受，以有效地连续地改进其生产操作和用户服务。JIT着重对物流的控制；采用成组单元、U形机床布置；改进工装设计，压缩准备时间，减小批量；组织标准化生产，采用拉式作业，保持各生产单元之间的物流平衡。JIT强调全面质量管理，认为仅靠检验只能发现缺陷，而不能防止和消除缺陷，即使事后补救也已造成浪费。因此，必须建立质量保证体系，从根源上保证产品质量。同时，坚持预防性设备维护制度，一旦出现设备故障，就全线停车，群策群力查明事故原因，一次性彻底解决问题。JIT致力于开发实现零缺陷的制造流程，表面上看起来，这似乎是个不切实际的目标，但是从长远角度看，因为消除了一些冗余功能，能够使企业大大降低成本费用，实现最优质量成本比。

（2）JIT采购

传统意义上，企业物资采购的目的是以最低成本费用获取所需要的原材料和外购件。在JIT环境下，采购功能发生了深刻变化，见表6-3。

表6-3 JIT采购与传统采购对比

项目	JIT采购	传统采购
供应商选择	单源供应，长期合作关系	多源供应，短期合作关系
采购批量	小批量，送货频率高	大批量，送货频率低
供应商评价	质量、价格等	价格、质量等
磋商重点	长期合作关系、质量和合理的价格	获取最低的价格
运输	准时送货，采购者负责计划安排	较低的成本，供应商负责计划安排
包装	特定要求	常规包装
检验	开始是逐步减少，最终取消	收货、点数统计、品质鉴定
信息交换	快速、可靠	一般要求

①单源供应。单源供应指的是对某一种原材料或外购件只从一个供应商那里采购；或者说，对制造商的某一种原材料或外购件的需求，仅由一个供应商供货。JIT采购认为，最理想的供应商数目是：对每一种原材料或外购件，只有一个供应商。因此，单源供应是JIT采购的基本特征之一。在家具企业中实行单源供应的优点在于，它可以使制造商成为供应商的一个非常重要的客户，因而加强了制造商与供应商之间的相互依赖关系；另一方面，单源供应使供应商获得内部规模效益和长期订货，从而又可使购买的原材料和外购件的价格降低。当然，单源供应也会给家具企业带来一些问题，比如说，可能存在供应中断的风险；不能得到竞争性的采购价格；对供应商的依赖性过大等。因此，必须与供应商建立长期互利合作的新型伙伴关系。在日本，98%的JIT企业采用单源供应。但在实际操作时，一些企业常采用同一原材料或外购件由两个供应商供货的方法，其中一个供应商为主，另一个供应商为辅。

②小批量采购。小批量采购是JIT采购的又一基本特征。由于家具企业生产对原材料和外购件的需求是不确定的，而JIT采购又旨在消除原材料和外购件库存，为了保证准时、按质按量供应所需原材料和外购件，采购必然是小批量的。小批量采购必然引起送货频率的增加，因而运输成本将会提高。解决这一问题的方法如下：一是使供应商在地理位置上靠近制造商，如日本汽车制造扩展到哪里，其供应商就跟到哪里；二是供应商在制造商附近建立临时仓库，实际上这只是将负担转嫁给了供应商，而未从根本上解决问题；三是由一个专门承包运输商负责送货，按照事先达成的协议，搜集分布在不同

地方的供应商的小批量物资，准时按量送到制造商的生产线上；四是让一个供应商负责供应多种原材料和外购件。

③合理选择供应商。由于JIT采购采用单源供应，因而对供应商的合理选择就显得尤其重要。可以说，选择合格的供应商是JIT采购能否成功实施的关键。合格的供应商具有较好的技术、设备条件和较高的管理水平，可以保障采购的原材料和外购件的质量，保证准时按量供货。在选择供应商时，必须依据一定的标准对供应商进行评价。这些标准包括产品质量、交货期、价格、技术能力、应变能力、批量柔性、交货期与价格的均衡、价格与批量的均衡、地理位置等，而不像传统采购那样主要依靠价格标准。在大多数情况下，其他标准较好的供应商，其价格可能也是较低的，即使不是这样，双方建立互利合作关系后，企业可以帮助供应商找出减少成本的方法，从而使价格降低。当双方建立了良好合作关系后，很多工作可以简化，甚至消除，如订货、修改订货、点数统计、品质检验等，从而减少浪费。

④从根源上保障采购质量。实施JIT采购后，企业原材料和外购件的库存很少，甚至为零。因此，为了保障企业生产经营的顺利进行，采购物资的质量必须从根源上抓起。也就是说，购买的原材料和外购件的质量保证应由供应商负责，而不是企业的物资采购部门。JIT采购就是要把质量责任返回到供应商，以从根源上保障采购质量。为此，供应商必须参与制造商的产品设计过程，制造商也应帮助供应商提高技术能力和管理水平。在现阶段，我国主要是由制造商来负责监督购买物资的质量；验收部门负责购买物资的接收、确认、点数统计，并将不合格的物资退回给供应商，因而增加了采购成本，实施JIT采购后，从根源上保证了采购质量，购买的原材料和外购件就能够实行免检，直接由供应商送货到生产线，从而大大减少了购货环节，降低了采购成本。

⑤可靠的送货和特定的包装要求。由于JIT采购消除了原材料和外购件的缓冲库存，供应商交货的失误和送货的延迟必将导致企业生产线的停工待料。因此，可靠的送货是实施JIT采购的前提条件，而送货的可靠性常取决于供应商的生产能力和运输条件，一些不可预料的因素，如恶劣的气候条件、交通堵塞、运输工具故障等，都可能造成送货迟延。当然，最理想的送货是直接将货送到生产线上。对原材料和外购件的包装提出了特定的要求。良好的包装不仅可以减少装货、卸货对人力的需求，而且使原材料和外购件的运输和接收更为便利。最理想的情况是对每一种原材料和外购件采用标准规格且可重复使用的容器包装，既可提高运输效率，又能保证交货的准确性。

⑥有效的信息交换。只有家具企业制造商与供应商供需双方进行可靠而快速的双向信息交流，才能保证所需原材料和外购件的准时按量供应。同时，充分的信息交换可以增强供应商的应变能力，所以实施JIT采购，就要求原材料供应商和家具企业制造商之

间进行有效信息交换。信息交换内容包括生产作业计划、产品设计、工程数据、质量、成本、交货期等。信息交换的手段包括电报、电传、电话、信函、卫星通信等。现代信息技术的发展，如EDI、E-Mail等，为有效的信息交换提供了强有力的支持。

JIT管理技术在家具企业中的应用分析

佰美家居是一家以定制家具为主营业务的企业，面临着生产成本高、库存量大、废品率高等问题。该企业通过引进JIT管理技术，优化生产流程、实施供应链管理、订单管理、零库存管理和生产计划管理等措施，取得了显著的效果。

（1）库存管理

在引入JIT技术之前，该企业存在大量原材料、半成品和成品库存，库存周期长，资金占用高。而在JIT技术的应用下，企业可以实现零库存，仅在订单确定后才进行生产，从而降低了库存量和资金占用成本。具体数据分析如下：

①原材料库存量。引入JIT技术后，该企业原材料库存量从100t降至20t，库存周转率从30天提高到7天。

②半成品库存量。半成品库存量也有所降低，从30t降至10t，库存周转率从20天提高到5天。

③成品库存量。成品库存量从1000件降至200件，库存周转率从30天提高到7天。

（2）生产效率

在JIT技术的支持下，企业可以实现从订单到生产交货的快速转换，降低了生产周期，提高了生产效率。具体数据分析如下：

①生产周期。企业在JIT技术的应用下，生产周期从30天缩短至15天。

②单位人工效率。JIT技术的应用使得生产过程更加精细化和高效化，单个员工的生产效率提高了20%左右。

（3）废品率控制

在JIT技术的应用下，企业可以根据订单及时进行生产，避免因库存过多导致的过期和损坏，减少了废品率。具体数据分析如下：

废品率：引入JIT技术后，该企业的废品率下降了30%左右。

（4）成本控制

JIT技术的应用可以减少库存量、缩短生产周期和降低废品率等措施，从而减少了成本。具体数据分析如下：

①库存成本。JIT技术的应用使得企业库存量大幅降低，从而降低了库存成本。该企业库存成本下降了50%左右。

②人工成本。由于JIT技术使得生产过程更加精简，企业可以省去一些不必要的人力成本，从而降低了人工成本。该企业人工成本下降了20%左右。

案例总结

家具企业作为一个具有很强的定制性质的行业，需要根据市场需求灵活生产，同时也需要控制成本，提高生产效率和产品质量，提高企业的市场竞争力。JIT管理技术作为一种优化生产流程、降低库存、提高产品质量的有效手段，可以帮助家具企业实现这些目标。家具企业应用JIT管理技术的主要途径包括优化生产流程、实施供应链管理、订单管理、零库存管理和生产计划管理等措施。这些措施可以帮助企业降低成本，提高生产效率和产品质量，提高企业的市场竞争力。在实施JIT管理技术的过程中，企业需要注重人员培训和技术更新，加强与供应商和客户的沟通，同时也需要注重数据管理。以JIT管理为代表的精益化生产方式逐渐被各大企业所接受，JIT的核心是消除一切无效劳动和浪费。在市场竞争环境下，获取更多利润的唯一途径即是降低成本，而当今降低成本的关键就在于杜绝浪费。将JIT生产方式引入家具企业是一项创新尝试，对家具企业生产管理具有重大的理论意义和实践意义。

6.1.4.2　现代家具企业JIT人才管理分析

企业的JIT人才管理

将JIT的生产管理思想融入人才管理中，形成了JIT人才管理系统。人才需求预测相当于产品需求预测，根据市场所需要的人才类型，进行人才培养；以最具成本效益的方式去培养人才相当于以成本最低、速度最快的方式生产产品；RPO，即招聘流程外包，正如将生产中的某环节进行外包；企业内部人员调整，不断提升自我能力正如生产线上对各环节不合理的地方进行调整，实现效率最大化。所以，精益模式运用于人才管理系统中至关重要，JIT人才管理的实现能够积极促进家具企业的运作管理。

JIT的人才管理可以分为三部分，分别为JIT人才管理的来源管理、过程管理和退出管理。实现JIT的人才管理从来源管理出发，做整体规划，即内部人才供应和外部人才供应相互配合，具体方式如图6-7所示。

在内部人才供应链中，实现JIT人才管理首先采用人才盘点，即将已有人才资源进行最大化利用，基于盘点结果进行人才配置。从传统人才管理中按专业划分岗位，由自己的专业线的模式中跳脱出来，形成由各领域专家组成的多领域团队。由于顾客所面对的需求并不是单一的，因此根据顾客需求侧重点去进行人才盘点。人才盘点是针对企业

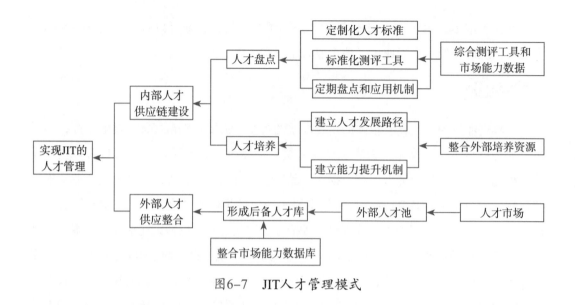

图6-7　JIT人才管理模式

不同群体的现状、未来状态的动态分析、梳理和总结的过程。推动人才盘点具体通过定制人才标准、标准化测评工具以及定期盘点和应用机制来实现。其中，定制化人才标准，是针对社会需求去培养人才，实现倒推，同时不局限于某一个企业的岗位，重点在于进行专业知识的培训，放开视野。另外，进行人才培养，建立人才发展路径和能力提升机制，对员工进行培训，企业中形成JIT理念，使员工成为训练有素、具备多种技能的多能力员工。

人才培养除去内部员工的能力培训，同时整合外部培养资源，即通过整合人才供给方，使得外部人才流入，在通过能力测评以及企业所需等方面进行人才筛选，形成后备人才库，最后整合外部人才供应，实现无时差供给，即实现所需人才的及时供给。相对于JIT生产管理的概念，JIT人才管理是在最短时间内提供合适数量、合适技能的人员进行补充。

JIT人才管理给家具企业带来了灵活的人才体系和无时差供给的后备人才库，使得整个企业能够有标准、有序但又能够灵活变动地运作。

具体案例——圣奥

圣奥家具企业创始人曾说："未来的竞争是人才的竞争，是一群有知识的人在竞争，最后归根结底是一群人对学习的竞争。想要在竞争中获胜，必须有一个优秀的团队，大胆创新，不断学习。"因此，圣奥一直注重人才培养，面对国家政策变化，市场多品种、小批量的变化以及原材料、人工成本的变化，圣奥从2008年开始逐步推进了JIT精益生产模式。

（1）校企合作

一直以来，圣奥与国内外多家高校、设计院形成合作，例如在多所学校中开展圣奥班，它是圣奥企业与专业院校建立的独特生产模式。例如与南京林业大学多次展开合作，对口培养人才，为公司能够适应市场变化储备高素质人才。

（2）员工培养及人才鼓励

圣奥经常利用内外培训资源组织员工进行集中学习或外出学习等活动，从而提高技能。例如2021年圣奥集团人才发展中心与百仕瑞合作开启"工匠计划"，对圣奥各生产线的41位一线管理者进行培训和实练，全面认识精益生产管理精髓。

经过JIT模式的培训，员工能够对现场的不合理现象自觉纠正，从"要我做"转变为"我要做"，主动适应JIT模式，自觉查找问题所在，例如员工主动制作专用移门配件柜，将小五金分门别类摆放，拿取方便快捷，并能有效地节约资源。据统计，推进JIT管理以来，六个车间的改善提案点达到数百个。JIT的生产管理模式推动了人才管理的进步，形成良性循环，有利于企业的管理能力不断提升以及人才的大量涌进。

另外，圣奥经常会对优秀员工进行表彰和鼓励，并且圣奥启动内部股改计划，力争让公司所有优秀员工都能享受企业发展的成果，能够激励员工不断提升业务水平，同时尽心为企业发展而努力。

（3）多技能发展

优秀的多技能员工是企业产品质量好、生产柔性大、整体效益好，能够在激烈的市场竞争中占据一方天地的主要原因，是实现JIT人才管理的环节之一。圣奥要求公司所有高管必须对公司所有家具产品有独立拆装的能力。对于刚入职的新人，圣奥则要求每个人必须深入生产车间一线，在一对一的师傅指导下，进行2~3个月的产品生产学习体验。主要目的是让理论不脱离于实践，但同时也是希望员工在掌握所学专业外，能够拓展专业知识，培养多技能发展。另外，在"圣奥班"中，学员通过学习家具设计、研发、管理、营销等内容以及参观家具展、参加设计比赛等方式，学习家具的相关知识技能，并不局限于某一岗位，而是家具行业的全方位发展。

案例总结

精益思想不断发展，JIT的准时化思想不只运用于生产环节，而是将思想应用更广泛。圣奥之所以能够得以壮大，有很大原因在于它的人才管理系统，将JIT模式充分运用到企业的各个角落，实现生产高效化的同时也保证了人才的充分利用，充分验证了JIT人才管理模式在家具企业的可行性，为其他家具企业起到示范作用。

JIT人才管理模式将内部人才供应链与外部人才整合充分结合，动态管理、动态匹配模式的灵活性强，能够对企业的人才缺口进行快速响应，形成无时差供给的人才库，保证家具市场中在人才方面占据优势，降低企业成本。JIT人才管理模式适应于市场经济发展的要求，具有较大的推广价值和发展前景，为现有家具企业的人才管理提供了学习方向。

家具企业JIT人才管理应用时要注意的问题

引进人才时要根据企业的发展战略进行匹配，保证人才不仅满足短期应急需要，还能满足企业长远发展的需要、未来的发展策略，对企业的长远发展进行人才开发。

JIT人才管理是一个动态过程，不断循环、持续性执行策略，才能实现人才无时差供给；而不是在缺少人才时才想起引进人才，要有人才预测能力。

JIT人才管理实现过程中对于企业内部的员工和外来人才的考核制度应该更加科学性，主观评判受过多无关因素干扰无法做出正确决策，应该将主观评定和客观测评进行结合，实现公平公正的考核制度，树立企业形象，给予人才良好的竞争环境，实现人才利用最大化，促进企业积极发展。

对员工进行多能力培养，从对固定岗位的培训转化到对该专业领域的学习，在家具生产线上实现不同设备的作业人员灵活调换，达到最优人员配置，以此降低企业成本。

不能忽略JIT人才管理中的人才退出管理，良好的退出机制对企业的社会面貌有很大的支持作用，使家具企业获得良好的口碑，因此，在人才换代中不能不注重退出人才的管理策略。

6.2
设备管理与TPM

6.2.1 设备的磨损与维护

设备磨损是指设备在使用或闲置过程中由于物理、化学作用等，使设备不能维持其良好性能，继续使用已不能取得预期的技术效果和经济效益。

设备磨损类型可分为物质磨损和技术磨损。其中，物质磨损包括运转磨损和自然磨损。运转磨损是因机械力作用，零部件发生摩擦、震动和疲劳等现象，致使设备及零部件的实体产生磨损。自然磨损是因自然力作用，加上保养和管理不善，自然锈蚀，丧失精度和工作能力。机器零件磨损程度随时间变化表现出一定特性，如图6-8所示。

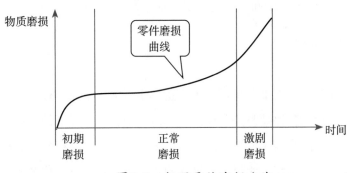

图6-8　机器零件磨损曲线

在使用过程中，设备不可避免地会产生不同程度的磨损，从而导致设备性能的下降，如速度减慢、精度降低等，这会影响生产效率和产品质量。还会使设备使用寿命缩短，增加维护和更换成本，以及能源消耗和运营成本。严重的设备磨损可能会导致设备停机或整条生产线停机，造成生产时间的浪费，延误交货期，甚至可能引发安全生产事故。

机器加工质量和使用寿命，除了与机器制造精度有关，在很大程度上还取决于使用过程中的维护和润滑情况。为了保证加工产品质量，提高设备利用率，延长使用寿命，防止损坏事故发生，对机器的安全操作和维护保养有相应的规章制度，并要求严格执行。

减少设备磨损，除了做到遵守设备使用规范、做好日常设备检查维护工作以外，还需要定期点检，对设备局部零件使用情况进行详细检查。设备的三级保养内容见表6-4。

表6-4　设备的三级保养

保养级别	保养时间	保养内容	保养人员	备注
日常维护保养	每天例行保养	班前班后认真检查，擦拭设备各个部件和注油，发生故障及时予以排除，并做好交接班记录	操作者	自主保全

续表

保养级别	保养时间	保养内容	保养人员	备注
一级保养	设备累计运转500h可进行一次，保养停机时间约8h	对设备进行局部解体，清洗检查及定期维护	操作者为主，维修工人辅助	自主保全
二级保养	设备累计运转2500h可进行一次，停修时间约32h	对设备进行部分解体、检查和局部修理、全面清洗的一种计划检修工作	维修工人为主，操作者参加	专业保全

对于家具企业来说，大部分机械加工设备都用于加工木质零件，应尤其注意对木工设备的维护保养，使设备保持整齐、清洁、润滑、安全，以保证使用性能。一般而言，其工作重点是润滑、防腐与防泄漏。润滑目的是有效地减少摩擦阻力和磨损，保护金属表面，使之不锈蚀、不损伤。跑风、冒气、滴水、漏油是设备劣化和故障的预警，因此要时刻关注设备泄漏情况。腐蚀会引起效率和使用寿命的降低，影响安全运行，甚至会造成设备事故。

连续稳定的生产是靠机械设备的正常运转来保持的，只有加强设备管理，正确操作使用、精心维护保养、适时进行设备状态监测，保持设备处于良好的技术状态，才能保证生产连续、稳定地运行。反之，如果忽视设备管理，放松维护、检查、修理，导致设备技术状态严重劣化、带病运转，必然故障频发，难以确保按时完成生产计划。

6.2.2 设备故障

设备故障是指设备失去或降低其规定功能的现象。表现为设备的某些零件失去原有精度或性能，使设备不能正常运行、技术性能降低，致使设备中断生产或效率降低而影响生产。根据严重程度可以分为机能停止型故障，即设备突发性停止故障和机能低下型故障，即虽然可以运转但是工程不良。

缺陷是引起设备故障、品质损失的原因，可以分为大缺陷：单独引起故障，品质损失的设备缺陷；中缺陷：两个或几个问题点相互作用，引起设备缺陷；微缺陷：对品质不良等有影响，将来可能会发展成大缺陷、中缺陷。因此，防止设备出现故障的关键是日常点检，防患于未然，及时发现并消除微缺陷。

所谓微缺陷，是指对结果影响极小、极易被管理者忽视的细小缺陷。例如：设备外壳变形、密封不严、小的跑冒和滴漏等现象。管理者往往会忽略微缺陷的危害，认为生产现场脏一点、乱一点，操作稍微有些违规也没有关系，只要能够完成生产任务，不出大事故就行了。这样一种错误的认识，危害十分严重。实际上，微缺陷积累起来就是大问题。

飞机涡轮机的发明者德国人帕布斯·海恩在航空界提出一个关于飞行安全的法则。帕布斯·海恩法则指出：每一起严重事故的背后，必然有29次轻微事故和300起未遂先兆及1000起事故隐患。当然，这种联系不仅表现在飞行领域，在其他领域也同样有着潜在的作用。

微缺陷可以发展为事故隐患，甚至成为巨大的灾害，如图6-9所示。企业管理者如果忽视了微缺陷，任由微缺陷累积和成长，那么微缺陷最终将完成量变到质变的转化，最后形成大的缺陷。这种大缺陷的表现形式可能是灾难性的，如死亡事故、火灾等。

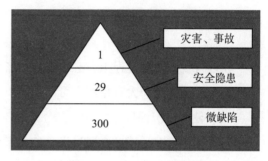

图6-9　微缺陷成长法则

从冰山理论（图6-10）可以看出，故障只是冰山一角，只是问题的一小部分。在可见故障下，还隐藏着众多潜在隐患或微缺陷，如污垢、废料、磨损、松弛、腐蚀、异常音、温度或浓度异常等。大量微缺陷的存在必然导致故障或事故的发生。因此，消除故障或事故的唯一办法是不断消除隐藏于水面下的微缺陷和小问题。当所有微缺陷和潜在缺陷都消除完毕时，故障也就无处藏身了。如果管理者平时对微缺陷视而不见或漠不关心，那么问题发生后试图采取高压政策消除故障的做法一定是徒劳的。因此，如果要消除大灾害，唯一办法就是减少和消除微缺陷，杜绝对微缺陷的忽视。

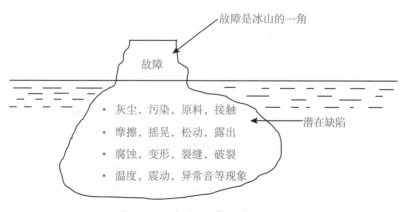

图6-10　消除故障的冰山理论

微缺陷思想认为无论怎么去除大缺陷，缺陷还是在扩大，因此要把潜在的缺陷控制在现状态，防止故障扩散。无论管理者对故障、事故或灾害本身多么深恶痛绝，只要微缺陷大量存在，那么故障、事故或灾害就一定无法避免。只有及时消除微缺陷，并使之不断趋于零的时候，故障、灾害才可以减少乃至消除。因此，了解微缺陷的消除机理，是灾害、事故零化的前提。

6.2.3 设备的主要衡量指标

在进行设备管理过程中，必须评价设备状态，了解设备管理实施情况和改进方向，这对于企业现场生产大有帮助。可以通过下列指标评价设备状态。

（1）使用情况评价

设备使用情况是否良好通过设备完好率体现，设备完好率是指完好的生产设备在全部生产设备中的比重，是反映企业设备技术状况和评价设备管理工作水平的一个重要指标，也是设备管理的基本依据。

（2）维修费用评价

企业评价设备维修费用时，有单位产品维修费、万元产值维修费、维修费用率等。其中单位产品维修费用是反映产品生产量与维修支出费用关系的指标。其优点是便于进行本企业历史对比，也可以进行同类企业相互评比。它们与设备完好程度指标结合起来运用，可以全面反映设备维修和管理工作的技术经济效果。

（3）使用效率评价

设备综合效率是Overall Equipment Effectiveness，简称OEE。一般来说，每一个生产设备都有自己的理论产能，要实现这一理论产能必须保证没有任何干扰和质量损耗。OEE就是用来表现实际生产能力相对于理论产能的比率，它是一个独立的测量工具。OEE由时间稼动率、性能稼动率以及良品率三个关键要素组成：

$$OEE = 时间稼动率 \times 性能稼动率 \times 良品率$$

时间稼动率是指相对于生产时间（负荷时间），实际生产物品的时间（稼动时间）所占的比率，是以机器设备的稼动时间除以最大负荷时间而得，即：

$$时间稼动率 = \frac{负荷时间 - 停机时间}{负荷时间}$$

稼动时间是指负荷时间减去换模、换刀具、故障、调整等停机的时间。因此，要提高稼动率，就必须减少换模具、换刀具、故障、调整的损失时间。如果能将这些损失时间减为零，那么稼动率就可以达到百分之百。性能稼动率和良品率计算方法如下：

$$性能稼动率 = \frac{理论节拍时间 \times 投入数量}{稼动时间}$$

$$良品率 = \frac{加工数量 - 不良数量}{加工数量}$$

（4）设备信赖性评价

平均无故障时间就是指在规定的条件下和规定的时间，产品的寿命单位总数与故障总数之比。或者说，平均无故障工作时间是可修复产品在相邻两次故障之间工作时间的数学期望值，即在每两次相邻故障之间的工作时间的平均值，它相当于产品的工作时间与这段时间内产品故障数之比。

（5）维修技能评价

平均故障修复时间是指设备出现故障后到恢复正常工作时平均所需要的时间,是排除故障所需实际维修时间的平均值，用MTTR表示。

评价设备状态要做好以下工作：计算生产性能指标、计算维护保养指标、计算设备故障指标以及记录设备保养情况。评价设备性能的目的是确保设备在良好状态下运行，以延长设备的使用寿命；减少非增值活动的时间，提高生产效率；在保证保养质量的前提下，降低保养成本，加强全方位的设备管理，减少因设备故障造成的停产损失。

6.2.4　TPM

全员生产维护（Total productive maintenance，简称TPM），是指全体员工通过小组活动进行生产维护，其目的是延长生产时间，以充分利用各种资源。TPM的目标是依靠人和设备的体制改善达到企业体制的改善。

TPM有五大要素：一是致力于设备综合效率最大化的目标；二是给设备建立彻底的预防维修体制；三是由各个部门共同推行；四是涉及每位员工，从最高管理者到现场工人；五是通过动机管理，即自主的小组活动来推进。

TPM的实现离不开"两大基石"和"八大支柱"。"两大基石"指彻底的5S活动和岗位重复小集团活动。八大支柱如下：

（1）建立自主保养体制

"自己的设备自己保养"，所以自主保养活动是以运转部门为中心，通过操作人员自己维持和改善（自己的设备和工程），从而实现和维持设备的最佳状态。自主保养的七个步骤如图6-11所示。自主保养的中心是防止设备的劣化。只有运转部门承担了"防止劣化的活动"，保养部门才能发挥其所承担的专职保养手段的真正威力，使设备得到真正有效的保养。努力发挥操作人员的作用，培养对应能力极强的设备操作人员，才能创造能够发现异常并能够解决异常的工作现场。

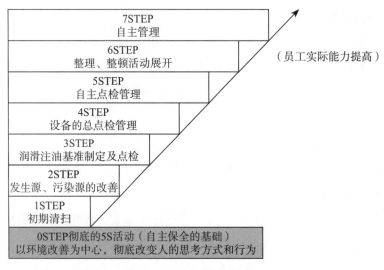

图6-11　自主保养七步骤

（2）建立保养部门的计划保养机制

在运转部门自主保养的基础上，设备保养部门就能够有计划地对设备的劣化进行复原以及改善保养。

（3）个别改善

为追求设备效率化的极限，最大程度发挥设备的性能和机能，就要消除影响设备效率化的损耗，把消除引起设备综合效率下降的六大损耗（图6-12）的具体活动称为个别改善。

（4）建立设备初期管理机制

为了适应生产发展，必定有新设备的不断投入，于是要形成一种机制，能按少维修、免维修思想设计出符合生产要求的设备，按性能、价格、工艺等要求对设备进行最优化规划、布置，并使设备的操作和维修人员具有和新设备相适应的能力。总之，要使新设备一投入使用就达到最佳状态。

（5）建立品质保养体制

为了保持产品的所有品质特性处于最佳状态，要对与质量有关的人员、设备、材料、方法、信息等进行管理，对废品、次品和质量缺陷的发生防患于未然，从结果管理

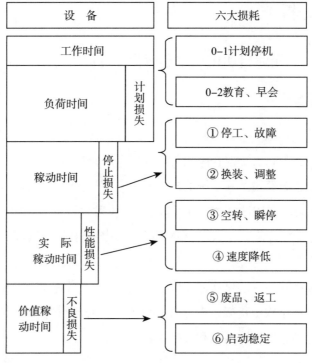

图6-12　设备综合效率六大损耗

变为要因管理，使生产处于良好的受控状态。

（6）提高操作及保养的技能训练

不论是作业还是保养部门，仅有良好的愿望还难以把事情做好，因此，必须加强技能训练和提高。培训和教育训练不仅是培训部门的事，也是每个部门的职责，并且应成为每个职工的自觉行动。

（7）建立管理间接部门的效率化体制

管理间接部门的效率化主要体现在两个方面：有力支持生产部门开展TPM及其他的生产活动，同时，应不断有效地提高本部门的工作效率和工作成果。

（8）建立安全、卫生的管理体制

要有一套有效的管理体制来确保"安全第一"的意识。对卫生、环境也一样，在不断提高意识的同时，要建立起一种机制来确保环境的不断改善。

6.2.5 案例分析

6.2.5.1 家具企业自动化立体仓库管控过程与方法

> 立体仓库组成与布局

（1）立体仓库的组成

立体仓库又被称为高层货架仓库或自动存取仓库，是涵盖存放、分发、输送、管理等多种功能的新型仓储模式。其系统的构成元素主要包括硬件系统、软件系统以及网络系统，如图6-13所示。应用过程中，能够利用无线射频以及自动引导小车等先进的自动化技术，实现企业的原料、半成品以及成品从入库到出库全过程的自动化。

本案例结合企业实际情况，从自动化和智能化管理程度进行分析，主要由四个部分组成，分别是总控制器、自动化立体仓库、智能输送系统和自动化成品装箱码垛系统，如图6-14所示。具体结构由货架、堆垛机、AGV（Automated Guided Vehicle）机器人、工业机器人、传送带、辊筒输送机和总控制器组成。

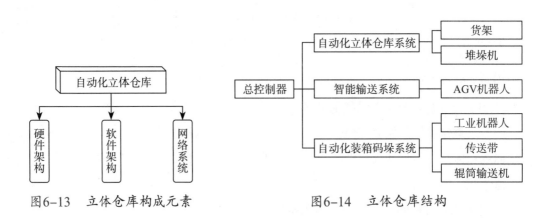

图6-13　立体仓库构成元素　　　图6-14　立体仓库结构

自动化立体仓库系统由货架和堆垛机组成，码垛机是自动化立体仓库系统的核心，主要完成货物的存取作业；智能输送系统由AGV机器人组成，主要用来完成运送货物的作业，是自动化装箱码垛系统和自动化立体仓库系统的桥梁；自动化装箱码垛系统由工业机器人、辊筒输送机和传送带组成，工业机器人完成搬运和码垛两项目作业，辊筒输送机和传送带负责货物以及垫仓板的运送和货物的位置检测。每个系统中每个设备完成各自设定的作业，以此构成完整的自动化仓储系统。

同时，在进行自动化立体仓库的总体结构设计时，应该综合考虑很多因素，其中主要是货物的特性、出入库的频率等。由于本案例所要存储的主要为块状固态货物，其体积大，较重，为了能够最大限度地提高空间利用率，采用了高层货架来存放货物，并且采用堆垛机对货物进行存取，实现货物仓储的全自动化以及提高货物运输的效率，从而提高整个系统的工作效率。

（2）立体仓库系统解读

①总控制器。目前立体仓库的控制系统常用PLC控制系统。PLC控制系统可靠性高、使用寿命长以及抗干扰能力强，在制造业环境相对恶劣的情况下依旧可以保证正常运行，而且维修方便，性能稳定。所以集这些优点于一身的PLC运用在各行各业，特别是在制造业和电气工程方面运用非常广泛，是现代工业自动控制极为重要的设备之一。基于此，本案例采用PLC作为总控制器。

②自动化立体仓库系统。本案例中，自动化立体仓库的机械结构设计主要由立柱、堆垛机、货架及横梁等部分组成，堆垛机通过辊轮和导轨实现水平行走。通过链条和链轮对货物进行垂直方向的升降。货架是立体仓库系统中的物料的最终存储位置，依据货架结构和应用情况可分为单元货架式立体仓库、贯通式立体仓库、循环式立体仓库等，如图6-15所示。本案例采用贯通式立体货架。

（a）单元货架式立体仓库　　（b）贯通式立体仓库　　（c）垂直循环　　（d）水平循环式立体仓库
　　　　　　　　　　　　　　　　　　　　　　　　　式立体仓库

图6-15　立体仓库类型

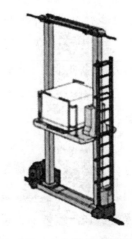

自动化立体仓库的动力核心设备是堆垛机，是实现货物搬运作业的机构。堆垛机的设计要依据货物的特性以及存取货物的频率。以喜临门为例进行设计，该企业以床垫、软床等成品家具出口为主，产品体积较大，较重，且货架高度高，所以采用双立柱结构的堆垛机，如图6-16所示。双立柱堆垛机的特点是载货台安装在两个立柱上，其中一个立柱可以带着载货台实现水平移动，另一个立柱负责载货台升降运动。双立柱堆垛机的机构可以使其完成高负载和高位的货架作业。

图6-16　双立柱结构堆垛机

③智能输送系统。智能输送系统以AGV（Automated Guided Vehicle）为主，AGV即自动导引运输车，是指装备有电磁或光学等自动导引装置，如图6-17所示。AGV在整个自动化立体仓储系统中，主要负责货物的运送，是衔接货物

图6-17　AGV

装箱码垛系统和自动化立体仓库系统的过渡装置，在整个系统中占据非常重要的位置。AGV机器人的导航定位技术是决定该机器人运送货物效率高低的关键。根据喜临门仓库中货物运送的距离不远，可以采用较为稳定且成本较低的磁条引导导航技术。磁条引导的工作原理是在路面上铺设磁条，AGV机器人通过磁条的引导方向进行货物的运送。磁条引导的优点是现场施工简单，成本低，而且磁条导航的磁条可以重复利用。其缺点是磁条容易受损，并且稳定性较差，从而使机器人发生故障等。

④自动化成品装箱码垛系统。

a. 辊筒输送机：电动辊筒输送机，如图6-18所示，是在当今输送行业中应用较为广泛的输送设备之一。主要由动力装置、支撑装置等部分组成。其中每根电动辊筒都是动力源，通过对电源的控制，可实现启、停操作。当接通电源时，驱动辊筒旋转，进而达到输送物料的要求，并且在切断电源时，能通过电动辊筒刹车将旋转的辊筒抱死，从而克服物料随着辊筒旋转继续向前运动的可能。电动辊筒输送机不仅能用于箱、包等物件的输送，还能够输送很重的物料，并且能够承受较大的冲击载荷。辊筒输送机结构简单，安装方便；能够适应多种复杂、恶劣的环境安装；筒体具有较强的韧性，且具有耐高温的特点；工作过程几乎没有阻力；维修方便且保养费用低；可以多点进料，也可以多点出料；可以运送多种规格的物料，且不会出现卡死的现象。

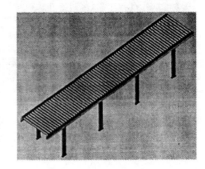

图6-18　辊筒输送机

b. 工业机器人：为了保证整个系统的自动化出货程度，装有货物的载货箱体在小车运送到搬运点时，采用搬运机器人来完成货物搬运作业。搬运机器人将货物搬运到运输带上，再运输到出货地点。搬运机器人结构如图6-19所示。搬运机器人部分的工作原理：

图6-19　搬运机器人

在货物已经装箱完毕后，装有货物的载货箱体通过辊筒输送线到达搬运机器人的正面，搬运工业机器人把装有货物的载货箱放到运输带上，运输装车，完成后续出库作业。搬运机器人采用专用吸盘，安装于工业机器人头部。

图6-20　龙门机器人

在喜临门出口立体仓库中还应用了龙门机器人搬运货物。龙门机器人一个机器就可以完成一定范围内的搬运作业，如图6-20所示。而机械臂作业距离短，往往需要和传送带或辊筒输送机组合使用，所以相比机械臂成本更低，作业距离远，且路线更加灵活。龙门机器人不占用地面空间，进一步提高了空间利用率。

（3）立体仓库布局

以喜临门立体仓库为例，该立体仓库采用通道式仓库布局，如图6-21所示。该布局将出库、入库分开作业，结构简单，路线清晰，有利于物件流的流转和信息管控与集成。但同时也存在占地面积大、平面利用率低的问题。

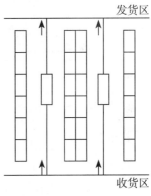

图6-21　通道式仓库布局

立体仓库管控过程与方法

（1）立体仓库出入库过程

该案例中的立体仓库入库、出库流程如图6-22和图6-23所示。

本案例中，自动化立体仓库的工作方式为：入库作业，堆垛机接受入库指令，将货物放置在载货台上，然后随载货台移动到指定货位。货物准确入库后，堆垛机回到起始位置等待下次作业。出库作业，接收到上位机发出的指令堆垛机开始作业，从起始位置移动到指定货位，取出货物，最后返回取货区，等待取货。

（2）立体仓库管控方法

结合喜临门企业的实际情况，根据物品的在库状态，管理过程如图6-24所示。分为货品的入库管理、在库管理和出库管理三部分。实施过程中又可分为软件管理、设备管理和操作人员管理。

①软件管理。本案例中，通过企业构建的仓储管理系统（WMS，Warehouse Management System），采用无线射频技术（RFID，Radio Frequency Identification），通过互联网实现

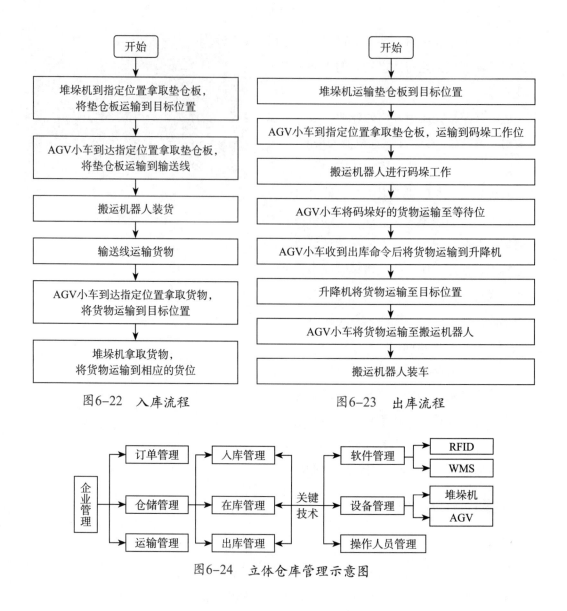

图6-22 入库流程

图6-23 出库流程

图6-24 立体仓库管理示意图

企业各个环节信息集成与共享，实现仓库货物的在线及时管控。

②设备管理。本案例中，设备管理包括堆垛机货位优化、自动引导小车路径优化、设备日常维护等方面，有效缩短仓储货品出入库的距离，合理安排货位，提高库位利用率。通过遗传算法计算出AGV的最佳运行路线，保证AGV能够以最短的路线将货品运输到指定地点，缩短货品流通时间。通过完善的管理与日常维护，保证立体仓库的系统与设备高效运行。

③人员管理。传统仓储模式对工人的体力要求较高，对技能要求较低。本案例中，企业通过邀请专业人士对公司的操作人员进行定期培训，全面掌握自动化设备使用技

能，达到立体仓库信息化管控需要。

案例总结

自动化立体仓库将仓储系统与信息化管理连接起来，对仓库的信息和运行管理进行直接观察和监测，能够简化仓储管理，减少人力投入，提高工作效率与准确性，是企业信息化的必然趋势。

喜临门立体仓库中应用了高层货架、双立柱码垛机和龙门机器人，在灵活存取货物的同时，大大提高了空间利用率；码垛机、龙门机器人和AGV小车的应用，大大减少了人力，提高了搬运效率、工作效率和作业的准确性。

本案例所描述的自动化仓储系统，重点对立体仓库的结构、出入库流程和管控过程与方法进行了分析，由于该立体仓库处在使用阶段，对于堆垛机运行效率、立体化仓库货架、自动化装箱码垛系统和智能输送系统的连接同步率等还需要准确的数据进行计算和分析。

6.2.5.2 沙发车缝工段工艺技术与设备应用分析

案例背景

山东省宜华家具有限公司主要以出口软包沙发为主营业务，工厂的生产线分为四大部分，包括存储车间、缝纫车间、木架车间、组装车间。

宜华家具公司的软包沙发类型有两种，所以缝纫车间主要有两条主线，一种是布艺沙发（图6-25），另一种是皮质沙发（图6-26）。下面分别从这两条主线介绍宜华家具公司的工艺流程。

图6-25　布艺沙发

图6-26　皮质沙发

沙发外套工艺技术

（1）布艺沙发外套工艺技术

布艺沙发外套选用布料的种类主要有两种：普通布料和防火布料。一般情况下，如果客户没有特殊要求都会使用普通布料。

布艺沙发外套制作工艺（图6-27）中的要点如下：

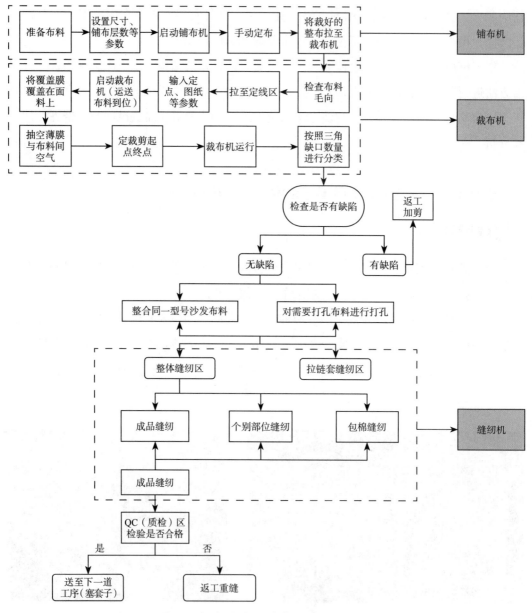

图6-27　布艺沙发外套制作工艺流程

①不同布料厚度不同，在使用铺布机时每次铺设的层数和裁剪时的速度应当随之做出改变。一般较厚布料裁剪时速度设置相对较慢，铺设层数一般为20～30层，较薄布料裁剪速度设置可相应进行提高，铺设层数一般可达到60～70层。裁布机在速度与铺布层数上与之同理。

②在铺布时，需要在长度设置上留有大致5～6cm的余量。裁布机在定点时与之同理。

③有些布料表面材质相同，内衬有所差异，有内衬的布料相对较厚，一般用于沙发对舒适度要求较高的部位，例如座面、靠背等与人体直接接触的部位。较薄面料用于沙发后部和侧面不与人体直接接触的部位。

④裁剪缺口：一个缺口——沙发座面部位，两个缺口——沙发靠背部位，三个缺口——沙发扶手部位，这样可以方便与定位缝纫的位置。

皮质沙发外套制作工艺流程如图6-28所示。

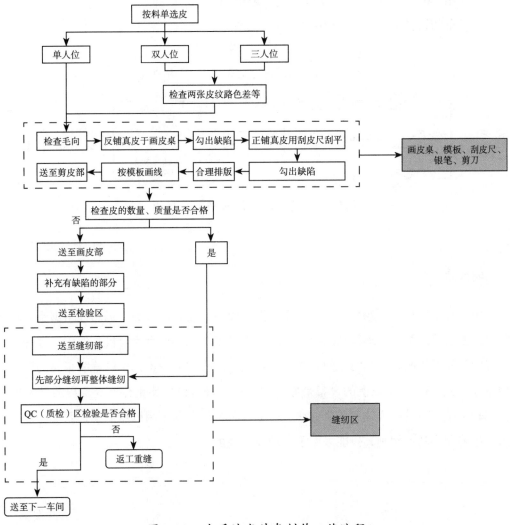

图6-28　皮质沙发外套制作工艺流程

（2）皮质沙发外套工艺技术

皮质沙发外套制作工艺（图6-28）中的要点如下：

①一般一人位沙发用一张真皮，两人位沙发用到一张半真皮。

②真皮的缺陷一般包括：疤痕、龟背纹、雪筋、钢印等。

③将真皮刮平可以便于检查不易发现的缺陷，以及排版时由于牛皮的弹性而造成的误差。

④排版时的顺序应该遵循先大版后小版，对称版型需要排在相邻位置。

⑤牛头处皮质最粗糙，一般用在与人体接触少的位置，牛背部皮质最细腻，用于与人体接触最频繁的部位。

⑥缝纫机有大致两种：平车和压线机。不同材质沙发用到的缝纫针也不同，布艺沙发一般采用160号针，皮质沙发套较厚，一般使用180号针。

缝纫车间设备平面布置如图6-29所示，分7个区。

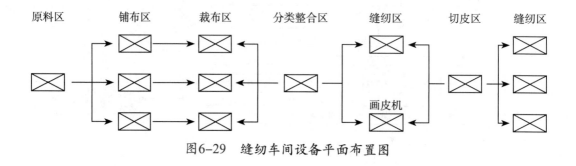

图6-29　缝纫车间设备平面布置图

案例总结

山东宜华家具工厂2013年才开始正式投入使用，在工人方面，仍然处于供不应求的阶段，尤其是对技能要求很高的缝纫工人；工厂车间也并没有完全投入使用，这种现象在缝纫车间尤为明显。缝纫车间是沙发整体制作流程的第一步，目前缝纫车间的设备利用率还不到1/3，一半以上的设备是原厂旧设备，进口设备比重也不高。皮质沙发的制作相较于布艺沙发来说效率要低。在裁剪上，布艺沙发套采用机器裁剪，而皮质沙发套由于缺陷和形状不规则，只能采用手工划线和裁剪。

6.3

质量管理

6.3.1 质量管理的内涵

　　质量是指产品、过程或服务满足规定、潜在要求（或需要）特征和特性的总和。包括产品本身质量、工作（服务）质量及过程（工序）质量。产品质量的主要特征又称为产品的适用性，适用性是产品和服务满足顾客需求的程度，包括性能、附加功能、可靠性、一致性、耐久性、维护性、价值、响应速度、感觉性、美学性、安全性、人性、资格等诸多因素。

　　质量形成关系可以用质量关系链展示，如图6-30所示。产品质量反映过程质量，反之，过程质量又决定产品质量；同时产品质量又通过工作质量展现并体现工作质量；而过程质量又受工作质量的影响并反映工作质量。可见产品质量、过程质量和工作质量三者相互影响、相互制约。与此同时，工作质量又受职工素质的影响；而职工素质又与培训和制度两方面因素有关。综上，产品质量受过程质量与工作质量影响，工作质量又取决于职工素质因素、培训以及制度。

　　同时，设计质量同样是产品质量的重要决定因素。因为设计阶段是达到最终质量水平的起点。最终设计必须把顾客要求、生产和服务的能力、安全性和可靠性、成本以及其他类似因素考虑在内。一个好的设计需要保证质量符合设计的程度、便于使用以及有着售后服务等诸多方面。

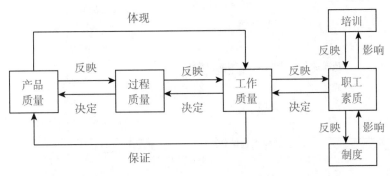

图6-30　质量形成关系图

若企业无法保证产品质量，则会产生诸多不良影响，如公司亏损、产品质量责任、生产率下降、成本提高（内部损失成本、外部损失成本、投入鉴定成本、投入预防成本）等。其中，因产品质量不良而造成的企业损失成本可分为直接成本和间接成本。直接成本包括：预防和鉴定成本、内部经济损失、外部经济损失；间接成本包括：产品信任度下降、渠道信任度下降以及其他机会成本。因此，企业为保证产品质量则需要进行质量管理。质量管理最初在传统质量检验阶段时主要管理小批量生产，以结果控制为主；之后发展为统计质量控制阶段，此时的生产模式主要为大批量生产，以过程控制为主；当下质量管理经过不断发展进入全面质量管理阶段，面向当下多品种精益生产，以系统控制为主的生产模式。

在进行质量管理时，首先应制定质量方针和目标，包括制定方针指南，目标是预期成果等；之后建立质量体系，即对组织、持续、过程和资源的整合；建立质量体系后需要开展质量控制和质量保证活动，其中质量控制是为满足质量要求所采取的作业技术和活动，质量保证是企业在质量方面为用户提供的担保；最后，还需要持续的质量改进，为提高和改善活动和过程的质量的各种活动。

6.3.2 全面质量管理

全面质量管理是指企业全体员工和各部门参与，综合运用现代科学和管理技术，控制影响质量形成的全过程，以经济的手段研制、生产和提供用户满意的产品和服务为目的的系统管理活动。其基本思想：为用户服务，以预防为主，用数据说话。

全面质量管理的主要内容可以用"质量环"关系表示，如图6-31所示。包括市场调研、开发、设计或规范编制、采购、工艺策划和开发、生产制造、检验、试验和检查、包装和贮存、配送和销售、顾客使用、技术服务与维修、用后处理等因素，围绕顾客、

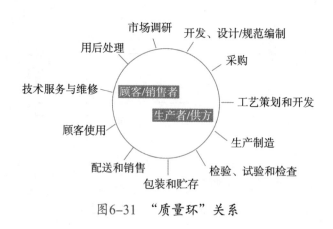

图6-31 "质量环"关系

销售者与生产者、供方展开。

全面质量管理主要有以下七个特征：

①一切以用户为中心。

②全方位的质量管理。

③全过程的质量管理。

④全员参加的质量管理。

⑤全社会推动的质量管理。

⑥持续改进的质量管理。

⑦新文化、新组织的质量管理。

进行全面质量管理的基本方法为PDCA循环，PDCA循环的基本模型如图6-32所示。在质量管理活动中，要求把各项工作按照做出计划、计划实施、检查实施效果，然后将成功的纳入标准，不成功的留待下一循环去解决。这一工作方法是质量管理的基本方法，也是企业管理各项工作的一般规律。

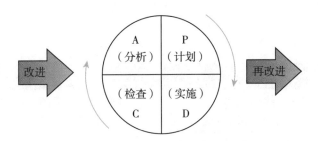

图6-32 PDCA循环基本模型

PDCA循环有两种循环特点，分别为：大环套小环、小环保大环、推动大循环；不断前进、不断提高。

PDCA循环特点一：大环带小环，如图6-33所示。PDCA循环作为质量管理的基本方法，不仅适用于整个工程项目，也适应于整个企业和企业内的科室、工段、班组甚至个人。各级部门根据企业的方针目标，都有自己的PDCA循环，层层循环，形成大环套小环，小环里面又套更小的环。大环是小环的母体和依据，小环是大环的分解和保证。各级部门的小环都围绕着企业的总目标朝着同一方向转动。通过循环把企业上下或工程项目的各项工作有机地联系起来，彼此协同，互相促进。

PDCA循环特点二：阶梯式上升，如图6-34所示。PDCA循环就像爬楼梯一样，一个循环运转结束，生产的质量就会提高一步，然后再制定下一个循环，再运转、再提高，不断前进，不断提高。

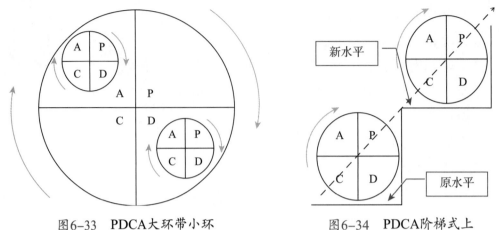

图6-33　PDCA大环带小环　　　　　图6-34　PDCA阶梯式上

PDCA循环具体的步骤和方法见表6-5。其中，P阶段可分为三个步骤进行，首先通过分析现状找出问题，之后分析问题中的影响因素找出主要因素，最后针对主要影响因素制定措施计划；D阶段则开始实施计划；C阶段检查计划实施情况；最后A阶段进行总结以及标准制定，并进入下一个PDCA循环。

表6-5　PDCA循环步骤和方法

阶段	步骤	主要方法
P	（1）分析现状，找出问题	排列图、直方图、控制图
	（2）分析影响因素，找出主要因素	散布图、因果分析图
	（3）针对主要因素，制定措施计划	"5W1H"：为什么制定该措施（Why）？达到什么目的（What）?在何处实施（Where）? 谁负责完成（Who）?如何完成（How）?何时完成（When）?
D	（4）实施计划	
C	（5）检查计划实施结果	排列图、直方图、控制图
A	（6）总结成功经验，制定相应标准	制定或修改工作规程及相关制度
	（7）把未解决或新出现的问题转入下一个PDCA循环	

6.3.3 质量管理统计方法

在质量管理过程中，需要有目的地收集有关质量数据，并对数据进行归纳、整理、加工、分析，从中获得有关产品质量或生产状态的信息，从而发现产品存在的质量问题以及产生问题的原因，以便对产品的设计、工艺进行改进，以保证和提高产品质量。

质量管理的基础是统计数据，首先要明确收集数据的目的，质量管理过程中收集数据是为了得到产品质量和生产状态的相关信息，因此，数据是指与产品或在制品质量有关，能够反映质量特性的数据，且收集的数据必须准确可靠。数据按使用目的可分为结果系统的数据和原因系统的数据；按数据特性可分为计量值数据（带小数点连续性数据）和计数值数据（非连续性，非负整数）。收集数据的方法有单纯随机抽样；分层随机抽样和整群随机抽样。

质量管理常用的数据统计方法有抽样检验以及质量统计分析的工具，如统计分析表、直方图、排列图、控制图、趋势图、散布图、因果分析图等。下面介绍质量管理常用的数据统计方法。

（1）抽样检验

抽样检验又称抽样检查，是从一批产品中随机抽取少量产品（样本）进行检验，得以判断该批产品是否合格的统计方法和理论。抽样检验的方法有以下三种：简单随机抽样、系统抽样和分层抽样。随机抽样指总体中每一个个体都有同等可能的机会被抽到。这种抽样方法事先不能考虑抽取哪一个样品，完全用偶然方法抽样，常用抽签或利用随机数表来抽取样品以保证样品代表性。分层抽样是先将总体按照研究内容密切相关的主要因素分类或分层，然后在各层中按照随机原则抽取样本。分层抽样的特点是可以减少层内差异，增加样本的代表性。系统抽样是指每隔一定时间或一定编号进行，而每一次又是从一定时间间隔内生产出的产品或一段编号产品中任意抽取一个或几个样本的方法。这种方法主要用于无法知道总体的确切数量的场合，如每个班的确切产量，多见于流水生产线的产品抽样。

（2）因果分析图

因果分析图法又称鱼刺图、树枝图，是一种逐步深入研究寻找影响产品质量原因的方法。由于在实际工程管理过程中，产生质量问题的原因是多方面的，而每一种原因的作用又不同，往往需要在考虑综合因素时，按照从大到小、从粗到细的方法，逐步找到产生问题的根源。

（3）排列图

排列图法就是将影响工程质量的各种因素，按照出现的频次，从大到小的顺序排列在横坐标上，在纵坐标上标出因素出现的累积频数，并画出对应的变化曲线的分析方法。

（4）直方图

直方图法把收集的数据整理后分成若干组，画出以组距为底边、以频数为高度的许多个直方形连起来的矩形图。通过图形观察产品质量分布的现状和变动趋势，判断和预测工序质量好坏和发展规律，并可估算出工序的不合格品来。直方图的目的是通过观察图的形状及其分布，判断生产过程的质量状况。

（5）控制图

控制图是用于分析和判断过程是否处于稳定状态所使用的带有控制界限的图，是具有区分正常波动和异常波动的功能图表，是现场质量管理中重要的统计工具。

（6）散布图

散布图法又称相关图法，是一种简易的相关分析法。利用统计图的形式，并借助于简易的计算方法，来分析影响因素和质量特性之间、两种质量特性之间、两种影响因素之间有无关系及其关系的密切程度。

（7）统计分析表

统计分析表方法也叫质量调查表方法，它最早是由美国的菲根堡姆先生提出的，是在全面质量管理中利用统计图表来收集、统计数据，进行数据整理并对影响产品质量的原因作粗略的分析。调查表中所利用的统计表格是一种为了便于收集和整理数据而自行设计的空白表。在调查产品质量时，只需在相应的栏目内填入数据和记号。

6.3.4 质量控制：统计质量控制方法原理

统计质量控制法（Statistical Quality Control，简称SQC）是指应用数理统计学原理进行产品质量控制的一种科学方法。其基本原理是以最少的费用和劳动，搜集必要而少量的抽样数据，从这些数据中获得所需要的信息，分析与判断产品的质量，并设法消除影响质量降低的各种因素，使生产经常处于稳定状态。只有处于稳定状态下的工业生产，其产品质量才服从统计分布规律，这是应用统计质量控制法的前提。

统计质量控制的方法包括以下几种：

（1）图形图表法

将数据以图形或图表的方式表现出来，可以清晰地表达产品质量参数的变化情况，这是SQC中最常用的方法之一。

（2）统计分析法

利用统计学方法，检验样本数据的规律性（图6-35），进行有效的统计控制，以确保产品的质量。

（3）管理信息系统

用计算机技术将统计质量控制的基本方法实现自动化，以实时监控产品和服务质

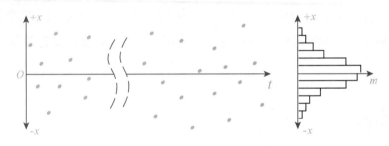

图6-35　抽样数据的一般表现形式

量，有效控制质量。

SQC的基本步骤包括：定义质量参数、采样、测量参数、分析统计结果、记录质量检验结果、识别质量参数的变化趋势、确定质量关键控制点、确定质量控制的技术措施、监控质量参数的变化情况、评估和调整质量控制措施。

①定义质量参数。定义质量参数是SQC的基础，一般而言，以客户的使用需求为中心进行测量，选择与产品性能密切相关的参数。

②采样。需要选择合适的抽样方法从生产的产品中抽取适量的样品进行测量。

③测量参数。根据选取的参数，要准确、精确地测量参数，测量结果可以是定量数据或定性数据，测量结果得出的数据可以作为SQC的数据源。

④统计分析。通过检验样本数据的规律性，分析参数的统计量，发现质量参数的变化规律，从而实施有效的统计控制。

⑤记录质量检验结果。记录测量和统计分析的结果，以便以后查询、归档和统计分析，能够更有效地控制产品质量。

⑥识别质量参数的变化趋势。根据参数的变化情况，可以识别质量参数的变化趋势，以便于管理者根据不同情况采取相应的措施，进行控制及改进。

⑦确定质量关键控制点。指能够控制质量最重要、影响质量最大的测量参数，需要对这些参数加以特别的关注。

⑧确定质量控制措施。确定质量控制措施，是针对特定的参数或参数的变化趋势，对参数进行控制，以确保产品质量，满足客户要求。

⑨监控质量参数的变化情况。实施质量控制措施后，要定期检测参数的变化情况，观察参数是否符合质量控制的要求，以作出客观的判断。

⑩评估和调整质量控制措施。最后，对质量控制措施进行评估，根据实际情况调整质量控制措施，以便更有效地控制产品质量。

综上所述，统计质量控制的方法和步骤可以帮助企业更好地控制产品质量，从而提高客户满意度，提升企业的竞争力。当然，SQC不能解决所有质量问题，还需要结合企业实际情况，合理安排质量控制计划，实施有效的质量管理，以期提高企业的效率和绩效。

6.3.5 案例分析

6.3.5.1 基于统计过程控制的家具封边质量管控方法研究

案例背景

封边质量的好坏直接影响到家具质量的优良，优化生产步骤是提高封边生产质量的重要部分。但是封边生产时影响因素多，不合格产品产生的原因分析过程复杂，封边质量日常质检中存在反复占用劳动力等情况。对此已有研究者对封边质量的影响因素进行了研究，发现SPC（统计过程控制）质量管控方法可有效提高产品生产质量，现今SPC质量管控方法已在不同领域中被成功应用，但是在家具质量管控中的研究较少。

SPC（statistical process control）即统计过程控制，使用收集、计算、分析和改进的手段对生产过程当前和将来的状态做出预测，从而了解制造过程的最佳范围，并区分控制范围的异常及正常规律，以便对影响生产过程的因素进行改进、分析影响产品尺寸的过程参数值、分析生产过程中需要调整的参数是否需要改进。休哈特提出如果产品质量分布在中心值 $\pm 3\sigma$（99.73%）中则对产品的质量完全有把握，其余0.27%被认为是小概率事件，这时可以认定控制住了产品的质量。从以上的质量正态分布理论的基础上建立的过程图为最常见的控制图类型，也被称为"3σ原理"，以及进一步发展出的"6σ（六西格玛）"质量管理方法均成功运用在多个行业领域中。

选取合适的控制图对生产质量的提高至关重要，现今已经有多种类型的控制图应用于不同的生产实践中，例如对小幅度的变量更为敏感的EWMA控制图可以作为常规控制图的补充，可对多品种小批量进行监控的T-K控制图。在使用控制图对生产过程的进行判定后，假设过程处于稳定状态，过程中的各个测量值服从正态分布，设计目标值位于规范的中心且测量的变差相对较小。这时使用工序能力指数对生产过程能力进行判定，即Cpk值。Cpk值描述过程本身的能力，即判断过程的能力，只有在过程能力是稳定的状态下，过程能力的评价才是有意义的。

过程与方法

对封边工艺应用SPC方法进行质量改善，需要分析工艺流程、确定关键工艺参数

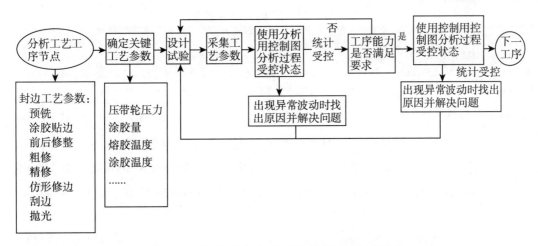

图6-36　封边剥离力过程统计质量控制流程

等前期准备，还需对整体试验进行设计，将采集的工艺参数使用SPC控制图及Cpk图进行分析，确定该工艺水平的高低及该生产流程是否处于可控状态下。具体改善流程如图6-36所示。

（1）板式家具封边工艺流程分析

封边生产过程包含多道工序。针对封边剥离力质量进行控制时，需对封边工艺过程进行分析，找出针对性的关键工序节点进行改善。这些工序节点对封边剥离力质量最终的外观特征、质量可靠性具有重要影响。全自动封边机生产工艺流程如图6-37所示。

| 板件进料输送 | 预铣 | 涂胶压贴 | 前后截断 | 粗修精修 | 刮边 | 抛光 |

图6-37　全自动封边机生产工艺流程

选取全自动封边设备生产的18mm封边板件（封边带厚度12mm）进行测试，在试验数据分析后对生产过程中可能造成的不合格因素进行分析，找出失控原因。

（2）均值-极差（$\bar{x}$-R）控制图分析

根据质量检验的抽样原则，每天抽取5个板件，连续抽取25天，每组包含5个板件进行测试并记录数据（每个板件抽取间隔为30min）。板件测试时均在生产后静置24h，以保证板件封边性能的稳定性。对总共抽取的125个收据进行处理，数据样本见表6-6（测试方法均使用万能电子试验仪对封边板件以100mm/min剥离100mm，取平均剥离力）。

表6-6　封边剥离力样本数据

样品	试验组（剥离力/N）																								
	X_1	X_2	X_3	X_4	X_5	X_6	X_7	X_8	X_9	X_{10}	X_{11}	X_{12}	X_{13}	X_{14}	X_{15}	X_{16}	X_{17}	X_{18}	X_{19}	X_{20}	X_{21}	X_{22}	X_{23}	X_{24}	X_{25}
1	96	100	117	79	78	90	85	91	65	77	108	81	83	63	86	90	94	105	62	109	54	114	70	95	100
2	89	109	74	59	71	106	115	142	111	84	124	103	98	115	131	86	80	101	86	83	59	91	81	128	104
3	115	133	139	118	71	93	116	193	89	108	99	83	44	83	88	143	119	106	56	71	64	67	79	70	111
4	86	81	59	102	36	41	82	137	105	76	87	135	143	79	95	211	128	86	100	108	104	141	87	116	109
5	102	87	68	80	62	70	95	109	104	94	110	104	106	88	105	113	94	126	75	82	116	74	74	96	63

　　选用计量型控制图$\bar{x}$–R控制图，它适用于产品的长度、宽度、重量等可进行量化的产品特性，这样可以缩短响应时间，提高改进效率。再对收集完成的数据筛选，整理后建立控制图的控制限，计算方法如下：

$$\bar{x}\text{控制图}\begin{cases} UCL_{\bar{x}} = \bar{\bar{x}} + A_2\bar{R} \\ CL_{\bar{x}} = \bar{\bar{x}} \\ LCL_{\bar{x}} = \bar{\bar{x}} - A_2\bar{R} \end{cases} \tag{6-1}$$

$$\bar{R}\text{控制图}\begin{cases} UCL_R = D_4\bar{R} \\ CL_R = \bar{R} \\ LCL_R = D_3\bar{R} \end{cases} \tag{6-2}$$

$$\text{控制限}\begin{cases} \bar{\bar{x}} = \dfrac{1}{k}\sum_{i=1}^{k}\bar{x}_i \\ \bar{R} = \dfrac{1}{k}\sum_{i=1}^{k}R_i \end{cases} \tag{6-3}$$

式中　　　　　　　　$\bar{x}$ —— 子样均值；

　　　　　　　　　　$\bar{R}$ —— 极差均值；

　　　　　　　　　　$\bar{\bar{x}}$ —— 总均值；

　　　　$UCL_{\bar{x}}$，$CL_{\bar{x}}$，$LCL_{\bar{x}}$ —— $\bar{x}$控制图上控制限、中心线、下控制线；

　　　　UCL_R，CL_R，LCL_R —— $\bar{R}$控制图上控制限、中心线、下控制线；

　　　　　　　　　　k —— 组数；

　　　　　　　　　　i —— 每组子样数；

　　　　A_2，D_4，D_3 —— 常量，与i相关，可以根据$\bar{x}$–R控制图用系数表得出。

　　通过建立以上控制图，可以分析生产过程或工作状态是否处于"控制状态（稳定状态）"，在这种状态下的生产过程或工作过程仅受偶然因素的影响，产品质量特性的分布基本上不随时间变化而变化。反之，则为非控制状态或异常状态。控制图生成后需要对控制图进行分析观察控制图是否出现异常，观测有没有点值超过控制界限，假如认为这个控制图是失控的则会出现明显的非随机图形：应以正态分布来判定图形，正常情况下应该有 $\frac{2}{3}$ 的点位于中间 $\frac{1}{3}$ 的区域。符合其中一点则判定该控制图不合格，即产品生产质量处于不稳定状态，需对该产品生产过程进行改进。

（3）工序能力指数分析

在使用控制图进行分析后，需进一步对生产过程进行过程能力分析。计算公式如下：

$$\text{Cpk} = C_p \times (1 - Ca) \tag{6-4}$$

$$C_p\text{值的计算}\begin{cases} \text{双边规格}\,C_p = \dfrac{USL - LSL}{6\sigma} \\[2mm] \text{仅上规格}\,C_p = \dfrac{USL - \bar{x}}{3\sigma} \\[2mm] \text{仅下规格}\,C_p = \dfrac{\bar{x} - LSL}{3\sigma} \end{cases} \tag{6-5}$$

$$Ca = \frac{\bar{x} - U}{\frac{1}{2}T} \tag{6-6}$$

$$\sigma = \frac{\bar{R}}{D_2} \tag{6-7}$$

式中　　　　Cpk —— 制程能力指数；

C_p —— 制程精密度表示制程特性中心位置的偏移程度；

Ca —— 制程准确度；

USL，LSL —— 上下限；

σ —— 标准差；

$\bar{x}$ —— 均值；

U —— 规格中心值；

T —— 规格公差；

$\bar{R}$ —— 极差均值；

D_2 —— 常量。

在对产品的过程能力和进行计算后，根据Cpk的指数对产品的生产能力进行评价，通过评价结果进行合理的调整及提升，Cpk评价能力见表6-7。Cpk数值若≤1时，需要对生产过程进行调整，改善其生产工序能力。

表6-7 Cpk评价能力

Cpk值	制程能力判断	处理原则
Cpk＞1.67	良好	制程能力强，在保证质量的基础上可降低成本
1.33≤Cpk≤1.67	正常	状态良好可维持现状
1.00≤Cpk≤1.33	需改善	不良品较多，需提高生产能力
Cpk＜1.00	差	不可接受，需修改生产设计
Cpk＜0.67	极差	不可接受，需停机整改

结果与分析

（1）封边生产过程因素分析

在封边生产过程中人、机、料、法、环、测（又称5M1E）是影响产品生产质量最主要的6个方面，想要改善封边的质量需要考虑在生产过程中的生产环节是否可调控及生产材料的影响是否可控，对影响封边剥离力质量的因素及可控制点见表6-8。

表6-8 封边生产过程中的可控制点及参数

工序	可能影响质量控制点	改进措施
熔胶温度	熔胶温度的高低影响涂胶的均匀与否	根据室温及时调整熔胶温度的高低
涂胶辊涂胶	涂胶辊与板材基面不完全垂直的现象，可能导致涂胶不均匀	调整螺栓进行轻微调整，保证板件侧边上下涂胶均匀
涂胶温度	涂胶时温度高低会影响热熔胶凝固时间，在胶和时造成封边强度降低	根据室温及生产实际情况调整涂胶温度
进给速度	封边进料速度会对封边强度造成影响，速度高强度会降低，速度低影响生产效率	根据封边剥离力工序图进行分析，找出不同封边机台的适宜封边速度
施压封边	封边压轮压力过大导致封边条和板件边缘变形，压力过小封边的黏结质量不合格，封边带易撕掉	调节测压轮后方手柄，调节范围在1～3mm为宜。封边机测压轮压力调节范围在1.5～5bar

封边机未定时清洁保养机器长时间使用后压轮易损坏、机器轻微变形、涂胶孔堵塞、机器运行时的温度过高等因素均可能会对封边质量造成影响。

（2）$\bar{x}$-R控制图分析

根据样本抽取方式并结合封边工艺特点，针对封边剥离力的质量控制适宜选用$\bar{x}$-R控制图。将25组试验数据导入Minitab软件中得出该产品的$\bar{x}$-R控制图并结合公式进行计算，如图6-38（a）所示，其中，均值$\bar{x}$=96.37，上限UCL=118.48，下限LCL=74.26，企业标准判定封边剥离力≥70N的封边板件为合格产品无上限要求。

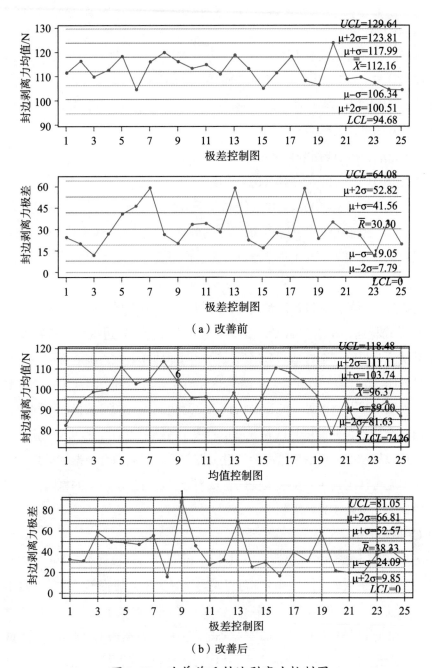

图6-38 改善前后封边剥离力控制图

根据国家标准GB/T 17989.2—2020《控制图第2部分：常规控制图》规定的8条基本判断规则对该工艺过程进行判定：

①控制图中有一个点位于控制限以外，判定为不合格。这说明工序过程出现大幅度的波动使过程处于失控状态。

②连续9点落在中性线的同一侧。

③连续6点递增或递减。

④连续14点钟相邻点交替上下。

⑤连续3点中有两点落在中心线同一侧的B区（μ+σ～μ+2σ）以外。

⑥连续5点中有4点落在中心线同一侧的C区（μ+2σ～μ+3σ）以外。

⑦连续15点落在中心线两侧的C区内。

⑧连续8点落在中心线两侧且无一点在C区内。

均值控制图中位于9的点在相邻5点中有4点距离中心线同一侧落在了一个标准差外，位于22的点在相邻3点中有2点中心线同一侧落在了一个标准差外。极差控制图中位于9的点距离中心超过1个标准差。下限值已达到标准规定的70N，但仍旧有2个点超过了最低下限要求，这说明出现了异常原因导致生产过程状态发生了变化，需要进行质量分析。

在对封边过程中的步骤进行调整过后，重新进行随机取样，样本数量及抽取方式均与首次取样方式相同。将涂胶温度、溶胶温度、涂胶量、封边压轮等参数按照DOE技术进行分类试验，最终调至合适的数值后按照相同的抽样方法再次进行试验，得出改善后$\bar{x}$–R控制图如图6-38（b）所示。从图6-38可知改善后的封边剥离力$\bar{x}$–R控制图未出现异常点，说明该工艺整体处于统计受控状态。封边剥离力的参数指标不同于其他范围指标，判断其合格与否的依据是试验数值是否大于等于标准规定的70N。理论上可认为数值越大封边效果越好，但数值过高会超过上控制限，控制图会根据结果判定其处于失控状态，这时则可认定其波动是可接受的，从而分析这种波动产生的原因，并将其状态保持，使整体工艺维持在高水平状态。

（3）Cpk图分析

Cpk分析结果如图6-39（a）所示，其中Cpk值为0.53，根据表6-7可知结果远低于工序能力可接受的最低值1.00，因此，可以判定该封边工艺流程不满足工艺规范要求的能力，需进行提升。在获得以上数据后，就获得了该生产线上的封边制品的封边强度特性的数据，根据已得数据可对该加工工艺的改善提供数据依据。改善后的Cpk分析如图6-39（b）所示，结合Cpk评价能力表，可以看到Cpk值已由原来的0.53提升至1.04，整体工艺提升至可接受状态，可以认为改善后的工艺处于可控状态下，但仍需进行进一步的提升。在对过程进行Cpk评价的同时还需要进行Ppk评价，后者主要是对生产的过程指数进行评价，这一步骤可以直接判定生产水平的高低，对产品生产工艺是否具有合格的工艺水平起明确的判定作用。在明确SPC管控具有可行性后，可结合控制用控制图使用累积计数监控的控制方案快速检测过程偏移状态，这种方式适用于连续检查过程并同时结合MES系统对家具车间生产的板件质量进行实时监督。

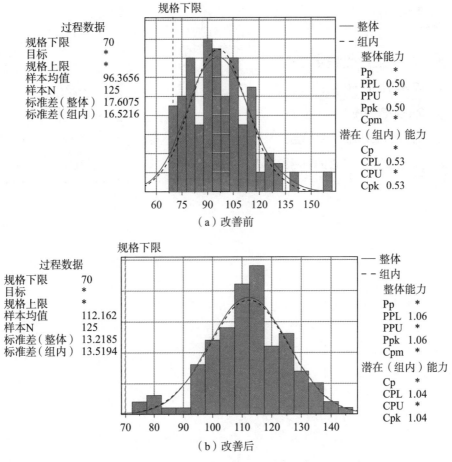

图6-39　改善前后封边剥离力工序能力分析图

案例总结

使用SPC质量管理工具，以人造板家具中封边工艺的封边剥离力参数进行实例研究，分别使用x̄–R控制图和Cpk图进行分析，试验结论如下：

①分析用控制图可以对封边剥离力这一产品参数的合格与否提供具体数据依据，根据数据判定该封边生产工艺过程是否处于正常波动中。当该工艺过程处于异常波动时，根据数据对工序进行针对性地分析和调整，直至控制图处于控制范围内且波动均处于可接受状态。

②工序能力分析图可快速对封边整体工艺进行评估，试验将工序能力指数从原来的0.53（不可接受），提升至1.04（可接受），表明该工艺能力大大提升。

💬 **本章思考题**

1. 简述精益生产的定义。

2. 简述精益生产体系。

3. 简述设备磨损类型。

4. 简述设备故障的产生原因。

5. 简述全面质量管理的内涵和方法。

参考文献

[1] 熊先青，李荣荣，白洪涛. 中国智能家具产业现状与发展趋势[J]. 林业工程学报，2021，6（01）：21-28.

[2] Xiong X, Guo W, Fang L, et al. Current state and development trend of Chinese furniture industry[J]. Journal of Wood Science, 2017, 63: 433-444.

[3] Xiong X, Ma Q, Wu Z, et al. Current situation and key manufacturing considerations of green furniture in China: A review[J]. Journal of Cleaner Production, 2020, 267: 121957.

[4] Mols STAM. Wooden furniture in Herculaneum: form, technique and function[J]. Wooden Furniture in Herculaneum. Brill, 2020: 271-274.

[5] 陶涛，吴义强，戴向东，等. 我国家具智能制造的高质量发展路径研究[J]. 家具与室内装饰，2022，29（07）：1-5.

[6] 李若辉，关惠元，吴智慧. 我国家具制造企业设计创新管理模式研究[J]. 林产工业，2018，45（01）：3-7.

[7] 吴智慧. 工业4.0时代中国家居产业的新思维与新模式[J]. 木材工业，2017，31（02）：5-9.

[8] Wang L, He J, Xu S. The application of industry 4.0 in customized furniture manufacturing industry[C]//Matec web of conferences. EDP Sciences, 2017, 100: 03022.

[9] 何俊科. 基于精益思想的缩短S公司板式家具生产周期的方法研究[D]. 浙江大学，2020.

[10] 熊先青，张美，许修桐. 基于"需求牵引"的研究生一流课程建设探讨——以"现代家具生产与运作管理"为例[J]. 家具，2023，44（03）：101-106.

[11] 林群芳. 企业生产运作管理的浅析与探讨[J]. 全国流通经济，2021（21）：56-58.

[12] Zhang W J, Wang J W, Lin Y. Integrated design and operation management for enterprise systems[J]. Enterprise Information Systems, 2019, 13(4): 424-429.

[13] Feng Q, Shanthikumar J G. How research in production and operations management may evolve in the era of big data[J]. Production and Operations Management, 2018, 27(9): 1670-1684.

[14] Ivanov D, Tang C S, Dolgui A, et al. Researchers' perspectives on Industry 4.0: multi-disciplinary analysis and opportunities for operations management[J]. International Journal of Production Research, 2021, 59(7): 2055-2078.

[15] Pan X, Pan X, Song M, et al. Blockchain technology and enterprise operational capabilities: An empirical test[J]. International Journal of Information Management, 2020, 52: 101946.

[16] 李若辉, 李蕊, 关惠元. 我国家具企业设计原创力现状及提升策略研究[J]. 家具与室内装饰, 2023, 30（05）: 32-37.

[17] 杨浚安, 吴智慧. 传统家具企业数字化转型路径及系统架构[J]. 木材科学与技术, 2022, 36（06）: 32-40.

[18] 张杰, 郭卫民. 中国木业企业B2C跨境电子商务战略SWOT——以广州家具企业为例[J]. 林产工业, 2020, 57（09）: 94-95+101.

[19] 张宪, 周变丽. 实木家具企业业务战略研究[J]. 林产工业, 2021, 58（05）: 98-100.

[20] Puspita L E, Christiananta B, Ellitan L. The effect of strategic orientation, supply chain capability, innovation capability on competitive advantage and performance of furniture retails[J]. International Journal of Scientific & Technology Research, 2020, 9(03): 4521-4529.

[21] Redante R C, de Medeiros J F, Vidor G, et al. Creative approaches and green product development: Using design thinking to promote stakeholders' engagement[J]. Sustainable Production and Consumption, 2019, 19: 247-256.

[22] Fan K K, Feng T T. Discussion on sustainable development strategies of the traditional handicraft industry based on su-style furniture in the ming dynasty[J]. Sustainability, 2019, 11(7): 2008.

[23] 张楠, 关惠元. 基于差异化战略的设计定位与用户细分——以我国儿童家具行业为例[J]. 山西大学学报（哲学社会科学版）, 2018, 41（03）: 106-113.

[24] 李若辉. 家具企业转型升级的第三种动力[M]. 南京: 东南大学出版社, 2019.

[25] 许柏鸣. 家居企业的"产品家族"构筑方式研究[J]. 家具与室内装饰, 2020（01）: 15-16.

[26] Krystofik M, Luccitti A, Parnell K, et al. Adaptive remanufacturing for multiple lifecycles: A case study in office furniture[J]. Resources, Conservation and Recycling, 2018, 135: 14-23.

[27] 孙晓. 精装小户型住宅收纳式家具设计策略研究[J]. 包装工程, 2023, 44（12）: 332-342+351.

[28] 吴双双, 徐伟. 社会网络化下中小家具企业的营销创新探讨[J]. 家具, 2020, 41（04）: 101-105.

[29] 田德刚, 陈倩倩. 目标管理法在家具企业绩效管理中的应用[J]. 林产工业, 2020, 57（09）: 91-93.

[30] 孙庆伟, 熊先青, 彭淑勤, 等. 板式家具智能制造的工艺变型设计方法[J]. 林业工程

学报，2022，7（06）：187-195.

[31] 朱剑刚，王旭. 木质家具智能制造赋能技术及发展路径分析[J]. 林业工程学报，2021，6（06）：177-183.

[32] 任杰，熊先青，唐远明，等. 基于多属性交叉聚类的实木定制柜门零件族划分[J]. 林业工程学报，2022，7（03）：187-193.

[33] 熊先青，岳心怡. 中国家居智能制造技术研究与应用进展[J]. 林业工程学报，2022，7（02）：26-34.

[34] Redante R C, de Medeiros J F, Vidor G, et al. Creative approaches and green product development: Using design thinking to promote stakeholders' engagement[J]. Sustainable Production and Consumption, 2019, 19: 247-256.

[35] 韦炬. 业务流程管理系统在企业中的应用[J]. 中国信息化，2022（02）：54-55.

[36] 王文姣. 基于ERP系统环境的企业内部控制研究[J]. 质量与市场，2022（07）：133-135.

[37] 马泽锋，吴智慧，王国坤，等. 定制家具企业数字化制造与管理的现状和趋势[J]. 家具，2021，42（01）：7-10+15.

[38] Lyons A C, Um J, Sharifi H. Product variety, customisation and business process performance: A mixed-methods approach to understanding their relationships[J]. International Journal of Production Economics, 2020, 221: 107469.

[39] Schniederjans D G. Business process innovation on quality and supply chains[J]. Business Process Management Journal, 2018, 24(3): 635-651.

[40] Ratnasingam J. Automation Technology in Furniture Manufacturing[M]. Singapore: Springer Singapore, 2022.

[41] Yang S, Du P. The application of 3D printing technology in furniture design[J]. Scientific Programming, 2022.

[42] Ntintakis I, Stavroulakis G E, Plakia N. Topology optimization by the use of 3D printing technology in the product design process[J]. HighTech and Innovation Journal, 2020, 1(4): 161-171.

[43] 史诗琪，李文藩，冯鑫浩. 三维打印家具连接件的设计与实践[J]. 家具，2022，43（06）：22-26.

[44] 陈艳. 3D打印技术在定制家具生产过程中的应用[J]. 林产工业，2021，58（08）：112-114.

[45] 杨雪珂，熊先青. 家具生产线射频识别技术的信息采集与应用[J]. 林业工程学报，

2022，7（03）：180-186.

[46] 岳心怡，熊先青. 大规模定制家具开料工段余料的管控方法[J]. 木材科学与技术，2022，36（02）：26-30.

[47] Aaltonen M V P, Uusi-Rauva E, Saari J, et al. The accident consequence tree method and its application by real-time data collection in the Finnish furniture industry[J]. Safety Science, 1996, 23(1): 11-26.

[48] Tsang Y P, Wu C H, Lin K Y, et al. Unlocking the power of big data analytics in new product development: An intelligent product design framework in the furniture industry[J]. Journal of Manufacturing Systems, 2022, 62: 777-791.